メタファー：
心理療法に「ことばの科学」を取り入れる

著

ニコラス・トールネケ

序文

スティーブン・C・ヘイズ

監訳

武藤崇，大月友，坂野朝子

訳

大月友，大屋藍子，上村碧，佐藤友哉，坂野朝子

星和書店

Metaphor in Practice

A Professional's Guide to Using the Sciense of Language in Psychotherapy

by
Niklas Törneke, MD

Foreword by
Steven C. Hayes, PhD

Translated from English
by
Takashi Muto
Tomu Ohtsuki
Asako Sakano

ブリジッタ，ヴィクター，ウルリカ，ハンナ・クララ，
そして健やかに育ちゆくその家族へ

日本語版に寄せて
——日本の読者の皆様へ——

　この本はもともとスウェーデン語で書かれたものです。そして，その後，英語や他のいくつかの言語に翻訳されました。そして，私の大きな喜びは，このたび，この本が日本語になったことです。この挑戦的な仕事を引き受けてくださった仲間たちに感謝と敬意を表します。そして，その仕事は本当に挑戦的なものであったにちがいありません。この本で述べられているようなメタファーのプロセスは，文化的に超越したものであり，すべての人間に共通するものです。しかし，そうであるにもかかわらず，比喩的な話の中で使われる具体的なことばは，その比喩を使う人たちの文化に大きく依存しています。これは，スウェーデン語と英語のように歴史的にかなり近い言語においても，そうなのです。スウェーデン語の比喩表現を直訳しても，典型的な英語圏の人にはあまり理解できないこともあるかもしれません。そういったわけで，メタファーに関する本を翻訳するのは難しいのです。また，メタファーに関するこの本を日本語に翻訳する場合は，日本語が歴史的に他の言語とはかけ離れていることを考慮に入れると，当然のことながら，それは至難の業であったのではないかと思います。

　それでも，その難事業は成し遂げられました。なんと素晴らしいことでしょう！　それが成し遂げられた主な理由は，私と日本の仲間たちが共通の関心を持っているからだと思います。私たちは，日本の読者に，科学的に健全で，実用的に有用な分析を提供したいと切に願っています。特に，臨床行動分析，心理療法に従事している読者の方々には，ぜひともお読みいただきたいと思っています。

　さらに，他にも共通しているところがあるのかもしれません。というのも，科学的な国際会議に参加している方から，こんなことを言われたことがあるか

らです。「国際学会は，さまざまな異なる文化的背景を持った人たちが一堂に
会しているのに，なぜか日本人とスウェーデン人がとても仲良くしているとこ
ろをしばしば目にする」。確かに，そうなんです。私の友人であり，翻訳を担
当してくれた武藤崇教授，そして彼の学生や日本の仲間たちとの経験からも，
そう断言できます。

　ですから，私の本が，日本の読者に日本語で提供されるようになったことを
大変感謝しています。この本が，臨床行動分析と心理療法の両方の分野に貢献
することになるでしょう。そのようにして，美しい日本という国にいる私の仲
間たちが，自分たちなりの方法でメタファーに関する研究をさらに発展させて
くれることを切に願っています。

2020年10月　スウェーデン
ニコラス・トールネケ

序　文

自分が手にしている最も重要な臨床的な道具について，
私たちはほとんど何も知らない

　道具を持たない配管工がいたとしよう。

　呼ばれても，ごく簡単な作業しかできない。蛇口をひねってみる。排水溝の入り口にあるゴミ受けに引っかかっているスプーンなどを取り除く。できることは，せいぜいでそれくらいだろう。少しでも複雑になるとお手上げだ。

　メタファーを使えないセラピストは，道具を持たない配管工のようなものだ。メタファーなしで複雑な考えを説明しようとしても，まずできない。だからこそ，この序文も，メタファーで始めることにした。このメタファーほど言語的構造が明らかでないにしても，口を開けば，ことばの語源や暗示の中に，なにかしらのメタファーが含まれている。主張や議論をすると，いつのまにかメタファーの形になっていて，姿勢や意図にさえ表れる。追いかけてくるはずもない感情から「逃げる」し，処理ではないような思考に「対処」する。「精神病理学」そのものさえメタファーといえる。

　とはいえ，専門職としてメタファーが必要で，クライエントが使うのを日々見ていて，しかも臨床でいつも使っていたとしても，自分たちがメタファーを使って，いったい何をしているのかなんて，**理解**しているとは言いがたい。むしろ，たいてい理解してはいないだろう。

　セラピーで使う道具はほとんどが言語的で，そのことがまた，事をやっかいにしている。もちろん，人間の言語だからこそ，誰もがこれまでに聞き続け，話し続けてきたので，直感的に理解している部分がある。だから，すっかり理解していると思い込んで，心地よく納得している。ところが，その普通の感覚が，実は幻想にすぎない。

　これは簡単に検証できる。誰でもよいので臨床家をつかまえて，人間の言語について簡単な質問をするとよい。言語の科学的理解が幻想でしかないのがす

ぐにわかる。カーテンが開いてオズの魔法使いの正体が暴かれるあの場面のように。たとえば，「ことば」とは何かを喩えを使わずに（分析的な知識を例に置き換えるのはごまかしでしかないから）専門的に説明してほしい，と伝えてみよう。言語的問題解決とは何か，はたまたメタファーがなぜ役立つのか，でもいいだろう。あっというまにカーテンが開くだろう。考え込んだり，あいまいな一般論になったりするのがオチである。言語や人間の高次な認知が，実際にどう機能するのかを理解しているという一般的な感覚が，ウソでしかないのがバレる。

　あなたは「そんなことも説明できないのか」とセラピストを批判したくなるかもしれない。でも，セラピストがそうなるのも，いたしかたないものだった。問題は，セラピストではなく，この研究分野の方にある。臨床家たちが必要とするような科学理論がなかったのである。メタファーについて書かれた文献を読んでも，説得力の面でも，科学的な検証の面でも，はっきりとした知見として，実践に役立つものがほとんどなかった。かなりの量の研究が，いわゆる主流と呼ばれる分野でなされてきたものの，そのほとんどが，行動変容に役立つようなものではなかったのである。つまるところ，冒頭の配管工とあまり変わらない状態なのだ。たとえるなら，その配管工が「この道具はどのような機能があるのか」を知りたいのに，道具の化学組成に関する複雑で専門的な知識しか得られないという状況なのである。

　セラピストにはどちらも必要である。言語的な道具も，そして道具を効果的に使うための科学的知識も。

　幸いにも，それは無理な話ではない。いやそれこそ，本書のねらいなのだ。

　スウェーデンの精神科医のニコラス・トールネケ（Niklas Törneke）は，比類のない臨床家である。基礎となる科学的原理を実践に応用していく方法を，何年もかけて探し続けてきた。そうした取り組みをすでに，行動原理についての本（Ramnerö & Törneke, 2008）と，関係フレーム理論を学ぶことについての本（Törneke, 2010）とに見事にまとめている。彼は「なぜ」と問い続ける。常識のカーテンが開いて，科学的にも臨床的にも役立つレベルへ本物の理解が固まるまで，その調査と問いかけをやめない。理解が固まったら，その知識を惜しみなく共有するために，わかりやすいことばで，丁寧に説明する。そんな

ニコラスだから，トレーナーとして，講演者として，執筆者として，世界中から「引っ張りだこ」である。カリスマ性や目を引く講演で大胆な未検証の臨床介入を紹介するのではない。臨床を見据える落ち着いた姿勢で実践家たちを一歩一歩導きながら，込み入った学術文献を分析して身につけた理解を丁寧にたどる。そして，それが臨床でも重要だということを伝える。知的でバランス感覚に富む優しいニコラスのメッセージが，豊富な臨床経験と知恵に裏づけられた語りから，はっきりと伝わってくる。

　本書は，ニコラスをよく知る者としては予想どおりの内容になっている——彼の思考の流れを自然に書き下ろした構成になっている。問いから始まり，それに関連して，これまでに何が知られているのかを慎重に探る。細かい部分まで探っていくものの，焦点は見失なわない。なぜなら，臨床に応用するというはっきりとした目的があり，読者にも知識を伝えて共有しようとしているからである。これまでの科学の知見や手法に広く当たってから，いちばん役立つ側面を絞り込む。特に関係フレーム理論（relational frame theory：RFT）に注目して，それがメタファーについて説明している部分を詳しく説明する。さまざまな理論に幅広く目を向け，探ってきた道筋で得た有用な洞察は，RFTに関わるかどうかによらず，すべてを伝えている。その分野についてのそうした理解を打ちたててから，次に実際の臨床へと進む。人間言語と認知の科学を存分に応用して，臨床家がメタファーを使ってクライエントの問題行動を変えられるようにする。そのプロセスを，生き生きとした対話に当てはめて繰り広げてみせる。

　本書は斜め読みする類のものでも，辞書のように単語を索引で探してページを開く類のものでもない。理想的には第1章から順番に読み進めるものである。じっくりと考えにふけることの醍醐味を味わいながら，心地よい椅子に身を任せ，オフィスでコーヒーでも脇に置いて，外の寒さなどは忘れて。なんと心躍る旅となるだろう。類まれな研究者の案内で，尊い目標——誰かの人生を変えるのを手伝う——のために。

　セラピーでは対話が中心である。そのため，セラピストの道具もまた言語となる。言語を知って，どう機能するのかを理解しなければならない。その一つとして，本書を通じて言語の中でも最も重要で応用範囲も広いもの——メタフ

ァー──を見ていこう。快適なオフィスで心地よい椅子に身を任せながら，それについてじっくり考えてみようと思う道具なんて，他にあるだろうか？

コーヒーができあがったのなら，さあ，ことばの世界へ出かけよう。

ネバダ大学 教授（心理学）

スティーブン・C・ヘイズ

目　次

日本語版に寄せて　5

序文　7

はじめに──3つの本についての物語　13

第1部　メタファー──ある科学的な分析 ‥‥‥‥‥‥‥‥‥ 19

　第1章　メタファーとは何か？　21

　第2章　メタファー──文脈の中で　37

　第3章　行動分析学とメタファー　51

　第4章　メタファー──関係を関係づける　65

　第5章　臨床研究に見るメタファー　85

　第6章　何がわかっているか（第1部のまとめ）　93

第2部　治療的ツールとしてのメタファー ‥‥‥‥‥‥‥ 95

　第7章　3つのコアとなる戦略　97

　第8章　メタファーを創り出して機能分析する　119

　第9章　メタファーを創り出して観察するための距離を確立する　141

　第10章　メタファーを創り出して方向を明確にする　151

　第11章　メタファーを捉える　159

　第12章　メタファーを一緒に創り出す　183

　第13章　メタファーと体験的エクササイズ　203

　文献　229

　監訳者あとがき　245

　索引　247

はじめに

３つの本についての物語

　物心つく頃から毎日が詩的な描写に満ちていた。ノーベル賞受賞作家のパール・ラーゲルクビストや他のスウェーデン作家たちからの引用を日頃から聞いて育ったものである。聖書からの物語，幾重にも層をなす語りも暮らしの一部だった──「主は，わが飼い主」「神の国はパン種のよう」「あなたがたは地の塩である」。

　それから何年もして，1993年から1996年にはセラピストになるトレーニングを受けていた。クラスメイトはみんな個性的で，刺激的な学習環境だった（たまに，混乱もしたけれど）。クラスメイトの一人が絵画療法も実践できて，議論したことをよく覚えている。絵や芸術を使ってクライエントたちと取り組む様子に魅了された。その手法が臨床で具体的にどう役立つのかはなかなか呑み込めなかったけれども，話しているうちに，メタファーを使って同じことができると気がついた──ことばで絵を描けるのだ！

　本書につながる今の方向へ導いてくれた人に，認知療法家のアーサー・フリーマン（Arthur Freeman）がいる。トレーニング・プログラムの講師のうちの一人で，心理的問題を概念化する方法の説明に興味を引かれた。クライエントの話に耳を傾けてから，簡単な絵を描いて，たいてい線画で描かれた人を使って，セラピストの視点から聴き取った内容をまとめる。それから絵をクライエントに渡し，反応を待つ。対話を続けながら，クライエントの視点から眺めたものになるように，絵を描きかえるか修正するように促す。修正された絵を見ながら対話を続けて，何を変えなければならないかを一緒に見つける。そう！　これだって，メタファーを使ってできる！

　1998年にアクセプタンス＆コミットメント・セラピー（acceptance and commitment therapy：ACT）をしっかり学んだ。セラピーの中心にメタファ

ーを位置づける治療モデルである。メタファーを使う方法を本にまとめようと
初めて思いついたのは，この頃だったと思う。でも重要なことが他にもたくさ
んあって，なかなか取りかかれなかった。翌年，ユーナス・ランメロ（Jonas
Ramnerö）と出会った。彼とは学習理論に基づいたセラピーをめぐる対話を
それ以来続けている。ユーナスが本を一緒に書こうと提案して，*The ABCs of
Human Behavior: Behavioral Principles for the Practicing Clinician*
（Ramnerö & Törneke, 2008）〔邦訳：『臨床行動分析の ABC』（日本評論社，
2009)〕が生まれた。この本の中には，メタファーをセラピーで使う方法につ
いて考えていたことが，いくらか含められている（第10章）。

　ACT に関心をもって深く取り組むうちに，その理論的土台の関係フレーム
理論（RFT）を学ぶことになった。なんと自由になった心地がしたことか。
やっと，人間言語と認知についての理論で，基礎研究と臨床の両方に役立つも
のに出会ったのである。先の *The ABCs of Human Behavior* の中で理論を簡
単に紹介していたものの（第7章），それは十分ではなかった。RFT を詳し
く，しかも読みやすく紹介するために，*Learning RFT*（Törneke, 2010）〔邦
訳：『関係フレーム理論（RFT）をまなぶ――言語行動理論・ACT 入門』（星
和書店，2013)〕を執筆した。RFT のモデルを使うと，メタファーがどのよう
に機能するのかを説明できるので，*Learning RFT* では一章を割いてそれなり
に詳しく説明した（第5章）。

　こうして，メタファーをセラピーで使う課題に何年も取り組んできた。しか
し，私だけがそれに取り組んできたわけではない。セラピーの分野を見渡せ
ば，治療モデルにかかわらず，メタファーが重要な臨床ツールになるというこ
とは，一致した意見であるようにみえる。認知行動療法（Muran & DiGi-
useppe, 1990; Linehan, 1993; Stott, Mansell, Salkovskis, Lavender, & Cart-
wright-Hatton, 2010; Blenkiron, 2010）にしてもしかり，精神力動療法（Katz,
2013; Rasmussen, 2002; Stine, 2005），システムズ・セラピー（Barker, 1985;
Combs & Freedman, 1990; Legowski & Brownlee, 2001），体験的療法（Angus
& Greenberg, 2011）にしてもそうである。全般に歴史的に影響力が大きかっ
たのはミルトン・エリクソン（Milton Erickson）である（Rosen, 1982）。たく
さんある自己成長と変化のためのモデルにおいても，ほとんどでメタファーが

重要な役割を果たしている。科学的根拠に基づく手法とは考えられているわけではないものの，そうしたモデルも，メタファーの機能の仕方を熱心に説いている（Battino, 2002; Lawley & Tomkins, 2000）。

　しかし，それだけ重要だと考えられているのなら，科学的基盤はどうなっているだろうか？　科学に裏づけられたセラピーを行うのを誇りとする私たちが，メタファーが重要だと主張するにあたって，何を拠り所にできるだろう？　メタファーがセラピーで機能する仕組みについて，何がわかっているだろうか？　どう取り組んでいくのがよいかを，科学に基づいて提案できるだろうか？　そうした問いのいくつかに，本書で答えてみようと思う。

　メタファーの分野が重要であるという意見が一致していても，どこを探せば科学的知見があるかはそれほどはっきりしていない。CBT（cognitive and behavioral therapies）のエビデンスに基づく伝統に立てば，データがあればよいと考えるかもしれない。たとえば，メタファーを使った場合と使わなかった場合とで，違いが生じるかもしれない。また，メタファーを使う方法を変えてみるのでもよいだろう。それで治療効果も変わるかもしれない。しかし残念ながら，そうしたねらいで行われた研究がそれほど存在せず，実際に行われた数少ない研究を見ても，こうした問いにはっきりとは答えられていないのが現状だと言っていいだろう（McMullen, 2008）。

　さまざまなセラピーの学派が，メタファーを臨床で使えると期待しつつも，科学的に評価する方法を見つけるのに苦労してきた。とはいえ，人間が経験するメタファーという現象全般は，科学的にかなり分析されてきた。メタファー研究はむしろ生産的で，今も発展中の学際的領域といえる。その領域では，言語学と認知科学が牽引役を果たしている。実際，最近，言語学者たちがメタファーをセラピーでどのように使うかに関心を持ちはじめている（Needham-Didsbury, 2014; Tay, 2013; 2014）。

　行動分析学も，近年になって新たに貢献しはじめた。関係フレーム理論に基づいて人間の言語と認知の理解が深まったので，メタファーの現象に取り組みやすくなったのだ＊。その意味で，本書は先の2冊に自然に続くものである。

———
＊原注：Törneke 2010 を参照。

ユーナス・ランメロと一緒に臨床行動分析を紹介した1冊目で，臨床介入の一部としてメタファーに簡単に触れた。2冊目のRFTと臨床応用についての本で，メタファーを使うことをもっと詳しく分析した。3冊目となる本書では，メタファーとその機能をいよいよ「主人公」に据えた。メタファーを臨床でどのように使うべきかについて，何がわかっているだろうか？　私から何をアドバイスできるだろうか？

　先の2冊と同じで，本書も行動分析学を科学的に使いこなしていく話である。とはいえ，メタファーの研究の蓄積があるのが他の科学領域であるため，そこから話をしはじめよう。ただし，説明する範囲をあらかじめ選んでいることをお伝えしなければならない。メタファーの研究から得られている知見は膨大かつ多様で，本書でそのすべてを概説してはいない。もちろん誠実に伝えようとは思うが，あくまでも個人的に重要と思う目的に沿ってそうしている——現代の行動分析学でメタファーを使うにあたりこれまでの知見を役立てるためである。そうするのもすべて，メタファーを，実践的で，臨床に関連するものとして眺められるようにするためである。

本書の構成

　はじめに第1章でメタファーに関する研究領域を紹介し，基本的な定義を押さえておく。ここでは特に1980年代以降の科学的な発展に注目する。第2章でここ10年の研究の流れに焦点を当てて，行動分析学的な立場とかなり重なる点を見ていこう。第3章は伝統的な行動分析学の立場と，いくぶん限定的とはいえ，それが研究に貢献している点とを紹介する。主にB・F・スキナー（B.F. Skinner）のメタファー分析の手法についてである。第4章は，RFTの全体像をおおまかに紹介してから，メタファーの使用をRFTを使って，どのように分析できるかを説明する。第5章では，セラピーでメタファーを使うことに関するこれまでの研究を概観し，慎重にいくつか結論を出す。第6章では，基盤となる研究を伝える部分の最後に，これまでにわかっている主な点を，簡単にまとめた。理論にそれほど関心がない読者のための近道ともいえる。そのため，第6章から読みはじめて，臨床に関連する第7章以降へすぐに

進んでもかまわない。それでも，臨床的な部分を十分に理解したあとに，前半の章に立ち戻って読んでいただければ何よりである。

　臨床的な部分の最初となる第7章では，セラピーを行う際の原理について考える。基本となる方略をいくつか定式化して，メタファーを使うときにも指針にできるようにする。続く第8章から第12章で，メタファーを治療で実際に使うときのさまざまな側面を眺める。第13章ではメタファーと体験的エクササイズを紹介したあとに，最後に，ある詩人に締めくくってもらう。

メタファー──ある科学的な分析

——— 第 1 章 ———
メタファーとは何か？

疲れ果てた。何もかもが下り坂だ。

　ひたすら走るだけで，まるで回し車の中のハムスターみたいだ。この状況から抜け出せない。

　頭がブンブン唸り，それが鳴り止まない。スズメバチの巣だ。

　あまりに虚しい感じがする。身体の中に，ぽっかりと穴が開いたようだ。

　心の苦しさをこんなふうに表現するのをよく耳にする。クライエントたちだけではない。日常会話でもそうである。だからといって，話し手がハムスター用の回し車の巨大バージョンから出られないとか，スズメバチの群れがその人の頭に巣を作っている，と実際に信じる聞き手はいないだろう。そのように信じもしないのに，こういった表現は日常的によく使われている。つまり，何かを伝えるために，別な何かについて話すのである。決して苦しんでいる人たちだけではない。カウンセリングの中で，セラピストも，このような表現をすることはめずらしくない。昨今の行動療法では，セラピストが自覚的に系統立てて，そうしたコミュニケーションの方法を使う場合もある。たとえば，ACT（アクセプタンス＆コミットメント・セラピー）では，思考や記憶，感情が，バスの乗客であるかのように表現し，絶望的な行動方略を穴から出ようとしてますます深く掘る行動に喩えたり，上手な人生方略を「鍵束を持ち歩く」と表現したりしている（Hayes, Strosahl, & Wilson, 2012）。
　そうした表現やことばの使い方に注力しない治療モデルを使うセラピストで

さえ，心理的問題や臨床実践を説明するときなどに比喩表現を使う。精神分析家なら，「潜在意識」と言ったり，「超自我」と呼ばれるものについて話したりする。つまり心で起こっている現象のいくつかを，他よりも上（**超**）または下（**潜在**）にあると表現する。認知療法家も，クライエントとセラピストの治療関係を「二人の科学者が一緒に取り組む」とよく表現する（Beck & Weishaar, 1989, p.30）。そうした例ではセラピストたちが何か特別なことをしているのではなくて，誰でもすることをしているだけである。「何かについて話すときに，別の何かを使う」，つまり，メタファーと呼ばれるものを使っているのである。セラピーにおいて，そのような話し方をするのには確かに理由があり（この点はあとでさらに詳しく見ていこう），一般的な対話よりもよく使われる。とはいえ，セラピー以外でも，メタファーが世の中に溢れている。アメリカ大統領が発言すれば，「ホワイトハウスによると」と言う。よそよそしい人は「冷たい」し，わかってくれて親しみを感じれば「温かい」と言う。勇敢な人は「ライオン」になる場合があり，幸運に恵まれた人は宝くじを買わずとも「大当たり」するかもしれない。

　人間どうしが対話をすれば，ごく自然に，あらゆる場面でメタファーを使う。こうしたことは，昔から，哲学者や学者も不思議に思っていたようで，メタファーがどのような作用をするのか，もっと広く言語一般とどう関連するのかについての問いは，古くから存在する。その中でも，アリストテレスが紀元前数百年にした分析の影響が大きい。メタファーについて書き残した考察は，今でも研究され，参考にされている。アリストテレスによると，「メタファーとは，ある対象に，本来別な対象を指し示す語を転用することである（Aristotle, 1920, 第21章, 1457b 1-30）」。この定義の根底には，単語にはそれが真理を説明するときに対応する「本物」の意味があることと，数ある発話形式の中でもとりわけメタファーは本来の「型」から外れた類似の表現であること，といった前提がある。それ以来，メタファーは，言語の中で二次的な機能しか果たさないという大前提が主流になった。言語は，基本的に「字義通り」のものであるのに対し，メタファーは言語の使い方が特殊な発展をしたものである。専門職用の道具とも表現され，芸術的な目的で詩や修辞学で使われるのがよいものとみなされた。異なる視点からの考察が現れたこともあったが，ほとんど無

視されたか，忘れ去られてきた。

　アリストテレスの哲学が絶大な影響を持ち続けたまま，20世紀も半ばまで続くことになる。それには認識論の分野で経験的実証主義がずっと根強かったことが関連しているのではないだろうか（Billow, 1977; Ortony, 1993）。経験的実証主義では，ことばは本物の，つまり個人の外側にある世界にある「事実」を指し示すものと考えられている。ストレスで苦しんでいる人が，実際にハムスターの回し車の巨大なバージョンの中で走っているわけではない。だから，たとえそうした比喩的表現がよく使われていても，言語学で研究対象になるほど重要な基本要素とは考えられなかった。よくても詩的にうまい表現で，目的によっては役立つこともあるけれども，言語学的にはさして重要ではないと受け止められてきた。

　もう一つこれまでによくあったのは，生きたメタファーと，凍りついたまたは死んだメタファーを区別しようとする視点である。メタファーが生きているのは，対応するものを字義通りには説明しておらず，発話の形として何かが目新しいか，少なくとも比喩的表現であるのが明らかなときである。詩人のトーマス・トランストロンメル＊が「星座たちが馬小屋で足を踏み鳴らしている」（Tranströmer, 2011, p.4）と書けば，読者にとってはその比喩がはっきりしている。星座が「まるで」，そわそわして蹄（ひづめ）を鳴らす牡馬たちのようである。これを，たとえば気持ちが「落ち込んでいる」「空虚だ」と表現する場合と比べてみよう。後者の表現はあまりにも定着して使われてきたため，ほとんど字義通りに聞こえて理解される。もともとあったメタファーの特質がすっかりなくなっているといえる。説明なしに「メタファーが死んでいる，凍っている」と使うのも，もちろん同じである。使われ過ぎてメタファーの特質がなくなっている。ハムスターの車輪の例は，生きていることも，死んでいることもあるだろう。状況によってはメタファーの性質がはっきりわかると思うかもしれない。しかし，聞き手も話し手も「することが多すぎる」部分だけを字義通りに理解することも考えられる。新しいメタファーと使い古されたメタファーを「開かれた」「閉じた」で区別する場合もある。

＊訳注：トーマス・トランストロンメル（Tomas Gösta Tranströmer）：スウェーデンの詩人（1931
　-2015年）。作品に独創的なメタファーを多用することから「隠喩の巨匠」と呼ばれている。

　ここまでメタファーとまとめて書いてきたけれども，ことばやフレーズをさらに細かく分類できる。先のホワイトハウスの例を**メトニム**（**換喩**）と呼ぶ場合がある。あるもの（アメリカ大統領）が深く関連する現象（住居）を指すことで，あるもののことだとわかる。ベルトルト・ブレヒトが好きだと言えば，字義通りにはブレヒトが書いた戯曲を読むのが好きだということを意味する。これもメトニムである。**シネクドキ**（**提喩**）と呼ばれる分類もある。何かについて語るときに，その一部を指し示す。たとえば，人がたくさんいる状態を，「食べさせなければいけない口がたくさんあって」と表現するかもしれない。**シミリ**（**直喩**）という用語もよく使われる。2つのものを比較する表現である。この定義に従うと，「あの家はゴミ捨て場だ」と言えばメタファーだが，比較していることをはっきりさせる「ようだ」を付け加えて「あの家はゴミ捨て場の**ようだ**」と言えば，シミリ（直喩）とも呼べる。

　こうした区別は特に哲学や従来からの言語学の文献ではよくみられるものの，本書の主題の経験的メタファー研究ではあまり意味を持たない。そもそもそうした小分類の境界線はあいまいで，クライエントを苦しめる問題行動を変える目的の面ではほとんど意味がない。だから本書ではこうした用語を使わない。

　科学の文献で時々**アナロジー**（**類推**）という用語を見かける。使われ方にいくらか違いはあるが，メタファーとほぼ同じとみなされて，あまり区別されていない。それでも，アナロジーの方が大きな現象で，その中の一つの分類としてメタファーが含まれる，と考えられる場合がある。本書で紹介する関係フレーム理論の視点から考えると，メタファーを他のアナロジーと区別する要素がわかって，用語を分けて使うことが意味を持つようになる。第4章で立ち戻って説明しよう。

ソースとターゲット

　さて，メタファーは，本来ならあるものを表す語を別なものを表す語として転用することであると，アリストテレスがすでに説明していたわけである。現にギリシャ語の *metaphorá* の語源をたどっても，*meta* が「超える」，*phero* が

「運ぶ」をそれぞれ意味する――「超えて運ぶ」のである。「彼は大きなテディベアだ」と言ったとしよう。ここでは共通の知識（大きなテディベアがどのようなものか）があるということが前提とされている。そのため，巨大なテディベアの特徴としてすでに知られている何かが「超えて運」ばれ，「彼」について何かが知られる。「彼女はテリアそのものだ」の表現も，テリア犬の性質を知っていることが前提とされる。メタファーを媒介して，女性について何かが知られるようになる。ここで何が起こっているのだろうか?　よく知られているということが前提とされる現象の属性が，別な現象に転移されている。前者（テディベア／テリア）をメタファーの「ヴィークル」「ベース」または「ソース」と呼び，後者（男性／女性）を「ターゲット」と呼ぶ。「上司は鬼だ」と言えば，「上司」がターゲットで，「鬼」がソースである。「肩にずっしりと錘が乗っているようだ」と言えば，話し手の気持ちがターゲットで，誰かの肩に乗ったずっしりとした錘がソースになる。メタファーを学問的に研究するときは，ソースとターゲットの2つの部分に分けて考えることがどの理論でも共通しているため，本書でもそのようにする。

概念メタファー

　1980 年に言語学者の George Lakoff と哲学者の Mark Johnson が *Metaphors We Live By*〔邦訳：『レトリックと人生』（大修館書店，1986)〕を出版すると，画期的なものとなった。メタファーとは何かの捉え方を刷新して，言語学，心理学，認知科学の分野の研究に大きな影響を与えることとなった。*Metaphors We Live By* の中で，Lakoff と Johnson は，メタファーが言語と認知において二次的な現象にすぎないという考え方を崩そうとする。メタファーは人間として生きる条件と切り離せるものではなく，まったく根本的で，人間はメタファーを通して世界を理解する。メタファーのソース概念を通して，その枠組みで考え，行動する。つまりメタファーが生きる姿勢を決めるとさえ言える，と主張している。メタファーは字義通りの言語よりももっと根本的である。David Leary を引用しよう――「どのような知識も，最後はメタファー（またはアナロジー）的にとらえた知覚と思考に根差す」(Leary, 1990, p.2)。

この主張は，誰もがする自然な経験から引き出されてくる。すなわち，新しい何かに接すると，必ず，すでに知っている何かと関係づけて解釈する。新しい単語なら，別な単語を通して理解できないかと探す。新しい出来事か経験なら，他の似た状況と関係づけて，それを通して理解できないだろうかと探す。すでによく知っているものを媒介して新しいものを知るのは，まったく根本的なのである。そう考えると，字義的な話し方とメタファー的な話し方の違いが大したものでもなくなる。2つを区別すると便利な状況が多いかもしれないが，その違いは実ははっきりしていない。そのため，次のようにいえるかもしれない——「象徴化する（何かに別な何かを意味させる）力は言語の基盤である」と。

　Lakoff と Johnson（1980）によれば，**概念メタファー**と呼ぶものが人々の考え方や行動を決める。根元的ともいえるメタファーで，考え方，話し方，振る舞い方に大きく影響を及ぼす。そうしたメタファーを突きつめると，最後には身体的な体験と，周りの環境に働きかけたときの体験とに行きつく。簡単な例として「上は良くて，下は悪い」を考えてみよう。「最近は物事が下り坂だった」「彼の仕事能力は高い」「会議のムードはかなり落ち込んでいた」などの表現の中心には，この概念メタファーがあるのが推測される。「親指を上に」と「親指を下に」の身振りがそれぞれ「良い」と「悪い」の意味を持つことなども，この概念メタファーで説明できるだろう。

　人生を旅に喩えるのも概念メタファーである。それを通して「分岐点に差しかかっている」「お互いの道が交わって」「教育は重要な出発点である」「ついにここまでたどり着くことができて，喜びでいっぱいです（多くの場合，プロフェッショナルとしての人生を振り返って語られる）」などの表現が理解できるようになる。他にも例を挙げよう：

- 議論は戦い（「君の立場はとても護りきれない」「彼の議論をあっというまに打ち負かしてやった」「私の見解を執拗に攻撃してきた」）
- 人生はゲーム（「勝ち目がない」「切り札をうまく使えば……」「貧乏くじを引いた」）
- 考えは物（「次のミーティングに案を持ってくるように」「その考えは手

放してくれないか?」)

- 考えは食べ物(「なかなか呑み込めない」「アイデアを出したらすぐに食いついてきた」)
- 考えは商品(「アイデアをしっかり売り込んでこい」「ちっとも価値のない考えだ」)
- 理論は建築物(「あの理論は砂上の楼閣だった」「君の理屈はその箇所で崩れる」「それが理論全体の土台だ」)
- 心は機械(「どこかネジが一本ゆるんでいる」「心が完全に錆びついている」「それがきっかけになって,どこか奥底で古い歯車が回りだした」)
- 影響は力(「圧力に耐えられなかった」「彼女のことばに衝撃を受けた」「それで,例の爆弾発言については……」)

　こうした例を指して,この分野の研究者や理論家たちは,メタファーが主に字義的な意味を伝えるものではないと主張する。メタファーはむしろ一種の「集合的無意識」であり,人生をどう体験するか,どう考えるか,どう自己表現するかに影響を与えるものだと主張する。そのため,言語的というよりも概念的なものになる。この分野の研究者たちは,比喩的表現を探し,言語や言語地域を比較し,それぞれについて何かしらの形で実証研究をしてきた(詳しい説明は Gibbs, 2008 を参照)。人間には抽象的で捉えどころのない現象について話さなければならない事情がある。そうしたときに,もっと明確で具体的な経験を投影していくらかでもわかりやすい構造を与えようとするから,メタファーが生まれるのだと考えられている。

　そうした概念の中でも,時間を空間的な用語に置き換えて語る形は世界中にみられ,実証研究でもかなり取り上げられてきた(Boroditsky, 2000)。時間に沿って人間が動く(「よりよい未来に向かっている」),または時間が動いている(「あっというまに夏が来る」)かのようによく表現する。確かに,日々暮らしていると物事が一定の方向へ連続的に動いていくように感じられるため,「時間」には方向があるという考え方はどの文化にも共通しているらしい。個々の具体的な内容は異なっていても,時間について話すときに空間のメタファーの助けを借りるのは,どうやらどの文化にも普遍的なものらしい。ところ

で，時間はどう動くのだろうか？　前へ？　後ろへ？　上下方向だろうか？
さまざまな文化と言語グループを対象にした研究によれば，これが多様だとわ
かっている。英語では（スウェーデン語でも）ふつう時間が自分に対して水平
方向へ動くように表現する（「黄金時代は前方にある」）。中国語の中でいちば
ん話される北京語では，時間が垂直方向に動くように表現する（来月は「下」
で先月は「上」）(Boroditsky, 2001)。いずれにしても，どの言語も時間につい
て話すときに空間のメタファーを使っている。他にも，考えを物体であるかの
ように話し，組織が植物であるかのようにも話す（「わが社は成長著しい」）。
こうした例から何がいえるか？　どうやら，ソースとなる現象は概してより具
体的で，一方のターゲットとなる現象は抽象的か，より捉えどころがない。次
に，セラピーにも深く関わりそうな領域を深く見ていこう。

概念メタファーとさまざまな情動

　言語学者たちの分析によると，さまざまな情動の在り方や経験はメタファー
のターゲットになりやすい。そしてここでも，つい「情動の在り方」という表
現を使っている。これも，まるで情動が空間の中でさまざまな姿勢や位置を占
めたりするかのような表現になっている。そうなるのも，情動を認識したり定
義したりすることが，周りの具体的ではっきりした物について語るよりも難し
いという事実とつながって（またやってしまった！　書いているうちに忍び込
むメタファーをいちいち指摘していると，うんざりしてきそうだ）いそうだか
らである (Kövecses, 2002)。これと似た考察を，かつて Skinner も，「私的出
来事」と呼ぶものを語れるようになるプロセスについてしている。その点は第
3章でまた触れよう。いずれにしても，現代の言語学研究では，気持ちについ
て話すときには，まさにそういう機能が働いているということで意見が一致し
ている。より捉えやすく説明しやすい現象をソースにし，よりつかみどころの
ない情動をターゲットにして，メタファーを使うのである。この点を調べた研
究のほとんどが英語を対象にしていて，実際，英語にはメタファーを基盤にし
て情動を説明する表現が何百とあるのが知られている。私自身の母国語である
スウェーデン語も同じである。スウェーデンではみんな「恐怖で凍りつく」

し，「怒りで煮えくり返る」。上機嫌で「宙に打ち上がる」。喜びで「いっぱい」なときもあれば，悲しみで「重い」ときもある。気持ちが「震えあがる」，琴線に「触れる」，「意気消沈する」。知りたくて「うずうずする」，誇りで胸が「膨らむ」，気持ちが「空っぽ」にもなる。笑いが炸裂して，怒りを吐き出し，愛に飢えて，興味を燃やし，楽しくて浮き浮きする。

　メタファーを使って気持ちを伝えるそうした日常的表現の根底には概念メタファーがあり，単に比喩的に表現しているだけでなく，思考や行動するときのモデルにもなっている。現代の言語分析ではよくそのように主張される。情動を力とみなすのも，情動に関連するそうした基本的な概念メタファーである（Kövecses, 2010）。情動を力と関係づけているのは，ほかでもない情動を示す英単語 emotion の語源そのものにさえ表れている。emotion はラテン語の「〜から外へ（e）」と「動かす（movere）」に由来する。つまり，何かを動かすのである。（スウェーデン語の sinnesrörelse にいたっては，文字通りに「心の動き」で，情動があれば力が働いているのがいっそうはっきりわかる！）

　こうした概念メタファーがどこまで普遍的か，あるいは逆に，特定の言語や語族にしか当てはまらないかが，言語学の文献ではよく議論されてきた（Schnall, 2014）。概念メタファーがわれわれ自身の身体の経験と，周りの環境と関わるときの事実とを基盤にしているという理論に基づくならば，概念メタファーが普遍的だと，少なくともある程度までは言えそうである。それを示す研究も多い。

　「情動は力だ」の主題のバリエーションといえる「怒りは封じ込められた圧力だ」のメタファーが，多くの言語でかなり研究されてきた。英語でもスウェーデン語でも，怒りが沸騰して破裂し，怒りで沸き立ち，怒りを封じ込めようとして，猛烈な怒りを爆発させるかもしれない。漫画の一幕で，怒りを何か（蒸気か煙？）の小さな雲がキャラクターの耳から噴き出してくるように描かれているのもよく見る。抑えられていた圧力が，頭から噴き出して一気に抜けたかのようである。まさに同じ種類の概念メタファー（怒りは封じ込められた圧力）が，アングロノルマン系とはつながりのない言語でもたくさんみられる。ハンガリー語，中国語，日本語，タヒチ語，西アフリカで話されるウォロフ語でも，力のメタファーで怒りを表現する（Kövecses, 2002）。すべての概

念メタファーが普遍的だとまでは主張できないものの，相当広く使われる表現がたくさんあって，情動を表現するものが含まれているのは確かだろう。そうしたかなり普遍的ともいえる状況が，ただ単に文化的接触によって広まったと主張できなくはない。しかし，身体の経験と生理的な構成に因る可能性がいちばん高いと考えられている。

　このように，情動を表現するときにはメタファーの助けを借りる場合が多くなる。情動といえば，セラピーではたいてい大きな要素である。そうであるならば，セラピーの対話でメタファーを使う頻度が，それ以外の場面でコミュニケーションする状況よりも多い理由も，それだろう。情動について話し合おうとすれば，自然にメタファーを使うことになる。

概念メタファーと身振り

　先ほども少し書いたが，話される言語と思考だけでなく，身振りなどの行動も概念メタファーの影響を受けると考えられている。手を握って親指だけを上に伸ばす「親指を上に」の身振りは，ほぼ必ず「良い」を意味する（Müller & Cienki, 2009）。どの言語にもあるわけではないが，あれば「良い」を意味し，同じ身振りが逆（「上が悪い」）を意味する例はどこにもない（Lakoff, 1993）。これもおそらく，根底の概念メタファーとそれが個々に表れたさまざまな具体的表現の背景に，物理的世界についての大昔からの共通体験があるためと考えられる——容器に液体を注いでも，物をかき集めても，「もっとは上」をありありと実感する。もっと欲しいのは良いものである。ゆえに，「上が良い」となるのだろう。

　人間のコミュニケーションを研究する言語学者たちが，ここ数年の間に身体のイメージ画像（広告，映画，宣伝などで使われているもの）や身振りに注目し，発話のさまざまな内容にどう対応して変化するかを調べてきた（Cienki & Müller, 2008; Forceville, 2009）。そうした研究からも，見えないけれどもメタファーが（そのコミュニティでまたはもっと広く）共有されていて，どのイメージ画像や身振りを使うかに，言語の場合とまったく同じ仕方で影響していそうだと示された。身振りや「ボディーランゲージ」と，話されたり書かれたり

することばとは，コミュニケーション手段として根本的に別物だとよくいわれる。脳の違う領域を使っているとさえいわれることもある。しかしながら，言語学と，より最近では脳研究からも，そうではないと示唆されている（Cardillo et al., 2012; Giora, 2008; Yus, 2009）。発話にも身振りにも共通の概念メタファーがあるのがわかる。また，メタファーが実際に使われるのを見ても，身振りが，字義的な言語と違っているというよりも，むしろ重なっているほうが多いようである。メタファーと字義的言語の中枢が，脳のそれぞれ別にあると考えるのは，時代遅れである（Coulson, 2008）――昔からされてきたように字義的言語とメタファーを使う言語とを区別してみても，実際には何も得るものはないと，ますますはっきり示されてきたわけである。

　現代の言語学研究では，身振りと発話が作用しあうと考えられるパターンを，特にメタファーの使われ方に注目していくつか説明している（Müller, 2008; Cienki & Müller, 2008）：

- 話されたフレーズと，同時になされた身振りが，同じメタファーを示す（ソースとターゲットが発言と身振りでそれぞれ一致している）。たとえば，「選択肢を天秤にかけないといけない」と言いながら，同時に両手でカップを作って交互に上下させながら旧式の秤をまねてみせる，などがあるだろう。
- 話されたメタファーと，身振りで示したメタファーとで，ターゲットが同じだけれどもソースが違う。たとえば，議論しているときに一方の人がもう一人の意見を批判して，「まるで白か黒しかないようじゃないか。当然，灰色だっていくらかあるよね？」と言ったとしよう。同時に，右手は右へ，左手は左へ差し出して，反対方向へ強調してみせたとする。そのすぐあとに，「灰色だっていくらか」と言いながら左右の手を近づけてきて，真ん中で擦り合わせたとする。話されたメタファーも，身振りのメタファーも，相手の人の意見をターゲットにしている。そのときに，発話のほうは白黒の濃淡の違い（白，黒，灰色）をソースにしていて，身振りは空間をソースにしている。
- 話されるメタファーと身振りで示すメタファーとが独立していてももち

　んかまわない。ことばでメタファーを使いながら，身振りで表さない
　でいられる。同じことで，字義通りに話しながら，身振りでメタファー
　を表現できる。たとえば，「私が何を伝えているか，はっきりわかるよ
　ね」と言いながら，目の前の架空の何かを指差して見せられる（「考え
　は物体」）。

　　身振りが人と人のコミュニケーションの中でどのような役割を果たすかを理
　解しようとすると，それだけで大きな研究領域となる。また，セラピーの際の
　コミュニケーションにも関連するだろう。ただ，ここでこれ以上掘り下げるの
　は，本書のねらいから外れることになる。身振りの重要性と，身振りの根底に
　もメタファーのソースがある点にここで触れたのは，メタファーが人間どうし
　のコミュニケーションにとっていかに根本的であるか，またいかに特定の言語
　的側面の枠に押し込んで説明できるものではないかを伝えたかったからであ
　る。メタファーは言語の基盤そのものといえる。

認知言語学

　　1980年代以来（そしてLakoffとJohnsonの画期的な書籍以来），発話や身振
　り，イメージ画像の基盤として概念メタファーの理論を採用する言語学者たち
　が登場し，自らを認知言語学者と呼ぶようになった（Kövecses, 2010; Lakoff,
　1993）。認知言語学者たちは認知（思考）的なもののほうが，従来から言語学
　者たちが注目し発話されるものよりも根本的であると強調する。概念メタファ
　ーに注目するべきだと主張するのもその理由からで，直接観察できるものの根
　底には見えない構造があるということを前提としている——私たちがメタファ
　ー表現や身振りを特定の枠組みに沿って使っているということを前提としてい
　るのである。そうした認知言語学者たちが論文を書けば，それまで言語学の分
　野で主流であった，話された具体的なことばを丁寧に分析していく従来からの
　手法に真っ向から議論をぶつけることになりやすい。「メタファーは本質とし
　て概念的で，言語的ではない」「メタファーの位置づけはまったく言語ではな
　く，一つの心の領域を他の心の領域の枠組みを使って概念化する手法である」

(Lakoff, 1993, pp.203, 244)，「それゆえに概念メタファーと，メタファーを使った言語表現とは区別しなければならない」(Kövecses, 2010, p.4) などと認知言語学の文献に書かれている。こうした認知言語学者たちはメタファーを使った個々の具体的な発言は，根底の概念メタファーが表面的に表れているにすぎないと述べている。発話されたメタファーを見れば，根底に構造があることを示していて，その根底の構造こそ分析の中心としなければならないと考えているのだ。

　認知言語学のこの視点から眺めると，概念メタファーは認知理論家たちが**スキーマ**または**心的表象**と呼ぶものとそれほど変わらない。人々の発言や行動を見て，直接観察できるものをコントロールしていると思われる根底の構造を仮定する。認知理論の分野全般についていえるが，最近は認知言語学者たちもまた，根底のそうした構造を説明する助けにならないかと期待して神経生物学との連携を深めている (Lakoff, 2008)。

　行動分析学的なものの見方をよく知っているなら，認知言語学者たちの前提と相容れないのがわかるだろう。行動分析学では，人間の行為を説明するためのモデルに内的な構造を仮定しない点を，私も含めて大勢がすでに伝えてきた (Ramnerö & Törneke, 2008; Skinner, 1974; Törneke, 2010; Wilson, 2001)。それをすべて振り返るよりも，ここでは，別な説明を探すほうがよいと考えるプラグマティックな理由を一つだけ挙げておこう——セラピーに役立てるという目的でメタファーを使ってクライエントを理解し，クライエントに影響を与えようとするなら，実際に行動され，発言された，観察できる事柄に注目しなければならない。なぜなら，そこにしか直接働きかけられないのだから。

　ただし，認知言語学者たちの理論的前提を批判する理由が確かにあるにしても，だからといって，彼らが説明している現象を見過ごしていいことにはならない。説明のためのモデルと，説明しようとしている現象とを，分けて考えなければならない (Fryling, 2013)。現象のほうは確かに存在しているように見える。人々は認知言語学者たちが説明するとおりにメタファーを使っている。メタファーを通して眺めて考え，行動して，メタファーが生きる姿勢を決めているように見える。話すにしてもそれ以外にしても，私たちが互いにコミュニケーションをとる方法にはメタファーが満ちている。セラピーの場で気持ちや

他の「内面の」現象について話し合うときなどは，特にメタファーが多くなるようである。昔からの傾向として，行動分析学は出発点が異なる研究を無視しやすかった。だが，これはまずい傾向であると思う。道を踏み外しやすくなる。むしろ，自分たちとは異なる視点から現象を観察することが大切である。それができれば，その分野の科学的発展に行動分析学的アプローチでどれだけ貢献できるかが見えてくるだろう。

メタファーの影響力

　第1章を締めくくるまえに，メタファーが私たちに及ぼす影響がいかに大きいかがよくわかる一連の実験を簡単に紹介しよう。Thibodeau と Boroditsky が2011年と2013年に行った実験である。数百人を対象に，架空の都市アディソンの短い物語を読んでもらった。アディソンは繁栄してきたが，数年前から犯罪率が上がりだした。対象者を2つのグループに分けて，一方に，「犯罪は猛威を振るうウイルスである……」の書き出しに続けて，上昇する犯罪率の統計を挙げながら状況を説明した。もう一方には，書き出しを「犯罪は猛威を振るう野獣である……」にして，以下でまったく同じ統計を挙げて説明した。文章を読んだ後に，アディソンの犯罪率を下げるために考えられる政策について，2つの質問——「アディソンの犯罪率を下げるにはどんな政策が必要だと思いますか？」と「アディソンで警察官が果たすべき役割は何だと思いますか？」——に答えてもらっている。2つのグループで，違いがはっきりと出た。開かれた質問をされると，「野獣」グループの81％が警備力を高める類の政策で，たとえば警察官を増やすなどがよいと答えた。それに対して，「ウイルス」グループで警備力を高める政策を提案したのは31％であった。内容がほとんど同じ別の実験で，文章を読んだ後に，どの分野の政策に力を入れるべきと考えるかも尋ねている。「経済面の福祉を改善する，教育を改める」と「懲役を厳しくする，警察官のパトロールを増やす」のどちらかを選んでもらった結果，同じくらいはっきりと違いが表れた。全般に，犯罪を「野獣」に喩えるメタファーを使うと，犯罪者を捕まえて収容する提案につながった。一方，「ウイルス」に喩えるメタファーを使うと，原因を探って社会に目を向け

る政策（貧困を減らす，教育を改善する）の提案につながった。

　政策を提案するときに何に影響されてそう考えたのかも参加者たちに答えて
もらっている。すると，ごく数パーセントしかメタファーの表現に触れなかっ
た。どちらのグループでも，ほとんどの参加者が文章中の統計を答えた（この
ときに見せた文章は，書き出しの一文中の「野獣」または「ウイルス」の一語
を除いて完全に同じだった）。追加で行われた補助的研究のいくつかで，メタ
ファーについてはっきりと質問している。先に読んだ文章の「野獣」か「ウイ
ルス」の部分を空欄にし，「犯罪は猛威を振るう＿＿＿＿＿である……」を見せ
て，抜けている単語を思い出して埋めてもらった。約半数の参加者が単語（「ウ
イルス」または「野獣」）を思い出せた。思い出せたか出せなかったかは，犯
罪率を下げるためにどんな政策がよいと提案したかとは相関しなかった。Thi-
bodeau と Boroditsky は，参加者が意識的に気づいていたかどうかとは関係な
くメタファーが影響を及ぼしたと結論している。

　もう一つ紹介しておこう。やはり先の実験に追加で行われた補助的実験であ
る。参加者たちに見せる文章の中でたった 1 カ所だけ単語が違うメタファーの
一文を，冒頭から最後へ移した。すると，他の補助的実験ではっきりみられた
メタファーによる反応の違いが消えた*。このことから，他の関連実験で示さ
れた違いは，参加者たちが質問に答えるときに単純に連想した結果ではない
（単純に連想しているなら単語を見るのが質問に答える直前であればあるほ
ど，反応の違いが際立ったはずである）。そうではなくて，冒頭で見せるとメ
タファーが以降の物語の読み取りと理解全体に影響を及ぼす，と著者らは結論
づけている。Lakoff と Johnson の実験結果をもう一度まとめてみよう——参
加者たちはメタファーを通して物語を読み取り，理解し，意見を記入した。つ
まり，メタファーが参加者たちの姿勢を決めたのである。

　他の実験でも，メタファーの使い方しだいで行動が変わる似た結果が出てい
る。わかりやすい研究をあと一つ紹介しよう。参加者たちに，株式市場の動向
についての評論を読んでもらった。能動態の「動作主型」メタファー（「株価
が上がっていった」）を使った評論と，受動態の「目的語型」メタファー（「株

＊原注：実験ごとに参加者は異なる。

価が押し上げられた」）を使った評論の2種類があった。読んだ後に株価変動の見込みを予想してもらったところ，「動作主型」グループだった参加者たちのほうが，「目的語型」グループだった人たちよりも，株価は上がり続けるだろうと答えがちであった（Morris, Sheldon, Ames, & Young, 2007）。

まとめ

　メタファーが言語と認知において果たす役割は，これまで考えられてきたよりもはるかに根本的といえる。詩人や小説家が使う「ことばの装飾品」というだけではなく，もっと広く言語と認知全般のいしずえである。刻々と経験を重ねながら関わり合い，周囲の環境に働きかけていくときにも，メタファーの影響を深く受けている。メタファーが「考え方や行動を決め」て，メタファーの枠組みの中で振る舞う。現代の言語学からはメタファーの構造と作用についての知見が山ほど得られている。1980年代以降に主流となってきた認知言語学のほかにも，参考になる理論的前提がたくさんある。本章で説明した現象学的分野に行動分析学的視点からどう取り組んでいけるかは，また引き続き見ていこう。そのまえに，言語学研究でも認知言語学とはまた違った視点からの分析を少し眺めてみよう。というのも，昨今の言語学者たちの中に，行動分析学とかなり重なる立場から取り組んでいこうとする人たちがいるのである。

第 **2** 章

メタファー——文脈の中で

　認知言語学者たちと概念メタファーの理論が特に注目したのは「メタファー・スキーマ」であった。メタファー表現が実際に使われる文脈とはたいてい関係なさそうに見えるものである。もちろん，認知分野の研究にしても，実際に話されたメタファーを眺めることはする。ただ，主要なねらいは，概念メタファーが根底にあることを前提として，それが表れていないかを探すことである。そのため，実際に使われたそのメタファー表現に関連している重要な要素を見落とすおそれがあるといえるだろう。たとえば，何がそのときのメタファーの使い方や内容に影響を及ぼしているか，人間どうしが関わり合うなかで，そのメタファーがどんな影響を及ぼすかなど。別に，さまざまなメタファー表現に共通するパターンや主題を説明するのと，あるメタファーがどのように実際に使われるかを調べるのとが対立する必要はない。しかし，ここ数年，何人もの言語学者たちが，概念メタファーの理論は限定的で不十分であると主張してきた。なぜなら，概念メタファーの理論は，実際に使われたメタファーと，使われたときの状況とを調べる道具を提供しないからである。この章では，そうした新しい言語学者たちがもたらした知見をもう少し詳しく見ていこう。

人と人の関わりの中のメタファー

　メタファーが使われるときには，フレーズや身振りが伴う。しかし，それだけではない。社会的な文脈も，文化的な文脈も，コミュニケーション上の文脈も伴う。コミュニケーションが文脈と切り離せないのはわかるだろう。それと同じで，メタファーも，文脈とは切っても切り離せない。誰でも経験する基本的なものといえば，人と人が関わり合うときの文脈だろう。以下に状況を2つ

紹介しよう。どちらの場面でも、形がまったく同じメタファーが使われている。

　同僚の2人が職場について話している。1人目が言う、「ちっとも意見を聞いてもらえなくて、嫌でたまらない。ポールだけが物事を決めて、あとのみんなは言われたとおりにするだけだ」。2人目が答える、「まったくだ。まさにポールが船長だ」。

　では、1人目がこう言った場合と比べよう、「最近は、物事がずいぶん混乱していた──ポールがしっかり舵取りしてくれていてよかったよ」。2人目が答える、「まったくだ。まさにポールが船長だ」。

　同じメタファー（ポールは船長）が使われていても、それぞれで別な事柄を意味する。どう構成されるかによってメタファーが意味を持つようになるものの、文脈も影響を及ぼして、聞き手にとってメタファーがどんな機能を持つかと、受け取られたときの感じを決めている。紹介した2つの例で、メタファーのソース（船長）が、状況ごとに別な機能を果たしている。初めの例では、意思決定者であり、誰も歯向かえないリーダーである船長の役割という、ネガティブな意味に焦点を当てている（「押し切るだけ。みんな意見も言えないし、自由もない」）。あとの例では、頼りがいのあるリーダーであり救済者としての役割に注意を向けて、ポジティブな解釈を加える（「彼ならしっかり取り仕切る。みんなを導いて切り抜けてくれる」）。完全に同じメタファーなのに、である。ソースとターゲットだけがメタファーに意味を与えるのではないのがよくわかるだろう。使われた文脈も、メタファーがどの意味を持つようになるか決めるのである（Ritchie, 2006; Wee, 2005）。

　概念メタファーの理論は、さまざまな意味でそれまでの言語学の研究に挑戦するものだった。もともと言語を科学的に研究する領域では、人々の実際の発話を研究対象としてきた。だから従来のメタファー研究も、人と人が対話するときの個別の発話行為の特徴としてメタファーの使われ方に注目してきた。ところが認知言語学は注意の焦点を移して、個々の発話よりもむしろその前提となる認知構造に注目した。これは、話し手さえもたいてい気づいていないうちに自動的に作用している類のものである。たとえば、「最近は、値上がりしている」「勉強で遅れをとっている」と言うときに、言いたいことを伝えるため

にわざわざ「青天井」「落ちこぼれ」といったメタファーを意識的に選んで使っているのではない。メタファーを当然のものとして話をしているのである。認知言語学全般，特に概念メタファーに疑問を差し挟む言語学者たちは，メタファーのそうした使われ方や，Lakoff と Johnson の研究の重要性を否定しているわけではない。ただ，根底にある（または支配力を持つ）抽象化されたメタファーだけに注目してしまうと，実際のメタファー表現とそれが使われる文脈とを研究してわかる事柄に，気づかないままになりかねないと考える。そうした事柄を重視する最近の言語学者たちの姿勢は，行動分析学が具体的な行動とそれが起こる文脈とに注目することへと自然につながる。ポイントとなるのは，文脈を重要と考える点，そして「メタファーを生み出して使う」のは文脈を伴った個別の発話行為だと考える点である。その視点でなされた研究から重要な論点をいくつか紹介しよう。以下の5つの見出し──学際的な分析の必要性，言語が思考に影響を及ぼす，プロセスであり産物（プロダクト）でもある，「死んだメタファー」が甦る，メタファーを意図的に使う──に分けて見ていこう。

学際的な分析の必要性

　Lakoff と Johnson，そして Kövecses（2002; 2010）は，認知言語学を定式化し，根底にあるとされる認知スキーマがメタファーの形で表れたものを概念メタファーと呼んで大きく注目した。思考や行動を支配するということを前提とするのだから，そうしたメタファーで使われることばは重要になる。ところが，ことばは簡単に，あたかも「石に刻まれる」ように，フレーズが固定化されてただ繰り返されるようになる。たとえば，「議論は戦い」の概念メタファーを考えてみよう。次のようなメタファーが当然のようによく使われる──「相手の議論を一刀両断した」「討論で反対意見をことごとく粉砕した」「話し合いは頭から正面攻撃だった」など。では果たして，そうした発言が必ず実戦の概念をソースにしているといえるだろうか？　昔から頻繁に使われてきた表現であれば，概念メタファーが人と人とのやりとりに支配的な影響を及ぼしていると言い切れるだろうか？　戦争を直接経験しないで育った子どもがいたと

しよう。代わりに，議論がさかんな環境で育ち，戦いといえばゲーム機を操作して遊ぶゲームだったとしよう。その子が「相手側をすべて粉砕した」と昔からよく使われる表現を聞いても，実際の戦争をソースにした場合とは別の解釈をすると考えられないだろうか（Steen, 2011）？　抽象化されたメタファーの中心にある主題でさえ，多くの歴史的な要因や文脈的な要因の影響を受けながら時間とともに変わっていくと考えるほうが，理にかなっていないだろうか（Gentner & Bowdle, 2008）？

　時代や社会状況や文化に関連した知識を軽んじると，メタファーとその使われ方を単純化しすぎて理解してしまうかもしれない。つまり，概念メタファーの理論は還元主義に陥る危険があるといえる。使われた比喩そのものを多く読み取り過ぎて，話し手が伝えていたものとはまったく違った何かを聞いたと思い込んでしまうかもしれない。メタファーを使った表現もコミュニケーションの一部として不可欠で本質的に重要だとしたら，還元主義に陥ると，科学的な分析に迷いが生じるだろう。同じことを別の側面からも指摘できる。メタファーのソースをたどると，人間の身体と，周りの環境に具体的に働きかけた経験とに根差している場合が多い。その点は確かに重要であるが，その眺め方も，還元主義に陥りやすい。発話されたメタファーのソースが何かを探るときに，文化的な要因や個人的な要因に注意が向かなくなるおそれがある。

　神経生物学的還元主義にも警戒しなければならない。これは認知理論全体についていえることであるが，認知言語学者たちが考えることと神経生物学的な説明モデルとの親和性は非常に高い（Lakoff, 2008）。神経生物学の知見が人間行動を理解するうえで重要なのは言うまでもない。もちろんメタファーを使う行為も，人間行動を理解しようとする対象に含まれる。ただし同時に，支配的な捉え方になることが多い神経生物学の立場は，人間行動の理解の仕方を還元主義（人間に関連することはすべて脳の機能で説明できる）に引き込みやすく，人間が周りの人や環境とどう関わり合っているかということや，そうした関わり合いがメタファーを使うことにどう影響するかといった重要な科学的知見から目を遠ざけやすくする（Ritchie, 2006; Steen, 2011）。

　概念メタファーの理論——根底的または支配的なメタファーの主題があって，それが人間の行動を大元から形成していると考えること——が必ず還元主

義に陥るとはいわない。しかし必ず，学際的な視点でバランスをとらなければならない。人々が実際に使うメタファーを，発話されたときの具体的な歴史的文脈の中で研究しなければならない。

言語が思考に影響を及ぼす

　認知言語学では，思考は発話よりも根本的であるとされている。同時に，膨大な量の実証研究によって，私たちが使う言語が思考に影響を及ぼすことがわかってきた。どの言語を使うかによって，たとえば日頃，何語を話しているかで，どのように考えてどう行動するか全般に大いに影響を受けるのである。そうした最近の研究の中には，メタファーに注目するものもある。第1章でお伝えしたように，時間の概念を理解しようとするときに空間のメタファーがよく使われる。過去は後ろにあって，未来は前にある。少なくとも英語（とスウェーデン語）ではふつう時間を水平方向の軸（前方／後方，左／右）に沿って位置づけるので，そのようになる。なかには，たとえば方位磁針が指す東西の方角のように，動かない外的な基準に基づいて眺める言語グループもあるし，他にも周りの環境の恒久的な特徴で，たとえばその言語が古くから話されてきた地域を区切って流れる河川などになぞらえて眺める言語グループもある（Fedden & Boroditsky, 2012）。北京語では両方の空間的メタファーが使われて，英語と同じように水平軸に沿って時間が流れるかのように表現することもあるが，垂直軸に沿って未来を下に過去を上にも表現する。いくつもの研究成果から，英語だけを話す人の場合，時間が水平方向に動くと理解しているし，ことばを使わない非言語的課題でも同じような特徴が表れる。一方で，北京語を母語とする人のほとんどは，時間が垂直方向に動くとも理解していることが非言語的課題からわかる。確かめるには，たとえば，一連の出来事の画像（果物を食べるまでの違った段階，有名な人物の違う年齢での写真など）を見せてから，時間的に「前と後」の位置を画面上で指し示すか，カーソルを動かして示してもらうか，するとよい。または研究者が参加者の横に，同じ方を向いて立ち，手の平を上にして（何かを乗せてあるかのような形で）差し出してから，「これがランチだとしたら，朝食はどこに来ますか？」と尋ねてもよいだろ

う。9月に実験をしているのなら，「ここが9月だとしたら，10月はどこに来ますか？」と尋ねられる。参加者には沈黙したまま身振りだけで位置を示してもらう。それを観察すると，時間がどの方向へ「動く」と理解しているかがわかる。

　そうした実験の結果から，話していないときにも，日頃使っている言語の慣習に従って時間の経験を捉えていることがわかる（Fuhrman, McGormick, Chen, Jiang, Shu, Mao, & Boroditsky, 2011）。他にも，Fuhrman とその同僚らが一連の研究を通して，北京語と英語の両方を話すがその程度はさまざまな人たちのグループを調べている。その結果，北京語が上手であればあるほど，時間を垂直軸に沿って位置づけやすかった。どちらも流暢に話す人たちに課題をこなしてもらったときには，実際の課題の場面で（たとえば課題の教示を伝えるときなどに）研究者が使った言語が影響を及ぼすこともわかった。英語で出題すると，参加者は時間が水平方向に流れるかのように振る舞い，北京語で出題すると，垂直方向に動く現象として捉えた。どの言語と深く結びついているかがはっきりとわかる画像などの文脈要因も，時間の捉え方に影響を及ぼした。

　話されることばには言語ごとの文法的慣習などの要素もあって，そうした変数が思考にどれほど影響を及ぼすかを調べた研究もある（Boroditsky, Schmidt, & Phillips, 2003; Fausey & Boroditsky, 2011）。たとえば，名詞が異なる性を持つ言語がある。スペイン語とドイツ語ではかなりの名詞が性を持つ。女性名詞もあれば，男性名詞もある。研究では，ドイツ語で女性名詞だけれどもスペイン語では男性名詞の単語，また逆の組み合わせの単語を研究用に選んだ。次にどちらかの言語（一方のみ）を話す参加者が，名詞が示す対象をどのように捉えるかを調べた。どちらかの言語を話すグループに対象の特徴や性質を挙げてもらうと，男性名詞の対象を表現するときには文化的により男性的な特徴とされる形容詞を使い，女性名詞の対象を表現するときにはより女性的とされる形容詞を使った。簡単にいえば，スペイン語を話す人たちは「鍵」を女性的に，「橋」を男性的に捉えて，さまざまな仕方でそのように理解している。一方ドイツ語を話す人たちは「鍵」と「橋」を逆に捉えている。そうした違いはどれも，その人が話す言語においてその名詞が文法的に付与された性

から派生している。他にも，対象どうしの性が一致しているかどうかが観察力に影響を与える興味深い結果も出ている。性別がはっきりわかる人物の写真と，同じまたは逆の性を言語的に付与された対象の写真とをセットにして見せてから，人物と対象が似ている点を説明してもらった。次に画像を加工して，人物と対象の間に，性とは関係なくともかく類似点をつくった。すると，性別が一致しているときのほうが，違っているときよりもずっとよく類似点に気がつくことが示された。

　言語ごとの文法的慣習の違いが影響を及ぼすと考えられている例が他にもある。たとえば，英語とスペイン語とでは，動作主がわざとしたわけではない，いわゆる事故を目撃した場合に，一般にどう説明するかが違う。英語では意図がなくても動作主が事故を起こしたと能動態で説明する（「風船を割った」）が，スペイン語では受動態で説明する（「風船が割れた」）。この文法的慣習の違いが，目撃した出来事を思い出すときの記憶にも影響すると示されている。物事をどう記憶するかのある部分は，話す言語が提供する枠組みによって決まるのである（Fausey & Boroditsky, 2011）。

　個々の具体的な発言も，話す言語も，決して思考を伝えるだけの道具ではないのがわかるだろう。逆に，何を考えて，どう行動するか全般が，実際に話す言語の慣習を通して形成されるのである。

プロセスであり産物（プロダクト）でもある

　言語や発言に広く共通してみられる概念メタファーを研究していると，メタファーがあたかも産物としてそれ自体で完結しているかのように捉えやすくなる。「販売は上向きだ」とか「ゲームの腕を上げた」と誰かが話せば，どちらの表現にも「上が良い」の概念メタファーがきれいに表れている。しかし，少し観察すると，答えられない疑問点がたくさんあるのがわかる。そうした表現が発話されるときに，何が起こるだろうか？　メタファーを使うのは行為であり，発話者はある行動をしている――「メタファーを生み出して使う」のである。だったら，それはどんなプロセスだろうか？　どのようにしてメタファーを創り出すのか？　何が起こっているときにメタファーを使って話し，どんな

結果が伴うのだろうか？

　言語学の第一人者でメタファーを研究してきたフランクフルトの Cornelia Müller は，メタファーをただ単に認知的産物として扱うのではだめで，行動されるものとして，つまり認知的な活動として調べなければならないと強調する（Müller, 2008）。人間に特有のこの活動を理解しようと思えば，活動が行われたとき，つまり「メタファーを生み出して使う」ときを調べなければならない。Müller は，メタファーが創造されて使われるものだと強調したうえで，さらに広く最近の認知科学の傾向にも目を向ける。そして，認知も活動の一種であり，表象的プロセスというよりも，むしろ感覚運動的なスキルの一つの形だと考える傾向（Chemero, 2009; Noë, 2004）と結びつけている。この視点は，行動分析学と一致するものである。行動分析学でも，具体的な行為をその主体に固有の「それまでの文脈」の中で理解する。「認知プロセスは行動プロセスである。人々の行為である」（Skinner, 1989, p.17）

「死んだメタファー」が甦る

　伝統的に議論されてくるなかで，「死んだ」「凍りついた」「石になった」と呼ばれるメタファーはあまり関心を持たれなくなり，「生きた」メタファーが重視されてきた。後者の典型といえば，詩などの中でハッとさせる新しい方法で，あるものを別の新しいものに関連づける類である——「目覚めは夢からのスカイダイビング」（Tranströmer, 2011, p.3）のように。表現があまりにも使い古されて慣習になり，メタファーとしての機能を失うと，字義的な部類とみなされて，死んだメタファーになる。表現がメタファーとしての機能を「失う」とたった今書いたのも，わかりやすい死んだメタファーである。「意味を失う」の感じは，今ではメタファーだと意識されなくなっているけれども，少し考えると，少なくとも大元はメタファーであったとわかる。

　そこへ概念メタファーの理論が登場して，伝統的な眺め方をひっくりかえした！ 「死んだ」といわれるメタファーは，ちっとも死んでいないし，メタファーとしての機能も失っていない。それどころか，人間の行動に，まさしくメタファー的性質そのものによって絶大な影響を及ぼしている。こうしたメタフ

ファーは，人間の認知の礎石ともいえる根底の概念メタファーを基盤にしていて，影響はほとんどが無意識か，意識されてもごく自然なほど基本的になっている。伝統的な考え方の言語学者たちの主張とは反対になるが，概念メタファーが人生にいちばん深く影響するのだから，それを基盤にする「死んだ」メタファーこそ研究対象にするべきである。

　ところで，こうして1980年代以来，研究方針が伝統的な視点から概念メタファー重視へと変わったにもかかわらず，不思議にも，一つだけ以前のまま変わっていないことがある──それは，当然のように，一方に「石になった」または「死んだ」メタファー，反対側に「生きた」または「新しい」メタファーを区別していることである。それぞれの意味づけとともに注目点は変わっても，昔からの分類そのものは変わっていないのである。最近になって，メタファーが個々の文脈の中で実際にどう使われているかがより集中的に研究されはじめると，この区別がいろんな意味で，幻想でしかないとわかってきた。死んだはずのメタファーが毎日の会話の中で頻繁に「甦る」，というほうが近そうだ。慣習化して死んだと思われたメタファーが，実際にメタファーとして機能しているかどうかを見分ける目印のような特徴はあるだろうか？　見つけるには，実際の会話を調べなければならない。誰かが戦いをソースにしていそうな発言（「彼が挙げる反対意見を片っぱしから粉砕してやった」）をしても，その人の中で「議論は戦い」の概念メタファーと関係づけられているとはかぎらない。そう表現していても，その人にとって比喩的な内容をまったく持たずに，ただ単に「私の意見のほうがずっと論理的だった」というだけの意味かもしれない。発言がメタファーとして機能しているかどうかを確かめるには，エピソードを，またはその特定の表現がその特定の文脈の中でどのように使われているのかを，分析しなければならない。Müllerも，慣習化しきった比喩表現だけれども，メタファーとしてしっかり機能しているような例を紹介している（2008, s. 77, ff.）。

　実際の会話（対話）の一例として，今は40代となっているある女性の初恋の物語を挙げてみよう。遠足の日に同じクラスの男子を好きになったことを女性が物語る。その日の状況を肯定的な調子で説明しながら，でも彼が「落ち込んでいる感じ」で雰囲気が少し「陰って」いたと話す。「落ち込んでいる感

じ」と発話するときに，広げた右手の平を下に向けて動かして，まるで何かを下向きに押しているような仕草をする。その身振りを2回している。Müller は2点指摘する——1点目として，「**落ち込んで**」の英語の depressive は「下向きに押す」を意味するラテン語の単語から派生する。しかし，メタファーとしてすっかり慣習化していて，女性はそんな語源に馴染みがなかった。2点目として，対話全体を通じて「悲しいのは下」の感じを体現する言語表現を他に使っていないにもかかわらず，下に向かって押す身振りは続けて使っている。あたかも，まさに今その状況の中でだけ，「死んだ」メタファー表現が息を吹き返したかのようである。Müller のことばを借りるなら，「眠っていたメタファーが目覚めた」のである。

　Müller と他の研究者たちが概念メタファーの理論を批判するのは，実際の出来事を調べることでしかメタファーの機能を検証できないし，フレーズに含まれることばを見ただけではそうした機能を解釈するには不十分だ，と考えるからである。メタファーが示されたからといって，メタファーを生み出して使うプロセスが機能しているとはかぎらない。表現に使われることばと，機能とは別である。表現が何かの機能を持つと断言するには，発話されたその文脈の中で分析しなければならない。

　さらに疑問が湧いてくる。初恋の物語を語る女性の身振りから眠っていたメタファーが目覚めたのがわかるなら，文脈の中の何が目覚めさせたのだろうか？　例に挙げた対話の分析の中で，Müller はその答えを示していない。しかし，答えを示すよりも，もっと根本的な部分に目を向けさせるような問いを考察している——メタファーが生み出されて使われるプロセスとは？　どんな特徴があって，実際に機能するときの文脈とどのように作用しあうのだろうか？　こうした問いに関係フレーム理論がいくつか答えを出しているので，第4章で見ていこう。

　先の例ではメタファー表現が意図されたものではなかったようである。しかし，たまたまにしても眠っているメタファーが目覚められるのなら，興味深い疑問がどうしたってまた湧いてくる——対話の中で意図的に目覚めさせられるだろうか？　どのようにして？

メタファーを意図的に使う

　メタファーを死んでいる，生きているに分けても発展性がないと，文脈をよく調べたうえで昨今のメタファー研究者たちは結論づける。個々のメタファー表現（産物としてのメタファー）は，むしろ連続した軸に沿って並んでいる。一方の端に古くから使われてあまりにも慣習化しているので，使っている人もたいていメタファーであるとは気づかないものがある。もう一方にまったく目新しいメタファー的発明とでも呼べそうなものがある。先に説明した「**落ち込んでいる感じ**（*depressiveness*）」が慣習化したほうの端近くにある。同じ端の**情動**（*emotion*）の単語も，たいてい語源（「何かを動かす」）を完全に忘れ去られたまま使われる。そうした種類のメタファーを Müller は「不透明」と呼ぶ。目覚めを夢からのスカイダイビングに喩えたトーマス・トランストロンメルの詩が，連続性のもう一方の端に来る例だろう。完全に「透明」なメタファーで，聞けば誰でもメタファーの性質がはっきり見える。実際には，日頃発話されるメタファー表現の一つひとつが両極端の間のどこかに来ることになる。長い歴史の中で繰り返し使われてきた表現であっても，それが透明な場合もあるだろう——「天にも昇る気持ち」「ハムスターの車輪で走り続けている」など。一方，先ほどの女性と初恋の話は完全に不透明なメタファーであったが，不透明でも機能して行動に影響を及ぼせるのがわかる。

　話し手がメタファーを意図的に使ったかどうかという点については，メタファーがどれほど透明または不透明かを眺めても完全には説明できない。なぜなら，意図性がメタファーに本質として備わったものではなくて，メタファーを使った人の行為を説明するものだからである。それでも，メタファー表現が連続性の中のどの位置に来るかを見ると何かしらのヒントは得られるだろう。透明の端に来るメタファー表現なら，話し手が意図的に新しいメタファーを使ったものと考えるのが合理的だろう。むしろそうではない場合のほうが考えにくいだろう。ただし，話し手が意図的に使っても，聞き手の中でメタファーが「眠っている」かもしれない。その場合，そのメタファーがハッとさせる効果を与えたり，何らかの影響を及ぼしたりすることはないだろう。

　だから聞き手に何かしら影響を与えようとして，あえてメタファーを使うのであれば，話し手は自然と新しいメタファーを生み出そうとするようになるだろう。もしメタファーがコミュニケーションに欠かせないものであり，新しいメタファーは必然的に透明なメタファーになるとしたら（あくまでも聞き手がそう理解したらだが），どうだろう。その場合，話し手は新しいメタファーを使いさえすれば，聞き手の中にメタファーが機能するプロセスを創り出せる可能性はずっと高くなるはずだ。新しいと確実にメタファーだと理解される。修辞法でも文学でも新しいメタファーをよく使うのはそのためで，どちらもはっきりと影響を与えようとしている。セラピーも同じで，影響を与えるにはセラピストが治療の状況に合わせて新しいメタファーを創ればよいだろう。そして先にも指摘したように，メタファーは確かになかなか役立つものだと，さまざまな治療モデルで意見が一致しているように見える。ただ，ここに問題が一つある。ハッとさせる効果のある新しいメタファーといっても，それは日頃使われるメタファー表現のごく一部で，ひょっとしたら1％程度かもしれないのである（Steen, 2011）。メタファー表現はどんなコミュニケーションにも不可欠なものであるためあらゆるところで使われていて，ほとんどが多かれ少なかれ慣習化している。そのようななかでもメタファーを使って影響を与えたいとしたら？　その場合は必然的に，「眠ったメタファーを目覚めさせる」のが重要な戦略となってくるだろう。しかしどうやって？　そんなときは，そのときの対話の中ですでに使われているメタファーを上手に利用してしまえばよい。対話の相手が採用したメタファーについて言及したり，さらに発展させたりするのだ。そういえば，私が何年も前にセラピーを学んでいたときのエピソードを思い出す。当時の新しい仕事環境をそれまでの環境と比べて，「ここも，特にパラダイスというわけではありませんね……」とコメントした。すると指導してくれていた心理学者が「なに，パラダイスがいいの？」と言った。慣習的に使ったメタファーをそんなふうに「目覚めさせ」てもらったおかげで，実り多い対話となった。

　私自身の体験についても共有したいま，ここまで見てきた現代の言語学の研究や理論は，本書の文脈——つまり，「メタファーをどのように臨床で使えばいいのだろうか？」という問いを探究する文脈——の中に，しっくりとはまっ

たのではないだろうか。なお，メタファーをどのように臨床で使うかについては，このあと本書の臨床を扱う部分で詳しく見ていこう。

まとめ

　概念メタファーの理論がメタファーの言語学的分析を大きく変えて，画期的と考えられている。同時に，ここ10年ほどでまた新しい研究の流れが登場していて，個々のメタファーを実際の文脈の中で分析しなければならないと強調する。ここまでにいえる結論をまとめよう。1つ目として，「メタファーの性質を生み出すかまたは活性化する」（Müller, 2008, p.215）プロセスそのものを調べなければならない。それだけで一つの研究分野とされるべきで，どんな文脈の中でプロセスが起こっているかを知ってはじめて，より大きな科学的理解につながっていくだろう。2つ目として，「死んだ」と「生きた」にメタファーを分ける古典的な二分法は適切ではなく，個々のメタファー表現のほとんどが一端からもう一端までの連続性のどこかに来る。むしろ，一つひとつのメタファーがそれぞれの程度で「眠っている」といえる。それを対話を通じてうまく「目覚めさせる」と，人間の行動と思考にとてつもなく大きな影響を与えられるようになる。

　どれもこれも，セラピーの場面で交わされる類のコミュニケーションと深く関連することばかりである。そうした問題に本格的に入っていくまえに，本書の理論的前提に立ち戻ろう。まず，歴史的に振り返って，行動分析学の分野でメタファーについて何が話されてきたかを見てみよう。

第 3 章

行動分析学とメタファー

　いろいろな経緯があって，それらをすべて含めた状況の中で，どの要因が行動に影響を及ぼしているのか。そうした要因をどう変えると，その人の行動に影響を与えられるのか。行動分析学はその点を主に探る。特定の行動と，その行動が起こる文脈との関係に注目する。典型的な**機能分析**なら，必ず次の問いから始まる——どの行動を分析しようとしているのか？　それが答えられたら，次に——その瞬間にある要因のうち，どれが行動に影響を及ぼしているだろう？　そして——どうしたら関連する要因を再調整してその行動を変えられるだろう？

　行動分析学は，ある意味でとても単純なアプローチといえる。それでも，よくよく整理しておかないと誤解を招きやすい。人間の行動または行為と呼ぶものを調べようとしているわけであるが，分析対象には，人間がすることなら基本的に何でも含まれる点を確認しておこう。日頃の会話の中で**行動**と聞くと，どちらかといえば表面的なことを連想しやすいだろう。「表面にある」だけの何かで，より「奥底の」ものとは本質的に違うという印象かもしれない。人間の行動は「外側の」何かで，「内面の」ものとは対比される。しかし，行動分析家たちはこの定義を否定する。違うもののように思えるのは，人間の条件を説明しようと何百年と議論してくるなかで，いろんな意味で誤解を招くメタファーを使い続ける間に，そういう印象がすっかり出来上がってしまっただけであると考える（Skinner, 1989）。役立たない分類をしやすくしたのは，本書のテーマそのもの——メタファーの力——と，他の人には見えない内面の出来事（身体感覚，思考，イメージ，感情）も自分で観察できるという人間としての経験である。もちろん，そうした経験について話すときに「内面の」ものとして扱うと，なにかと便利である。ただ科学的に理解しようとする場合には，真

の理解を妨げる眺め方でしかないと行動分析家たちは主張する。彼らからすると，そのようにごまかしとしか思えないことだが，この領域，つまり人間の「内面」で起こる体験は，「外側」で起こる体験とは別のものだと考えられているところがある。言い換えると，人間の「内面」で起こる体験は，「外側」で起こる体験とは異なる原理に基づいて生じていると考えられているのだ。歴史を見ると，そのとおりのことが起こってきたのがわかる。何百年と，人間の内面の現象は「魂」の領域とされてきた。今日の科学で魂が主題になるのはまれであるが，「精神」と「メンタルな現象」といった概念も結局同じ役割を果たしている──そうした現象と，外側から誰かが観察できる類のものとが別種であると意味している。一方，行動分析学では違う考え方をする。内面の現象も，人間の他の行動を説明するのと同じ原理を通じて理解されるものであると主張する。誰かが思い出し，感じ，考えることを理解しようとするなら，「外側の」行動を分析するときと同じ問いかけをしなければならない──どの気持ち，思考，または記憶を分析しようとしているのか？　そのときの文脈にある要因のうちどれが，その人が思い出し，感じ，考えるのに影響を及ぼしているだろう？　気持ち，思考，記憶を変えたいと思ったら，どうすれば関連している要因に働きかけられるだろう？

　心や魂や精神の領域の現象に分類して「内面の」と呼ぶ捉え方を否定するのは，そうした現象が取るに足らないことだと主張しているのではない。そもそも論点が違うのである。行動分析学が非難するのは**そうした現象を語るときの方法**である。現象そのものはもちろん大切で，人間の行動を理解するうえで重要な意味を持つ場合が多い。それに，普段私たちが内面に関連した単語を使う場面ではたいてい大切なことを伝えている。たとえば，「スティーブが全身全霊で」取り組んでいると言えば，スティーブがしている何かを話題にしていて，外から見ている私たちもそれがスティーブにとって大切なのだと了解している。また，「アンは胆が据わっている」と言えば，これは中身のない発言ではもちろんなくて，アンの日頃の振る舞いについて何かしら伝えている。ちなみに，これを聞いてアンの振る舞いの何かが物理的な胆（胆囊）の何らかの性質とつながると考える人は今時いないだろう。「ファトマは精神的に強い」と言うのも同じである。意味のない言い回しではもちろんなくて，ファトマのい

つもの行動について何かを伝えている――もしかしたらとても忍耐強いか，危機にもしっかり対処できるのかもしれない。だから，思考や感情や記憶が私たちにとって大切なのは間違いない。ただ，科学的に調べるときに内面の現象を外側の行動と分ける語り方をすると，内面に何らかの「精神的な実体」があって，注目している行動を左右するかのような印象を与えかねない。つまり誤解を招きやすくなる。内面の現象も対象となっている人の行動と考えるのがいちばんよい，と行動分析家たちは主張する。理解して影響を与えたいなら，行動そのものと，行動が起こるときの環境にある要因との相互作用を分析しなければならない。**こうして，「行動」の単語を行動分析学で使うときには，人間がすることならなんでも含めて考える。**サッカーをする，嫌う，思い出す，行動を控える，悲しむ，フルートを奏でる，諦める，疲れたと感じる，喜びで飛び跳ねる――そうした行動を理解するには，どれも環境にある要因と相互作用するなかで起こっている行為と考えて分析するのがいちばんよい。それが行動分析学の前提である。

　もう一つはっきりさせておかなければならないことがある。一般に「歴史」と呼ばれるものをどう扱うかである。ここまで行動分析学を説明してくるなかで，ひとまず「今，ここ」で起こっている事柄に注目してきた。行動は特定の状況の中で生じるものであるが，そのとき最も関心を向けるのはその状況で行動に作用する要因である。しかし，過去はどうなのか？　現在に影響する要因を見つけるには，過去を探さなければならないのではないか？　ある意味ではそのとおりである。これまでの経験の産物として今の私たちがいる。技能抜群のサッカー選手がどうしてそういう戦術でいくのかを知りたければ，どこでそれを学んだのかを見なければならない――一般に素質と呼びたがるものを持って生まれたのだということを前提とすることなどは別にして。苦悩していて誰とも会おうとしない人がなぜそうなのかを理解しようと思えば，過去を無視できない。ただし，理解するだけでなく，さらに影響を与えようとするなら，たとえばそのサッカー選手の戦い方を変えようと思うならどうか？　影響を与えようとするのなら，それまでにあった要因ではなく，現在そこにあって作用している要因が何よりも重要となってくる。ドリブルのときに何をしているか？　今の瞬間にある要因のうちどれがドリブルの仕方と相互作用しているか？　行

動分析学では，純粋にプラグマティックな理由から，最終的にその点に関心がある。すなわち，現実問題として，そうした要因以外に働きかけようがないという単純な事実を前にすると，他にどうしようもないのである。セラピーで注目する類の行動にも，同じ理屈が当てはまる。現在そこにあって作用している要因こそ，臨床に関連するものとして特に注目していく。

　外側から見えるものも，内面のものも含めて，行動と考えるべきである。また，影響を及ぼした過去の要因よりも，現在影響を及ぼしている要因に注目するべきである。こうした主張の元となる理論的立場を**機能的文脈主義**と呼ぶ（Gifford & Hayes, 1999）。ここに**文脈**という単語が含まれるのは，行動が起こったときの文脈を重視するためである。また，そうした文脈中の要因が行動にどんな影響を及ぼすか，つまり機能に主な関心があるから**機能的**がつく。

結果が重要なのは言語も同じ

　「人が環境に働きかける行為をして環境を変え，行為の結果を受けて今度は人が変わる」（Skinner, 1957, p.1）。

　この書き出しに続けて，Skinner が「言語行動」と呼ぶものについての本を書いている。私たちならただ言語と呼ぶものである。しかし，言語行動でなくても，Skinner が書き残したものならどれでもこの書き出しに続けられそうである。さらにいえば，科学の一領域としての行動分析学についてだって何でも続けられる。実は，この書き出しを逆にすることもできる。同じプロセスを説明するのに，「人」自身からではなく，「人」が行為するときの文脈のほうから始めるのだ──「環境が人に働きかけて人の行為を変え，変わった行為の結果を受けて今度は環境が変わる」。Skinner が行為する人から始めたのは，たまたま行動分析学がその科学的な研究領域を，人間の行動を予測して影響を与えること，と自ら規定していたからにすぎない。「反対側」からも出発できるという点から，とても大切なことがいえる──行為する人と，行為が起こる文脈との間の相互作用こそが重要で，それを理解して，そこに働きかけなければならない，ということだ。

　先の引用を論理的に広げていったのが，Skinner が確立して一般に**オペラン**

ト心理学と呼ばれるようになった分野である。人が環境を操作し、操作の結果を受けて人が変わる。特定の行動には特定の結果が伴い、その結果の好ましさに応じて、また似たような条件になったときに、再び似たような行動をする可能性に影響を及ぼす。特定の状況のときに名サッカー選手がボールを受け取って、スピンし、後ろへボールを引き込んで右へ送り……。そうする間にもさまざまな文脈要因と相互作用をして、その一つひとつの相互作用が、以前に似た行為をしたときの結果から影響を受けている。ある人がこちらに向かって歩いてくる警察官に気づいた。心臓がどきどきしはじめて、汗が噴き出し、以前に似た心理的反応を経験したときを思い出すかもしれない。そこで、立ち止まり、下を向き、店のショーウィンドウを覗き込んで警察官を見ないようにする。そうしながら、たくさんの文脈要因と相互作用をして、その一つひとつが以前の似た行為の結果から影響を受ける。

　言語と言語的相互作用についての本の書き出しが、Skinner のどの本の書き出しにもなりうるものであったのは、偶然でも何でもない。人間の言語も、他のどんな行動とも同じように結果に影響されるからである。発言すると、それも行為で、結果を伴う。結果が影響を及ぼして、それ以降にどのように話し続けて、もっと広くどう行動するかが変わる。それはつまり、言語もオペラント行動だと言っているのと同じである。あらゆる点で、言語も他の行為とまったく同じ人間行動の原理に従うのである。本書のメインテーマのメタファーに戻って、行動分析学がメタファーにどのようにアプローチしたかを理解するために、人間の言語をもう少し全般に深く見てみよう。特に、言語をオペラント行動として眺めて、発話の社会的な結果が以後の発話に影響を及ぼす部分に注目しながら。Skinner は言語的な反応（発話）をいくつかの「言語オペラント」に分類している。分類の基準は、反応と、反応されたときの文脈とがどのように相互作用するかに基づく。本書では Skinner が**タクト**と呼んだ言語オペラントだけを説明しようと思う〔**コンタクト**（接触 con*tact*）や**タクタイル**（触覚の *tact*ile）にみられるように、「触れる」ことに関連した意味を持つタクト（tact）である〕。Skinner がメタファーを分析するのがこの枠組みにおいてだからである（Skinner が分類したさまざまな言語オペラントの詳細については Törneke, 2010 の第 2 章を参照*）。多くの意味でいちばん重要な言語オペラン

トだと Skinner 自身も言っている。

タクト──不可欠なスキル

　タクトは直前に来る何かに影響を受けている言語反応である。つまり，反応して発話した誰かが，発話する直前に，反応を引き出した対象または出来事と**接触**（contact）している。Skinner の用語を使うと，「タクトは言語オペラントと定義でき，特定の対象か出来事か，もしくは対象や出来事の属性があるときに，決まった形の反応が引き起こされる（または少なくとも強められる）」（Skinner 1957, pp.81-82）。タクトされる事柄は，何であれ反応の直前に来たものである。「イス」と発話しやすいのは椅子があるときで，椅子が反応（発言の内容）を引き起こす。「あの人が走っている」の言語反応も，特定の仕方で身体を動かしている誰か（「あの人」）がそこにいることから発話の内容が影響を受けている。どれも，行動分析家たちが「タクトする」と呼ぶ反応の例である。一方，私たちが周囲をタクトするときには，それまでの長い学習履歴の中で何が強化されてきたかにも基づいている。子どもの頃に，牛がいるところで「ウシ」と発言したら，反応を強化する結果を経験しただろう。そこで「ネコちゃん」と発言したら，結果は違ったはずである。タクトすることを強化するよう影響を及ぼす結果は，たいてい社会的なコミュニケーションに関連する。言語を身につけて話せるようになるプロセス全般となんら変わらない。何を言うかの内容しだいで，周りの人たちから，ことばにしても身振りにしても違う行動が結果として返ってくる。タクトするのは，私たちが日頃「説明する」「話題にする」「指し示す」などの用語で意味していることと同じである。ただ，そうした馴染みのある単語やフレーズにはどうしてもあいまいさがつきまとうため，行動分析学では独自の用語をつくった。厳密に定義された用語が必要なのだ。

　理想的または純粋なタクトは，直前の対象または出来事から影響を受けてい

＊訳注：これは，次の日本語文献で読むことができる。ニコラス・トールネケ（著），山本淳一（監修），武藤崇，熊野宏昭（監訳），『関係フレーム理論（RFT）をまなぶ──言語行動理論・ACT入門』星和書店，2013, pp.39-69.

る。そのため，普段の会話の中で，いわゆる「正解」といわれる発言ができるようになるのである。どの子も幼いうちから話すことが社会的なコミュニケーションの中で必要不可欠であるということを，社会環境の中でタクトとすることを通して学んでいく。わかりやすい状況を考えてみよう。聞き手が直接接触できない何かでも，話し手がタクトすると，それを通じて聞き手も影響を受けられるようになる。誰かが犬を見て「イヌ」と発言すると，犬が見えていない人にとってもその反応が重大な意味を持つかもしれない。話し手がタクトしてくれたおかげで，聞き手もそれなりの方法で行動できるようになる。環境をそんなふうにタクトするようになるのは，ことばを使う人間どうしの協力関係の土台ともいえる。1人よりも2人でいる利点を，動物の群れにはおそらくできないレベルで最大限に生かせるようになる。

　ところで，まったく同じ対象または出来事でなくても，同じタクトを引き出せる。ある程度広い範囲の対象を見て同じように「テーブル」と発言するように学ぶのは，社会環境が何を正解とみなして強化するかに基づいている。対象の性質や特徴が共通なら，同じタクトを引き起こす——平らで，円か長方形か三角形の表面が3本以上の「脚」に載っていると，「テーブル」のタクトを引き出す。状況しだいでは，たとえば里山をハイキングしていてどこかピクニックできる場所を探しているのなら，大きめの石さえ同じタクトを引き出すかもしれない。このように，タクトされるものの範囲が広がって，一つに限らずいろんな対象や出来事から同じ反応が引き出されるようになる（Skinner, 1957）。そうした拡張されたタクトのほうが，どこにでもある一般的なもので，純粋または厳密なタクトのほうが実はかなりまれなのがすぐにわかるだろう。私たちは普段からかなり適当にタクトしていて，それで通じ合っているのである。ただし，領域によっては純粋なタクトでなければならない。たとえば科学などでは「何を意味しているのかを厳密に知る」のが重要である。

メタファー——拡張されたタクトの一種

　Skinnerの考えでは，メタファーは拡張されたタクトの一つである。彼は次のような例を紹介している：

　「初めて炭酸水を口にして……子どもが『足が寝ているみたい』と話した*。**足が寝ている**と発話する反応は，以前に足がしびれたときに，はっきりとした2つの刺激条件──足の一部が動かなくなったことと，ある種のチクチクする刺激があること──のもとで条件づけられた。足がしびれた状態を表現する反応として社会が強化したのは，足の一部が動かなくなっているほうの属性だった。ところが，子どもにとっては，チクチクする刺激も重要だった。それと似たチクチクした刺激を，炭酸水を飲んだときに感じて，反応が引き起こされた」(Skinner, 1957, pp.92-93)

　Skinner の例では周囲の人に見えない経験がタクトされていた。「内面の」とよく呼ばれる出来事で，Skinner はそうしたものを「私的な」と呼んでいる。私的でなくても，誰の目にも見える何かが拡張されてタクトされる場合も同じ考え方で理解できる。たとえば，特定の人がいるときに「彼女はテリアだ」と言う反応が引き出される場合などである。「テリアだ」と発話する反応をもともと学んだのが，特定の種類の小型犬がいる場で，それが社会共同体によって強化された。そして，「彼女はテリアだ」とタクトされた女性の振る舞いの性質の何かが，テリア犬にみられる性質のどれかと（少なくともタクトしている話し手にとっては）共通していて，拡張されたタクトが出来上がる。ここで起こっている一連の現象は，大きめの石をタクトして「テーブル」と発話した反応の例と基本的に同じである。
　こうして見ると，そのとききっかけとなった対象または出来事が，普段は言語共同体の中で当然のようにその反応を引き出すものではないようなタクトがメタファーだといえる。またはこうもいえる──言語共同体において，ある女性がいるときに「テリア」と言っても普通は強化されなかったとする。その共同体の中で**現**にそう発話され，女性がいることで発話が引き出されていたら，それは拡張されたタクトになる。
　Skinner はさらに分析を進めて，メタファーからより純粋または厳密なタク

───────
＊訳注：足がしびれることを英語で一般に「足が寝る」と表現する。

トへと発展していく様子も説明する。言語共同体が，ある種の性質を備えた人がいる場面で「テリア」のタクトを全般に強化しつづけたとする。すると反応がメタファーとして機能しなくなって——本書の前のほうで使った用語でいうなら——より「字義的」になる。Skinner は，拡張されたメタファー的タクトがやがてより純粋なタクトに安定化するとこの現象を説明している。そうした経緯で，テーブルに脚があると普通にいわれるようになったのである。

　お気づきだろうか？　話題はすでに，日常会話でも言語的メタファー研究でも，「死んだメタファーと生きたメタファー」およびメタファー的言語と字義的言語の関係に入り込んでいる。古典的なアリストテレスの系譜から分かれた現代の言語学者たちと同じで，Skinner も字義的表現とメタファー的表現をはっきり区別していない。死んだメタファーと生きたメタファーの違いがはっきりとしていないように，別物のように見える言語現象でも，よく調べるとどんどん重なって見えてくる。Skinner の著作を読めば，彼が書いていた時代には字義的な言語のほうが疑問の余地なく第一とされて，メタファー的表現はおまけのようなものと考えられていたのがよくわかる。Skinner も自然にそう考えていたらしい。メタファーを「拡張された」タクトと呼んでいるところからして，より純粋で厳密なタクトのほうが第一だと考えていたのは間違いないだろう。なにしろ Lakoff と Johnson を知らない時代だったのだから。

　しかしながら，字義的言語が第一でメタファーを使った表現は二次的であるという考え方の前提を，Skinner 自身が分析して崩している。タクトはオペラント行動にほかならなくて，言語共同体によって強化される。真にという意味でも，客観的にという意味でも，字義的といえるものなど何一つない——すべてが行為であり，行為に伴う結果事象から影響を受ける。だから，どんな反応も，好ましくも悪くもなる。純粋なタクトと Skinner が呼んだ反応のほうが，ある結果を求めているときには好ましいかもしれない。しかし，拡張されたタクトのほうがうまく機能する文脈もあるだろう（ハイキングの途中で石を「テーブル」と呼ぶ場合など）。それに，タクトがメタファーよりも厳密かどうかは，学習の結果しだいであると考えられる。ということは，その人の学習履歴を見ると，それほど純粋ではない——メタファー的なものも含めた——タクトが先に来て，だんだんより厳密なタクトになっていくのだろう。しかも，どこ

で厳密になったかを線引きできるものではない。また，「純粋なタクト」は実際にみられる言語行動というよりも，むしろ理想に近いとも書かれている。こうして，Skinnerの分析もまた，メタファー的言語と字義的言語の関係を考えるときに，先に見た現代の言語学者たちと基本的に同じ視点につながっていく。メタファー的現象と字義的現象を分けようにも，雑多な要素を含んだ日常会話の中でしかできない。一つひとつの言語表現が「生きたメタファー──死んだメタファー──字義的表現」の連続性のどこかに来る。そうした用語をSkinner自身は使わないものの，彼もまた「メタファー──拡張されたタクト──タクト」について（逆方向にたどったとはいえ）書いていて，それもまた連続性を示すものとなっている。言語学者たちの連続性とSkinnerの連続性とが，まったく同じものを違う言い方で示しているだけだとは思わない。それでも，どちらの視点から眺めても，ここで検討している連続性の背後に根本的なプロセスがあるのがわかる。次の章で関係フレーム理論の中でメタファーを探りながら，このプロセスの性質に立ち戻ろう。そのまえに，Skinnerの分析についてあといくつかだけ指摘して，現代の言語学者たちならメタファーを使うことについて何というかを想像してみよう。

行動分析学と言語学──高め合える関係？

　言語学の枠組みと行動分析学の枠組みのそれぞれで説明してきたことが，別な前提から出発しているにもかかわらず重なるのがわかるだろう。たとえば，メタファー研究でより広く使われる用語（ソースとターゲット）をとってみても，Skinnerの分析にも当てはめられるのに気づく。拡張されたメタファー的タクトを引き出した対象または出来事がターゲットの例となって，反応，つまりタクトがソースを説明している。特定の女性を見て「彼女はテリアだ」の反応が引き出されたら，現代の言語学の用語でいうなら女性がメタファーのターゲットで，テリア犬がソースである。Skinnerが説明した「足が寝ているみたい」と話した子どもでは，炭酸水を飲んだときの感じがメタファーのターゲットで，足がしびれたときの感覚的経験がソースである。誰かが石の表面をなでながら「まるで絹のようになめらか」と言えば，Skinnerのいう意味で拡張さ

れたタクトにあたる反応である。同時に，先の章で説明した言語学的考え方に沿うなら，石の表面（または表面の感触）がメタファーのターゲットで，絹（またはその感触）がソースである。

　このように，行動分析学と言語学は別な前提と分析的視点から出発しながら，同じ現象領域を説明しようとしているといえるだろう。重なる部分がはっきりしている一方で，違う部分も当然ある。たとえば，何を分析の対象にするのかが大きく違う。行動分析学では人間の行動——この場合は発話すること（または「考える」こと）——を対象にする。それに対して，現代の心理学と言語学的研究では，発話（または思考）の産物としてのメタファーに注目してきた。そのため反応の内容の部分だけを分析対象にする。発話の本質と呼べそうなものを抽出して，それそのもので完結した対象——メタファー——として注目する。もちろん，この視点を通して行うことは行動分析学で行うことよりも抽象的で，実際の「メタファーを生み出して使う行為」から離れてしまう。これは弱点といえる。突きつめれば，メタファーは必ず生身の人間が実際の状況の中で生み出したものなのだから。

　どこかで聞いた批判だろう。行動分析学から認知言語学に投げかけられるこの批判が，昨今登場した言語学者たちの多くからいちばん聞かれる声として，第2章で紹介したものとかなり重なるのである。言語学者のSteen（2011）やMüller（2008）が，まさしくこの問題を強く指摘していた。認知言語学には危うさがある。メタファーが使われるときの具体的な文脈を無視することになってしまうかもしれない。また，メタファーを人間行動の産物としてしか注目しないで，メタファーが生み出されてくる実際のプロセスをしっかりと分析しないままになってしまうかもしれない。スタンフォード大学のLera Boroditskyとその研究チームも，すでに紹介したとおり同じように考える（Boroditsky, 2001; Boroditsky, Schmidt, & Phillips, 2003; Fausey & Boroditsky, 2011）。何語を話すかの違いで考え方や行動全般が形成される。だから人々が「メタファーを生み出して使う」文脈と，その行動に影響を及ぼしている要因とに，慎重に注意を向けなければならない。あらためてMüller（2008, p.17）のことばを思い出そう——メタファーを使うのは「認知プロセス」である。どんなプロセスだろうか？　それについては，次の第4章で見ていこう。

行動分析学の悩ましい問題

　メタファーまたはメタファー的発言を分析するにあたって，行動分析学もま
た独自の深刻な問題を抱えている。なによりも明らかな証拠を指摘しよう。そ
れは，この節の見出しにしても，この章全体にしても，行動分析学があたかも
集大成された一つの科学であるかのように書いているにもかかわらず，説明の
根拠として挙げるのがSkinnerたった一人で，彼が半世紀も前に書いたものだ
けであるということだ。Skinnerのあとに，メタファーを使う行動について行
動分析学は何と言ってきたのだろうか？　実は，ほとんど何も言っていないの
である。行動分析学の科学的位置づけを調べた昨今の大規模なレビューが
（Catania, 2007），Skinnerについて解説し，現代言語学についてもある程度触
れている。しかし，メタファーの主題を発展させたわけでも，新しい何かを付
け足したわけでもない。これは行動分析学のもっと大きな問題の一部といえる
だろう。科学として，Skinner以来どのように言語の分析に取り組んできたの
かに関わる問題である。研究が関係フレーム理論（RFT）を生み出すまで，
行動分析学からメタファーを使う行為について口を開くほどの内容はなかっ
た。Skinner自身の考えから新しい研究へとつながることはついになく，洞察
が深まることもなかった。要は，何かが足りなかったのである。メタファーの
理解についてだけでなく，人間の言語を分析する際の土台の部分でも。

まとめ

　行動分析学は単純な観察結果に基づいている——どんな行動も，行動すると
きの状況から影響を受ける。状況要因の中でも，以前に似た行為をしたとき
に，どんな結果が伴ったかが特に大きい。床にある何かを拾うくらい簡単な行
為から，詩を書いたり深く考え込んだりする複雑な行動まで同じである。メタ
ファーを使って話す行為もまた，文脈（状況）から影響を受ける行動と同じ枠
組みで考えられる。そのため，メタファーの使用全般についても，行動分析学
の基礎哲学を通じて多くのことが言えるし，そのかなりの部分が現代言語学の

考え方と一致している。行動分析学と現代の言語学との一致点に気づいてもらうのが本章のねらいであった。ただ，いよいよ分析のための具体的な方法を見る段になると，50年以上前に Skinner が書いたメタファーの理論では足りない。そこで，行動分析学的なアプローチのその後の展開を見ていこう。

|╌╌╌╌╌| 第 **4** 章 |╌╌╌╌╌|

第 **4** 章

メタファー——「関係」を関係づける

　関係フレーム理論（RFT）は，人間の言語と認知を分析するための理論であり，研究プログラムでもある。ここ 30 年ほどの間で開発されてきた。膨大な量の実験研究を基盤にして，その基本原理は科学的にしっかり裏づけられている（Hayes, Barnes-Holmes, & Roche, 2001; Dymond & Roche, 2013; Törneke, 2010; Hughes & Barnes-Holmes, 2016）。そうした原理を用いて，メタファーやアナロジーを研究する実験も実施されてきた（Stewart & Barnes-Holmes, 2001; Stewart, Barnes-Holmes, Roche, & Smeets, 2001; Stewart, Barnes-Holmes, & Roche, 2004; Barnes-Holmes & Stewart, 2004; Lipkens & Hayes, 2009; Ruiz & Luciano, 2011; 2015; Sierra, Ruiz, Flórez, Riaño Hernández, & Luciano, 2016）。この理論のポイントとなる部分を知っておくと，メタファーそのものやメタファーを使うにあたって，RFT を用いてどのように分析できるかが理解しやすくなるだろう。

2 種類の基本的な関係づけ

　「関係づける」ことは，ある対象に対して別な対象を拠りどころにして相互作用すること，と定義できるだろう。たとえば，あるリンゴに対して，別のリンゴを拠りどころにしながら，より遠くにあるものとして，より大きいものとして，あるいは，より赤いものとしても関わることができる。そのときに何をしているかといえば，このリンゴを別のリンゴと関係づけている。またはこうもいえるだろう。2 つの対象があって，その間の関係と関わり合っている。今の場合，2 つのリンゴの間の関係と作用しあっている。

　どのような生き物も，このようにして周りの環境と相互作用する。人間は

（そして他の種も）特定の対象（リンゴ，新聞，木，猫，他の人など）だけで
なく，そうしたさまざまな対象の間の関係も扱える。たとえば，あるコインの
ほうが別のコインよりも大きい，2匹の犬がそっくり，1つのボールのほうが
もう1つよりも近い，エリザベスが来たすぐ後にフランクが来た，といった具
合に対象間の関係を扱えるのである。

　今紹介した例は，対象どうしの物理的な特徴（色，コントラスト，形，数，
大きさなど），または対象が時間と空間の中で占める位置（時間的に前後して
来る，一方が他方よりも近い位置にあるなど）に基づいて関係づけられてい
る。1つのコインのサイズがより大きい，2匹の犬の見た目の特徴が同じ，一
方のボールのほうが近い位置にある，エリザベスの次にフランクが来る。どれ
も，それぞれの特徴を持つさまざまな対象に実際に接したその瞬間の直接的経
験が，対象どうしの相互的な関係を決めるといえるだろう。直接的な経験に基
づくこの関係づけは，時間を超えても適用することができる。つまり，今その
対象と相互作用をするときに，過去に直接経験したときに確立された関係に基
づくことができる。エリザベスが来たすぐ後にフランクが来るのが何回も繰り
返されたのなら，今日も，エリザベスが来たらまもなくフランクが来るものと
して行動できる。ベルが鳴った直後に食事が出されたのなら，ベルを聞いたら
もうすぐ食事が出されるものとして行動できる。人間だけでなくたいていの種
が，現在起こっている現象を，過去に直接経験した同じ現象と関係づけられ
る。このように，対象を関係づけるときに，物理的な特性と，そうした関係づ
けをした過去の経験との両方に基づいてする。RFT の文献で「**直接的な関係
づけ**」と呼ばれる方法で，そうして関係づけられた種類の関係を「**直接的関
係**」と呼ぶ。

　さて，人間の場合は，人生の早い時期から関係づけの方法をもう一つ学ぶ。
基本的に，対象の物理的な特徴や特性や，時間と空間の中で占める位置によら
ず，相互作用を持ったのが現在か過去かにもよらない。対象を関係づけるとき
に，**社会的に合意された文脈手がかり**を使う方法を学ぶのである。言ってみれ
ば社会共同体がつくりだした合図である。たとえば，あるボールを「より大き
い」ものとして扱うようになるのが，必ずしもそうした特徴や特性をボールが
本質的に備えているからではない。手がかり——「より大きい」のことば——

があるからである。仮に私からあなたにボールを2つ手渡すと想像しよう。大きさがまったく同じで、一方が赤く、もう一方が青い。次に、「赤いほうが大きい」と伝えてから、「では、どちらが小さいですか？」と尋ねたとしよう。あるいは、こうでもかまわない。2つの記号「Φ」と「Δ」を見せてから話したとしよう。「Δは10,000ドルで、ΦはΔの2倍です。どちらが欲しいですか？」

そのような質問に答える（「青いほうが小さい」「『Φ』が欲しい」と言う）ときには、質問の対象になっている物や現象を関係づけている。しかし、ただ単に対象に本質的に備わった何らかの特性を拠りどころにしているのでも、過去の経験からそうしているのでもない。そのほかの文脈手がかり（ことば、身振り）に基づいて関係づけている。「Φ」に本質的に20,000ドルの価値があるわけではないし、青いボールが物理的に赤いボールよりも小さいのでもない。しかも、以前にその2つの記号や2色のボールを経験していなくても、そうした質問には誰でも答えられる。つまり、みんなで同じ社会的なゲームをしているとでもいえるだろう。対象や出来事の間でいろいろな特性を「動かし回す」ゲームである。どのようにして「動かし回す」かといえば、「よりも小さい」「よりも大きい」「2倍」などの恣意的な文脈手がかりに基づいて対象を関係づけることによってである。ここで恣意的という場合、手がかりがもともと社会的に出来上がってきて、人と人が関わり合うなかで一般的な慣習になったものを指す。そうした手がかりに基づく関係づけと、対象の特性や特徴、時間と空間の中で占める位置などに基づいた先の種類の関係づけとは、基本的に違う。

こうしてつくる**間接的関係**は、一般的には象徴的と呼ばれるもので、人間特有の「象徴化（symbolization）」を可能にする。この種類の関係づけを指して、RFTでは**恣意的に適用可能な関係反応**（*arbitrarily applicable relational responding*）という専門用語が用いられる。この用語には、反応（行動）である、あるいは、一人または複数の人によってなされる何かであるという、この関係づけの性質が含まれている。関係反応の部分は、関係づける類の行動であるということをそのまま伝えている。反応が恣意的に適用可能であるというのは、恣意的な文脈手がかりに支配されるゆえに、何にでも適用できることを意味する。人間はありとあらゆるものに対して、そしてどのような仕方でも関係

づけることができるのである。恣意的に適用可能な関係反応を指す別な用語が「関係的にフレームづける」であり，それを，**関係フレーム理論**と呼ぶ。

　このように対象や現象を恣意的な文脈手がかりを通して関係づけられる力は，RFTによると，人間の言語のまさしく基盤である。言語を使った結果ではなく，言語の**礎石そのもの**と理解しなければならない。それを学ぶことこそが幼児の言語獲得の中心にあり，その力が身についてはじめて，意味のある発言ができ，他の人の発話を理解できるようになる。

さまざまな関係フレーム

　象徴化する能力といえば，ある事柄が別な事柄を表したり，意味したりするといった関係を考えるだろう。「車」という単語が実際の車を意味し，「人参」という単語が実際の野菜を意味し，「ピーター」という名前が実際の誰かを意味する。RFTではこの種の関係を**等位の関係**と呼び，最も基本的な関係フレームである。しかし，対象を関係づける方法は他にもたくさんあり，さまざまな**関係フレーム**を使うことが可能である。対象に本質的に備わった特性や時空間で占める位置に基づいて確立できる関係は，どれも恣意的な文脈手がかりを通じても確立できる。たとえば，木の枝に対して直接的関係（樹木の一部）を通じて相互作用できるように，ある人に対して「私たちと同じ初心者の一人」という間接的関係によって関係づけることも可能である。前者は樹木に備わった本質的な特性に基づいた直接的関係で，後者は関係フレームづけによる間接的関係である。どちらも何かが別な何かの要素または一部ということを意味していて，**階層的関係**と呼ばれる。ある人の体格が別な人の体格よりも大きいものとして関わり合えるし，ある人が別な人よりも偉大な著者だとしても関わり合える。これも，前者は直接的で後者は間接的であるものの，どちらも**比較の関係**と呼ばれるものである。エリザベスが入ってきたらすぐにフランクが入ってくる状況に，今ここでタイムリーに関わり合うこともできるし，「明日もエリザベスのすぐ後にフランクが来る」ということとも関わり合える。前者が**時間的関係**の直接的なもので，後者が関係フレームづけを通じて確立された（これまで間接的関係と呼んでいた）ものである。いわゆる未来（「明日」）には，

恣意的手がかりを通じてしか接触できず，決して直接経験することはできない。

　関係フレームづけを使って，物理的な特徴としては備わっていない特性を周りの事柄に与えられる。それも，直接経験していなくても与えられる。誰かが持っているコミックが「希少本」になるかもしれないし，シャツが「恰好よ^(かっこう)く」なるかもしれない。お皿に盛られたものが，食べたことがなくておまけにおいしそうな香りまでしても，「食べては危険」になるかもしれない。出来事や対象を関係的にどうフレームづけるかによって，さまざまなものが私たちの行動にどのような影響を及ぼすかが決まる。これこそ，関係フレームづけが臨床での取り組みに大きく関わってくる最大のポイントである。どのように関係づけるかが，環境が私たちに及ぼす影響を**変換**するのである。物事を好ましくも，避けなければならなくもしているのは，本質的な特性や過去の経験だけではない。恣意的な文脈手がかりの影響のもとで，そうした事柄を他の事柄にどう関係づけるかにもよるのである。ビルと交流した経験があまり楽しくなかったとしよう。誰かが「ラースはビルとそっくりだ」と話すのを聞けば，ラースを避けたいと感じるかもしれない。ラースには一度も会ったことがなく，どんな人かを判断できる直接的経験がないにもかかわらず。このとき，ラースとビルをどう関係づけたか（およびビルと交流した経験）に基づいて反応している。そうした関係づけを，社会的に学習した，本質として恣意的なゲームの中でしているのである。

　今紹介したものとは別に，もう一つ，私たちの行動や自己の経験にとって，とても重要と考えられている関係フレームづけがある。**直示的フレームづけ**＊と呼ばれるもので，特定の視点を確立してそこから行為できることと，さまざまな視点を確立できることとを指す。「あのとき」にそう話した，と言えば，いつ話されたかが決まる。「**あのとき**」の視点は「**今**」の視点とは違う。「**ここ**」も視点の一つで，「**あそこ**」とは別である。「**私（わたし）**」の視点も「**あなた**」の視点とは違う。「**今**」起こっている何かと関わるときに，将来の「**そのとき**」に何が起こるかを考え合わせられる。「**私**」がある振る舞い方をする

＊原注：ギリシャ語 deixis（示す）に由来する言語学の用語で，何かが起こる立場または視点の場所（ここ）や時間（あのとき）や動作主（彼女）などを示すことばや表現であることを意味する。

と「**あなた**」や「**彼女**」がどうするかをよく考えたうえで,「**私**」自身の考え
に基づいて行動できる。そうした視点取りは関係フレームづけの一種である。
専門的にいえば,恣意的に適用可能な関係反応の例になる。反応は恣意的な社
会的手がかりのもとで起こる。だから,視点を入れ替えることもできて,「あ
なたが私だったら,あなたの姓は何ですか?」「あなたがポルトガルにいた
ら,西の海は何と呼ばれていますか?」などの質問にも答えられるようにな
る。

　時間と空間の中で連続して在り続けている経験には,この直示的フレーム
づけが特に重要な役割を果たしているらしい。われわれは,どんどん変わってい
っても「同じ人間である」というある種の感覚をいつも経験している。たとえ
ば,去年の夏に実際に打ち込んでいた活動を思い出してください,とお伝えし
たとしよう。その後に,その活動をしていたのが本当に**あなた**だったと確信が
ありますか,と尋ねたとしたら?　ちょっと妙に思うだろう。去年の夏にあの
活動をしていたのが「私だった」という経験は,かなり確かなものである。同
じように,たとえば10代の時の出来事,または学齢期前の出来事を思い出し
てもらっても,確かに自分であったと思える。「私」ということばで示す人
が,さまざまな意味で変化しているのが自然にわかる。見かけや,自分自身や
周りの人について思うことなどが変わっている。それでも,ともかく「あれ
は,私だった」という感覚を経験する。あのときにあそこにいて自分のことを
「私」と呼んでいた人と同じ「私」が今すべてを思い出している。これはどん
な論理的な結論よりも,もっと深く根本的なところでの人間としての経験のよ
うに思われる。本書を読んでいる今の瞬間の気持ち——わくわくされていたら
なによりで,いたくがっかりされていませんように——とはまったく違った気
持ちであった状況を思い出しても同じである。それだけ気持ちが違っても,
「あれは,私だった」という感覚があるはずである。

　この連続性の経験は,社会的に訓練された結果であると考えられている。こ
とばらしいものを話しはじめたその瞬間から,それについて話すように訓練さ
れ,次第に経験するようになった視点である。わかりやすく表現すると「私 -
今 - ここ」となる。それは個々人が持つ独自の視点で,一人残らず誰もがそこ
から観察し,そこから周りの環境と相互作用を持つようになる視点である。空

間的なもの（ここ／あそこ）や時間的なもの（今／そのとき）など，さまざまな直示的フレームが組み合わさっている。私たちが経験する事柄のすべてを，「私－今－ここ」から経験する。

　自己を観察するようになるのもこの視点からである。たとえば，子どもの頃と比べると，自分が変わったのが観察できる。いろんな考えが浮かぶのも観察できるし，ある瞬間に何かを思い出していて別な瞬間にはまた別な何かを思い出しているのも眺められる。心にさまざまな感情があるのにも注意を向けられる。いろいろ観察できるけれど，これまでいつも「私自身」に気づいてきて，今も気づき続けている，それが意味する連続性の経験こそが，人間としての経験の中心であるといえるだろう。一人ひとりに固有のこの視点が直示的フレームづけから立ち現れてくることから，よく「直示的な私」と呼ばれる。この種類の関係フレームづけを「自分の内面で」起こる現象（思考，気持ち，記憶，身体感覚）についてして，階層的フレームづけ（あるものが別なものの部分）と組み合わせると，自分の行動，または自分自身と相互作用する力の柱になる（Luciano, Valdivia-Salas, Cabello-Luque, & Hernández, 2009）。この点には本書の臨床を扱う部分でまた戻ってこよう。RFTによると，自分自身とどのように相互作用するかが，行動全般の柔軟さにはとても大切になるからである。心理的な問題を理解して影響を与えるための大きなとっかかりの一つになるだろう。

　できるだけ，本書のメインテーマ——メタファーと，それがどのように作用するか——に取り組んでいくうえで参考になり役立つように，関係フレーム理論を要約して紹介してきた。RFTとその背景となる科学をさらに詳しく学びたい皆さんは，他にもおすすめの概説があるので（Dymond & Roche, 2013; Hughes & Barnes-Holmes, 2016; Törneke, 2010），基礎研究の文献にもあたれるだろう。

関係フレームづけとメタファー

　このように，私たちはずいぶん幼い頃から関係フレームづけのスキルを学ぶ。対象を関係づけるときに，本質的に備わった特性にも，直接的な経験にも

よらずにできるようになる。関係づけを支配しているのは恣意的な文脈手がかりで，音の組み合わせ（ことば）や身振りである。素朴なケースなら，あるものが，別なもの「よりも大きい」，別なもの「の後に来る」，別なもの「と同じ」，別なもの「の一部」，別なもの「の下にある」，または「ここから見える」といった手がかりに基づいて，2つの対象を関係づける。しかし，もっとずっと複雑な現象も同じ方法で関係づけられる。たとえば，日頃から「経験」と呼んでいる現象を考えてみよう。ある経験をして，それを一度も経験したことのない「もっと将来の」（時間的フレームづけを示す文脈手がかり）出来事と等位に結びつけて，あたかも「似た経験がまた起こるかもしれない」かのように行動できる。しかし，それらの経験の間に，また別な種類の関係も確立できる。たとえば，「似た経験がまた起こる**はずがない**」（ある経験を将来に起こるかもしれない出来事と反対の関係に置く関係づけ）など。そうして見ると，将来にどの「特性」を与えるか次第で，行動にどのような影響が与えられるのかがわかるだろう。過去の極めて複雑な出来事（第二次世界大戦）と，現在起こっている同じくらい複雑な事柄（特定の政治的出来事）とその見通しとを並列に関係づけられるかもしれない。「現在中央ヨーロッパで起こっている情勢は，第二次世界大戦に至る時期のようだ──なんとしても流れを変えなければならない」と。

　複雑な現象とは何か。ほかでもない，それ自体の中に関係をたくさん含むものである。歴史的出来事（第二次世界大戦や，現在の中央ヨーロッパで起こっていること）には，類似の関係，相違の関係，時間的関係，複合的（階層的）関係などが含まれる。私的な経験も同じといえる。隣人と会話をした経験には，自分が話した内容，彼女が話した内容，お互いにどの立場から話したか，違う点と似た点，他にもたくさんの事柄の間の関係が含まれる。隣人との対話を，先日映画の中に出てきた会話と比べれば，どちらもたくさんの関係から出来上がった複雑な現象どうしを関係づけていることになる。さまざまな複雑な現象どうしを関係づけるときには，このように，関係を関係づけているといえる。

　RFT によると，これがアナロジーやメタファーを使うときに何をしているかを理解するときの中心になる。つまり，**関係どうしを関係づけている**のであ

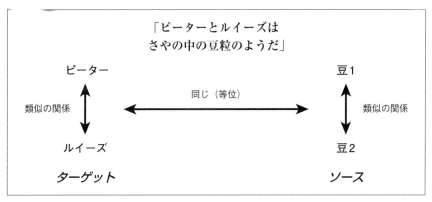

図 4.1

る。一般的に，関係づけられる関係が（歴史上のさまざまな出来事の例がそうであるように）他にも多くの関係で構成されているので，関係ネットワーク*を関係づけるともいえる。わかりやすくてわりと単純な例をいくつか紹介しながら基本原理を説明しよう：

　ピーターとルイーズはさやに収まった豆粒2つのようだ。 豆粒2つ（アナロジーのソース）には，ある種の本質的な関係がある。その表現をした人は，おそらく類似の関係を意図しただろう。これは豆粒の物理的な特性に基づいた非恣意的（直接的）関係である。アナロジーのソースを知っているから聞けばわかる関係が，次にターゲット──ピーターとルイーズ──についても確立される。「〜のようだ」の形の恣意的で文脈的な合図を通じて起こる。一方に豆粒どうしの関係があり，もう一方にピーターとルイーズの関係があって，2つの関係の間に等位の関係が確立される（図4.1参照）。アナロジーとメタファーで恣意的に確立されるのは，たいてい等位の関係である。ある関係（2つの豆粒の間の関係）が別な関係（ピーターとルイーズの間の関係）と同じ，または等位とされる。ただし，関係ネットワークどうしは等位で関係づけられても，関係ネットワーク内の要素はいろいろな関係性で関係づけられる。この例では，類似の関係（2つの豆粒が似ている関係）をひとまず挙げた。しかし，他

─────
＊原注：関係ネットワークという用語は，実際に存在する何かを意味するのではなく，複雑な方法で
　関係づけるわれわれの能力を意味していることに注意してほしい。

にもたくさんの関係が同じようにして，アナロジーまたはメタファーのターゲットを表現するために確立できる。別な例を挙げよう。**ピーターとルイーズは夜と昼のようだ**。ここでも 2 つの関係が等位に関係づけられている（一方に夜と昼の間の関係，もう一方にピーターとルイーズの間の関係）。しかし，今度のメタファーのソースが含むのは相違の関係で，ひょっとしたら正反対さえ意味しているかもしれない。そして，それがピーターとルイーズの間に確立される関係になる（図 4.2 参照）。3 つ目の例を挙げよう。**ピーターとルイーズは猫と犬のようだ**。ここでメタファーのソースとなっている関係の連なりはもっと複雑な関係ネットワークで，要約するなら「対立の関係」とでもいえるだろう（図 4.3 参照）。

　もう一つ例を挙げよう。男性が心から何かをしたいと考えているけれども，腰が引けて回避的に振る舞っている。ひょっとしたら，魅力的な人に話しかけたいのかもしれない。その様子を見ている誰かが言うかもしれない。「彼は熱いミルクのまわりをうろつく猫のようだ」。これも，2 つの現象が関係づけられている。つまり，男性の尻込みした様子（メタファーのターゲット）と，餌がほしいけれども舌を火傷したくないと思っているときの猫が見せそうな様子（メタファーのソース）である。

　恣意的で文脈的な合図の「〜のようだ」を通じて関係づけが起こる。だから，確立された等位の関係は恣意的もしくは間接的である。しかし，関係づけられた 2 つの現象の両方が，それぞれに関係のネットワークからなっていて，そのネットワークの多くは直接的な関係（恣意的ではない特徴に基づいたその現象のそれぞれの側面間の関係）である。この例で関係づけられている 2 つの現象にもたくさんの関係が要素としてあって，時間的関係（何かをするとどういうことになるか）と空間的関係（接近する距離／近さ）も含まれる。すべてをひっくるめて，それぞれのネットワークに含まれる関係を「回避的に行動している」と説明できるだろう（図 4.4 参照）。

直接的関係の大切さ

　メタファーを構成する要素には，恣意的な文脈手がかりを通じて確立される

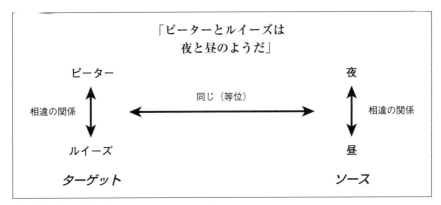

図 4.2

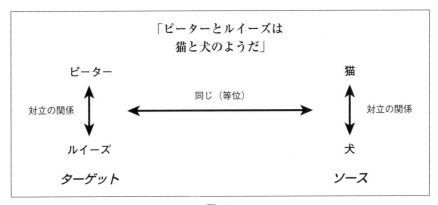

図 4.3

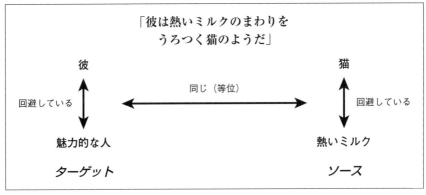

図 4.4

間接的（恣意的）関係だけでなく，直接的（非恣意的）関係もあるのがわかる
だろう。そして，実は後者が重要な機能を持つ。先ほどさまざまなメタファー
表現を使って，ピーターとルイーズの関係を説明した例を考えてみよう。メタ
ファーのソース（「2つの豆粒」「夜と昼」「猫と犬」の間の関係）には，それ
ぞれ何かしらの特徴があって，その特徴がターゲット（ピーターとルイーズの
間の関係）にもあるのがわかるときにメタファーが適切になる。メタファーが
大きな効果を発揮する場合，ソースのほうがターゲットよりも特徴の度合いが
はっきりしている。2つの豆粒のほうが，ピーターとルイーズよりも似ている
度合いが大きい。ただし，ピーターとルイーズの間にも似たところがあって，
だからこそ，メタファーの力が生まれる。夜と昼のほうが，ピーターとルイー
ズよりもその違いをはっきり示しているけれども，ピーターとルイーズの間に
も違いがあって，それがメタファーに意味を与える。対立関係の猫と犬がソー
スになるときも同じである。ピーターとルイーズに対立している素振りがまっ
たくなければ，そのメタファーは不適切だと言うだろう。しかし，対立があれ
ば，それがどれほど些細なものでも，ターゲットにあるその特徴をソースが引
き立てる，または焦点化する。こうしたことから，メタファーを生み出すには
以下が必要だといえる：

1. 2つの関係ネットワーク
2. 2つの関係ネットワークの間の等位の関係
3. メタファーのソースとなっている関係ネットワークにある側面／直接的
   関係／特性が，メタファーのターゲットとなっている関係ネットワーク
   の中の対応する側面／直接的関係／特性よりも，性質として顕著である
   か明らかである。
4. そのために，ターゲットの意味合いまたは機能が変化する。

　アレクサンダーについて「巨大なテディベアだ」と誰かが話せば，「テディ
ベア」がメタファーのソースを構成する関係ネットワークになる。メタファー
にとって重要な側面や特性は，メタファーのターゲットのアレクサンダーより
も，テディベアのほうでよりはっきりと言える，または見えるはずである。そ

れでいて，メタファーが妥当であるためには，アレクサンダーにもそうした特性があるのが，聞き手にわからなければならない。聞き手には，ターゲットの特性がすでによく見えているかもしれない。その場合，メタファーを使うと，特性をさらにはっきりさせるか注意を向けさせて，アレクサンダーで「際立たせる」効果がある。しかし，ときにメタファーのターゲットのそうした特徴が，メタファーが発話されてから聞き手に見えるようになる場合もある。まるで，メタファーを使うことで，ターゲットの関係ネットワークの特性が「覆いを取られた」かのように明らかになる。その効果があると，なかなかドラマチックであったり，気の利いた経験になったりする。メタファーが何か新しい意味を伝えて付け加えるのである。たとえば，「目覚めは，夢からのスカイダイビング」（Tranströmer, 2011）を考えてみよう。おそらくほとんどの読者にとって，新鮮な印象だったのではないだろうか。メタファーのソースを構成する関係ネットワーク（スカイダイビング）に備わったある種の特性を，ターゲット（夢から覚める経験）にも見いだせるだろう。しかし，そうした特性はメタファーに接してはじめて見えてくるのである。

　このように，良いメタファーにはソースからターゲットへと，一方向に進むという特徴がある。これは，関係づけに使う特性が，ターゲットよりもソースでより際立っているからである。もちろん，2粒の豆を指してピーターとルイーズのようだと言えなくはない（二人がよほど似ていればだが）。しかし，メタファーとしては貧弱だろう。なぜなら，ピーターとルイーズがいくら似ていても，よりそっくりに見える2粒の豆にそれ以上付け加えられる特性が何もないからである。テディベアを指してアレクサンダーのようだとも言えるだろう。しかしそれも，話題にしている特性がアレクサンダーよりもテディベアのほうではっきりしていて，それ以上何を付け加えるわけでもない。

　典型的なメタファーにはこの一方向性の特徴があって，そこがソースとターゲットの間を双方向に行き来できるおなじみのアナロジーとは違う。「原子は太陽系のようだ」を例にしよう。アナロジーとして使われるときには，ふつう太陽系（もっとよく知られているということが前提とされる）がアナロジーのソースになり，原子がターゲットにされる。しかし，ここで示されている特性（空間的関係の中で小さな物体がより大きな物体の周りを回っている）を見る

と，どちらでも同じ度合いでわかる。だから，原子を表す簡単なモデルをよく
知っているけれども，太陽系は知らない人がたまたまいれば，原子をソースに
して太陽系をターゲットに「太陽系は原子のようだ」とも言える。「メルセデ
スと BMW はリンゴと梨のようだ」もかなり典型的なアナロジーになる。示
されている特性（どちらもそれぞれ車または果物の一般的な分類に含まれる品
目である）が，ソースでもターゲットでも同じくらいわかるので，入れ替えら
れる。「リンゴと梨はメルセデスと BMW のようだ」と言っても同じだけ意味
を持って，典型的なメタファーを入れ替えてみたときよりもはるかによく機能
する。ピーターとルイーズがさやに収まった豆粒2つでは，そうはいかない。
メタファーでは，示されている側面，特性，直接的関係がターゲットよりもソー
スではるかにより目立つので，一方向性になる。

関係フレーム理論と現代言語学

　つまり RFT では，基本的な言語レパートリー──恣意的な文脈手がかりに
基づいて現象を関係づけること──のバリエーションの一つとして，私たちが
メタファーを使っていると考える。ソースとターゲットがそれぞれいくらか複
雑な関係ネットワークで構成されていて，恣意的な文脈手がかりを通じて関係
づけられるのである。この分析とよく似たことを，メタファーを専門に研究す
る昨今の言語学者たちが提唱している。すでに紹介した Cornelia Müller の取
り組みは特にそうである（Müller, 2008）。出発点の科学的前提が行動分析学と
は違うものの，メタファーを使う現象の説明にかなり似た部分がある。メタフ
ァーを生み出す実際の行為を，それまでの文脈の中で分析することが大切であ
ると強調する。また，メタファーを使う行為が「三要素（triad）」（Müller の
用語）から成っていて，古くからメタファーのソースおよびターゲットとそれ
ぞれ呼ばれたものに加えて，もう一つ，メタファー表現を決める要素があると
いう。Müller が書いている──「存在またはプロセスと呼べる A があり，要
素 B および C を関係づけて，B を拠りどころにして C を眺めるようにする」
（Müller, 2008, p.30）。2つの領域が言語的（認知的）行為によってつながって
いることを説明している。この認知プロセスが，RFT でいえば2つの関係ネ

ットワークを恣意的な文脈手がかりに基づいて等位に関係づける部分になる。こうして，RFTからは操作的によく定義された用語を用いた研究プログラムを言語学に提供できるため，メタファーを研究する言語学者たちにとってたいへん実り多いものとなるだろう。特にRFTが文脈という前提を持ち，実験においてメタファー発言の予測と制御のためのツールを提供できる面が大きいだろう。一方RFTのほうも，言語学のこの広大な領域から検証のための研究材料を山ほど得られる。すばらしい協力関係になりそうではないか。

メタファーと直示的フレームづけ

先ほどさまざまな関係フレームを説明した節で，直示的フレームづけの大切さもお伝えした。恣意的な手がかりに従っていろんな視点を取れる力で，学習しながら身につけるスキルである。そのスキルが，メタファーを使うときに重要な役割を果たす。「彼女はテリアだ」の例を考えよう。一見すると，発話としては，ある女性と特定の犬種だけを関係づけている。ところがもっとよく調べると，2つの存在のみが対象ではなく，「隠れた第三者」も示されているのがわかってくる。先の2つの存在と相互作用を持つことを前提とされる人である。メタファーが伝えていることの中心は，2つの存在（エヴァとテリア）が互いにどう関係づけられるかではない。そうではなくて，誰か（第三者，またはメタファーを聞いている人かもしれない）がエヴァと関わり，テリアとも関わったときに，2つの関わりが似ているという点である。メタファーをもっと完全に表現するか，何が何と関係づけられるのかを正確に言うとしたら，こうなるだろう——「エヴァと関わり合うのは，テリア犬と関わり合うかのようだ」。エヴァと関わったときに起こりそうな結果が，テリア犬と関わったときの結果と似ている——このような類似性は，恣意的な手がかりの「〜のようだ」を通じて確立される。「隠れた第三者」の存在をメタファーの中で普通は表現しない。しかし，その存在（聞き手か，別な人か，ともかく観察者の視点の人）を前提としなければ発話が機能しない。そしてその第三者の存在が前提とされていることを，対話する双方が必ず共有する。なぜなら，聞き手であれば話し手の視点（また話し手なら聞き手の視点）を経験できる能力が，私たち

の発話力または言語力にそもそも含まれているからである。「私」の視点を取りつつ,「あなた」の視点の存在と「彼／彼女」の視点の存在も経験できるようになるのは,直示的フレームづけを身につけたときである。メタファーを使って発話するときにはそうした視点が,たとえ明らかな形ではなくてもたいてい組み込まれている。たとえば,トーマス・トランストロンメルが,メタファーを使って夢から覚めるときの経験をスカイダイビングと等価に結びつけた表現にも含まれる。目覚める人とスカイダイビングをする人が当然存在するものとされる。同じことが,いわゆる概念メタファーとして先の章で紹介したものの多くにも当てはまる。「人生は旅」「考えは食べ物」「議論は戦い」「怒りは封じ込められた圧力」などのメタファーはどれも,旅する人,食べる人,論争する人,戦う人,怒る人があることを前提としている。メタファーを使って話す場合には,直示的フレームが使われて,話し手がその人自身の視点はもちろん,他の視点からも話しつつ,聞き手がその経験を共有してくれるということを前提としているといえる。それに気がつくと,メタファーが関係どうしを関係づけることにほかならなくて,何が何に関係づけられるのかがはっきりと完全に表現されていないときにもそうだ,とわかりやすくなるだろう。

中心にあるのはたいてい因果的関係

では,そうしたかなり複雑なメタファーを使って,いったい何の関係どうしが関係づけられているのだろうか? なにしろ関係ネットワークを扱っているのだから,ソースにもターゲットにもそれぞれたくさんの関係が含まれている。その中のどれが決定的な役割を果たしているのかを確かめるには,そのメタファーが発話された文脈を知らなければならない。メタファーの意味は文脈から切り離せない。むしろまったく逆で,文脈で決まるといえる。使われていることばそのもの以外にも要素があって,聞き手と話し手の両方の受け止め方を決めるし,メタファーが伝えることになる「意味」も決める。行動分析学的視点の文献を読めばはっきりとわかる。そして第2章に紹介したとおり,昨今の言語学者の中にもそう考える人が大勢いる。

「彼女はテリアだ」の例に戻ろう。どんな状況でこのメタファーが発話され

るだろうか？　女性（ひとまずエヴァと呼んでいる）が互角に議論を戦わせて
からも，誰かがそれを無視または反論しようとしても意見を引っ込めないのか
もしれない。メタファーの要は，誰かがテリアと相互作用したときに起こった
結果と，エヴァと相互作用して起こる結果である。メタファーの中心となる側
面が，はじめはテリアとの相互作用（ソース）においてより目立っている。メ
タファーが発話されると，それがエヴァとの相互作用（ターゲット）にも伴う
側面だという点がはっきりする（または発見される）。そうした状況なら，メ
タファーの意味を「エヴァと対決する結果はテリアと対決する結果のようだ」
と説明できるだろう。その場合，起こる結果とは，激しい抵抗に遭うことだと
いえる（図4.5参照）。エヴァに会ったことがない人がこのメタファーを聞く
とどうだろう？　メタファーが伝える情報が大いに役立つかもしれない。その
後エヴァに会うことがあったら，彼女との関係の中でどう行動するかに大きく
影響を及ぼすかもしれない。

　自分または他の人の行動に影響を与えようとしているときには，メタファー
がよく使われる。だからこそ，メタファーで関係づけられる関係ネットワーク
の中に因果的関係がとても多いのだろう。影響を与えるのは効果を及ぼすこと
にほかならなくて，何らかの結果を達成しようとしている。これは行動の基本
的な側面で，もちろん言語でも中心的となる。望ましい結果につながる行動と
同じで，望ましい結果に結びつきやすい発言（または思考）をする力は，個人

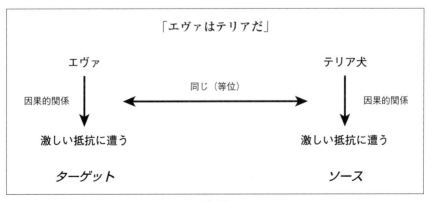

図 4.5

にとっても集団にとっても生き残るうえで根本的に重要といえる。使うことで話し手に影響を与えて，望ましい結果へつながる行動を導くメタファーなら，行動のためのルール，アドバイス，指示ともいえるだろう。であれば，メタファーは，行為と，行為から起こりそうな結果との間の関係を伝えている。指示を理解して従う力を得たのが，人間が言語を使うようになったことの最大の結果であったと考えられている（Catania, 2007）。メタファーを使う行動はそうした行動レパートリーの一部である。よって，Lakoff と Johnson のことばをもういちど借りて，「生き方や考え方を決める」類のメタファーなら，行動の結果を説明するものが自然に多くなる。つまり関係づけられている現象の中で因果的関係の要素がいちばん重要となる。例をもう少し挙げよう：

　その日の仕事を終えた人が，まだ机で仕事をしている同僚に話しかける，「そんなふうに続けていては壁にぶつかるよ」。働き過ぎると起こる結果が，「壁にぶつかる」と起こる結果と等位の関係に置かれている（図4.6参照）。サッカーチームが重要な試合でハーフタイムを迎えている。チームメンバーが控室を出て後半に向かうときにコーチが気合を入れる，「フィールドに出て試合を物にしてこい！」。良いプレーをすると起こるだろう結果が，「物にする」と起こる結果と等価に関係づけられている（図4.7参照）。

まとめ

　関係フレーム理論に基づくと，現象を関係づけるときに，ただ単に物理的特性や対象どうしの関係の直接的な経験によるよりもむしろ，恣意的な文脈手がかりに基づいて関係づける行動レパートリーは，言語の礎石である。恣意的な文脈手がかりを使って関係づけられるようになると，理屈としては，どんな対象どうしもどんなふうにでも関係づけられる。そのスキルを理解すると，メタファーの機能の仕方を説明できる。つまり，関係を関係づけることによってメタファーは機能するのである。メタファーを構成する2つの関係ネットワークが等位に関係づけられて並列に置かれる。そのときに，メタファーのソースとなるネットワークにある特性または側面のほうがより顕著であるけれども，ターゲットにも同じ特性または側面がある。メタファーを使う行為は言語行動の

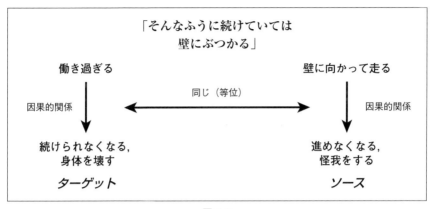

図 4.6

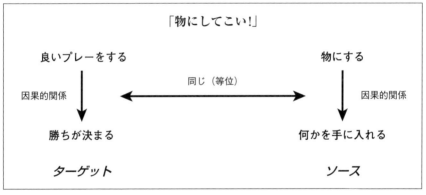

図 4.7

本質的な部分といえて，周りの人や物理的な環境との相互作用の仕方に影響を
与えたいときに使われる。

第 5 章

臨床研究に見るメタファー

　「はじめに」にも書いたように，心理療法においてメタファーがとても役に
立つことは，心理学のさまざまな分野において意見が一致している。ただ，な
ぜ治療効果が示されるのか，どうしたら治療道具として使いこなせるようにな
るのかなどの疑問には，それほど答えられていないのが現状である。少なくと
も科学的な答えは導き出されていない。特にメタファーの使用と治療効果の関
係になると，はっきりと何らかの結論を出すのがとても難しい（McMullen,
2008）。しかしながら，それらの研究がまったく不毛なわけでもない。さまざ
まな種類の介入を比較してその効果を評価する研究は不足しているが，実際の
治療場面におけるメタファーの使用を記録する研究は多くあり，使用において
重要な変数を見定めようとしている。それらの研究のほとんどが，精神力動ま
たは感情処理のモデルを採用する研究者やセラピストによって実施されている
（例：Greenberg & Pavio, 1997）。

　ほとんどの研究において，研究デザインは類似している。まず，研究の対象
にする実際の事例を1つ選択する。その事例は，進行中の治療でもよいし，こ
れから始める治療でもかまわない。治療を通して全体または一部を追いなが
ら，セラピストとクライエントの相互作用を記録する。次に，記録した対話の
中で使われているメタファーを何らかの方法でコーディングする。そのとき，
セラピストまたはクライエントの用いたメタファーについて記録しやすいコー
ドを採用する。もちろん，セラピストとクライエントの双方のメタファーを記
録することも可能で，より最近の研究ではそうしたものが増えている。

　研究対象となる変数は，「メタファーが使われた回数」，「そのメタファーを
使いはじめた人」，「そのメタファーが対話の中で発展していくか」，「どちらが
より多くメタファーを使うか」，「繰り返されるテーマは何か」，などである。

研究によってはそうした変数で十分であり，その中から治療全体の効果か，他の測定基準か，またはその両方との相関関係が示されるかもしれない。しかし，もう一つ段階を設けて，さらにデータを集める研究もある。初めに記録した治療セッションの内容から，何らかの意味で特に興味深いと判断される一連のやりとりを選ぶ。選んだ部分をセラピストとクライエントに見せて，実際に対話をしていたときに何を体験したか，また治療内容にどれほど関連しそうかを尋ねる。記録した材料から，使われたメタファーのさまざまな側面と，治療結果またはプロセス変数との相関関係を探る。研究のほとんどが少数のケース（３件から６件）しか含まないが，まれにずっと大規模なものもある（McMullen & Convey, 2002）。

　これまでの研究から，どのようなことが主張できるだろうか？　研究者たち自身も指摘しているように，未だ研究の数が少ないため，導き出された結果は信頼性に乏しい。それでも，繰り返し観察されている知見もいくらかある。それが特に本書のこれまでの章で説明してきたメタファー使用について一般にいえることと一致しているなら，いくらか妥当といえるだろう。

- セラピー中に使われたメタファーの数は，治療効果を予測する重要な指標にはならない（Angus, 1996）。なかには，セラピストまたはクライエントによって使われたメタファーの数が，他の変数に基づくと良い治療結果と想定される項目と相関すると示す研究もあるが，逆を示す研究もある（McMullen, 2008）。そもそも理論の面から考えても，使われたメタファーの数それ自体が治療の有効性を予測するという仮説は，もっと一般に知られているメタファーやその言語的機能に関することと矛盾するようである。そもそもメタファーは，専門家の言語的な道具として優れているかどうかについて議論されるものではない。言語一般の礎石そのものである。であれば，対話の量が増えるほど，使われるメタファーの数も多くなるだろう（Angus & Korman, 2002）。合理的に考えれば，どんな話し方や考え方をしても，建設的かどうかにかかわらず，話しているかぎりメタファーはたくさん入り込んでくるだろう。臨床を見ても，そのとおりのようである。

- セラピストとクライエントの協力的なメタファーの使用は，良い治療結果やプロセス変数と相関していそうである（Angus, 1996; Angus & Rennie, 1988; 1989）。初めて対話に取り入れられたあとに，両者が「一緒にさらに創り上げていく」（発展させて繰り返し使う）類のメタファーの使用である。誰が先に取り入れたかはそれほど関係ないようだ。一般的に，セラピストとクライエントの治療同盟が形成されており，特に治療目標が共有されていると治療効果を発揮しやすいことが知られており，こうした知見とも一致する（Tryon & Winograd, 2011）。

- クライエントが使うメタファーには，たいていクライエントの問題の中核となるテーマが含まれている（Levitt, Korman, & Angus, 2000; Angus & Korman, 2002; McMullen, 2008）。つまり，クライエントがメタファーを使ったら，セラピストはそのメタファーを重点的に掘り下げ，メタファーから連想されるものやメタファーが暗に示すものを調べて，その後の対話でもそのメタファーを積極的に使い続けるべきだということができる。これも，メタファーが言語の礎石だという考え方と一致する。心から溢れ，口をついて出てくるものが，メタファーの形をしていることだって十分ありうる。いやむしろ，メタファーを使うときにはますます「心から」話しているといえるかもしれない。

- 治療上で中心となるメタファーを見つけるという点において，メタファーが「死んでいる」か「生きている」かはあまり重要でないようだ。死んでいる，または石化しているとみなされるメタファーであっても，問題を理解する面でも行動を変える面でも，本質的に重要になるときはある（McMullen, 1989; Rasmussen & Angus, 1996）。その点も，昨今の言語学者たちがメタファーについて広く一般的に書いてきたことと一致する（Müller, 2008）。

- 話全体を支配しているメタファーのテーマを見つけることができると，対話に枠組みが生まれて，その中で望ましい変化を起こせるようになるかもしれない（McMullen, 1989; Angus, 1996）。効果があったセラピーを，それほどなかったセラピーと比べると，前者に中心的な「メタファーのテーマ」がはっきりとあるのがわかる。そのテーマが治療の展開に

合わせて発展し，個々のメタファーを通じて繰り返し現れる。クライエ
ントの問題の状態が変わると，クライエントの話し方もメタファーの枠
組みの中で変わる。たとえば，クライエントが当初に自分の状況を「隅
に追い詰められて動けなくなっているみたい」と説明したとしよう。あ
とになって，「もっと自由に動けるようになってきた」と話すかもしれ
ない。妻と「戦争」していると説明した人なら，セラピーがうまくいっ
たときには「和平を結んだ」と言うかもしれないし，または戦争に「勝
ちつつある」と話すかもしれない。ここでも，そうした知見が，言語学
者たちがメタファーを使った発話のメカニズムと言っているものと一致
しているのがわかるだろう。

- セラピストがあえてメタファーを使うと，クライエントにとってセラピ
ストが言った内容を覚えやすくなる（Martin, Cummings, Hallberg,
1992）。

言語学者たちが心理療法を研究する

　近年になって言語学者たちも，心理療法の中でメタファーがどのように使わ
れるかに関心を持ちはじめている（Needham-Didsbury, 2014; Tay, 2013;
2016a; 2016b; Tay & Jordan, 2015）。治療効果に注目していないため，標準的
な臨床的研究や分析だと言うことはできないだろう。それでも，言語学者が実
際の臨床場面での相互作用に注目していることから，この見出しをつけた。そ
うした言語学者たちが，心理療法においてメタファーが果たす機能を調べると
きには，第 2 章で説明したことを前提としている。すなわち，メタファーを理
解するには，それが実際に使われた文脈を観察しなければならないということ
だ。臨床場面の相互作用も，研究対象として観察する文脈の一つになるわけ
だ。言語学者たちの研究と分析は主に質的で，臨床場面での相互作用を現代の
メタファー理論の視点から調べようとする。その課題に野心的に取り組んだ例
として Dennis Tay の *Metaphor in Psychotherapy: A Descriptive and Prescrip-
tive Analysis*（2013）が挙げられるだろう。ここでは，治療セッションで実際
に交わされた対話を用いて，さまざまな側面から言語的な相互作用を探ってい

る。以下に紹介する点も，主に Tay の取り組みに基づく：

- セラピー場面の典型的な対話に含まれるメタファーのソースを分類すると，身体と結びついたもの，文化的なもの，個人的なものがある。身体や周囲の環境との物理的な相互作用は，メタファーの表現で一般によく使われるソースで，それは心理療法の中でメタファーを使う場合も例外ではない。文化的なものや個人的な側面も，はっきりとわかる形でよく含まれる。たとえば，誰かが会議の雰囲気を「バンコクで駐車中の車中のような熱気だ」と言えば，熱の物理的経験がソースになっているのが明らかなだけでなく，タイの首都へ行った個人的な経験もおそらくソースになっているのがわかる。

- メタファーが「概念的協定」となって，それに沿って一緒に問題解決を進めることになる場合も多い（Brennan & Clark, 1996）。メタファーは，セラピストとクライエントのどちらか一方が導入し，共に対話の中で何度も繰り返し使うことで共有される。その過程の中で，メタファーはセラピストとクライエントの重要な表現要素となり，それによって問題や困難が定式化され，解決法や治療方針が定式化される。

- 心理療法中になされる対話において，同じメタファーの連続的な使用をたどれるように，メタファーの変化もたどることができる。メタファーの連続性は，セラピストとクライエントの両者が同じソースを使って何度も同じターゲットを指す場合にわかりやすく現れる。たとえば，クライエントとその妻との関係を，いつも「戦争」と呼ぶかもしれない。どのように争いを戦うか，誰が先に攻撃するか，などの喩えで表現しつづける。対話の中で，繰り返し何度でも特定のソース（戦争）を使って同じターゲット（クライエントの人間関係）を示し，一緒にメタファーを発展させている。以前に使われたソースを利用して，別なターゲットを指すこともある。そうした場合には，経験や行動の異なる側面どうしの間に，類似性が確立される。たとえば，以前に妻との関係を戦争に基づいて話していた人が，職場について話しているときに「そこでも戦争です」と話したとしよう。ソース（戦争）が新しいターゲット（職場）に

使われたのがわかる。複数のソースが同一のターゲットを指して使われるのもめずらしくない。たとえば，クライエントの人間関係を何度も戦争に喩えて話したあとに，「分かれ道に差しかかった」と話すような場合があるだろう。今も人間関係がターゲットだけれども，ソースのほうが「戦争」から「道のり」に変わった。そのように揺れ動くときは，視点が新しく広がったり，現象（このケースでは人間関係）の説明が変わったりするかもしれない。それは，治療が前進する機会となりそうな瞬間である。ただし，ソースとターゲットの両方が頻繁に変わるような場合は，対話に問題があることを示している。

・　セラピーの中での対話だけではない。セラピーそのものについて話すときにもメタファーが使われて，影響を及ぼす。セラピーを説明するときに，旅，協同プロジェクト，胸のつかえを下ろす機会，何かの道具を手に入れる方法，感情を処理する方法や過去と折り合いをつける方法，などと話す。そうした表現からもさまざまなことが読み取れて，セラピストも，クライエントも，実際にセラピーの場面でどのように振る舞っているのかが見えてくる。

研究の問題点

　この章の冒頭でお伝えしたように，臨床研究の面で疑問はたくさんあるものの，その多くにはっきりとした答えがない。臨床実践とメタファーの基礎研究との間に隔たりがあることは，実証主義的な臨床家や研究者の間でずいぶん長いこと認識されてきた（McCurry & Hayes, 1992; Stott et al., 2010）。その理由について，一部の研究者は，ただ単に分野が複雑すぎるとか，臨床研究の数が足りないといった問題ではないという。そうではなく，メタファー研究で一般に使われるアプローチそのものに根本的な問題がかなりあると指摘する。そうした声でいちばん説得力があるのが，Linda McMullen の評論であろう（McMullen, 2008）。行動分析学的視点からこの問題にアプローチする人なら，誰でも McMullen の結論に特に関心を引かれるだろう。McMullen が書いている内容は，行動分析学について一言も触れていないが，その前提ととてもよく似

ている。最初に，重要な現象の定義が研究ごとにばらばらで，そのため基盤となる知識が築きにくく，それが知見の再現を難しくしていると指摘する。もっと明確な定義が必要である。それから，臨床研究が実際に使われているメタファーもそのときの文脈も十分に説明していないとも指摘する。そのため，評論の題名が「文脈を与える」となっている。こうした評論の中でMcMullenはメタファーだけを取り出して注目するのはおそらく間違いであり，そうしてしまうのは，言語が文脈からは独立したものだと考える捉え方があることと関連するだろうと述べている。そして，言語をもっと機能的に考えるべきだと論じる。「メタファーを戦略的に使いこなさなければならない。そのためには話し手と聞き手が特定の文脈の中で交わす対話によって何が**達成されているか**，に注目しなければならない」と強調する（McMullen, 2008, p.408，太字は私による）。また，このアプローチを採用するとメタファーの使われ方に関する一般論ではなく，実際に臨床に関連している現象に対して自然に目が向くであろう，とも。そうしてはじめて，一つひとつの文脈の中でメタファーがどう作用しているかにも注意を向けられるようになると考えているのである。

　言語学者のDennis Tayもまた，メタファー使用についてのこれまでの研究に共通の定義がなかったために成果を活かしきれていない，と指摘する（Tay, 2013）。また，心理療法に主な関心のある学者たちが，言語学研究とメタファー理論の最新知見には関心がない点を指摘する。同時に，自らの言語学分野で心理療法に関する研究知見がないことも指摘し，2つの分野の協力関係を呼びかけ，どうしたらそうした関係を築けるかも提案する（Tay, 2014; 2016c）。

まとめ

　メタファーの使用について臨床でも研究されてきたものの，疑問点が多く残されている。特に特定のメタファーの使用と治療結果の関連については，はっきりとしたことがほとんど言えない。それでも，心理療法場面の対話にも，普通の会話と同じようにメタファーを使った表現がたくさん含まれていることはわかっている。また，問題を説明するときも，解決策を試すときも，重要なテーマをメタファーの形で表現している場合が多い。メタファーが言語全般で広

く使われることを考えるなら当然ともいえるだろう。

　暫定的な結論なら，これまでの研究からもいくらか導き出せる。たとえば，治療場面で交わされる対話の側面のうち，使われるメタファーの数ではなく，重要なテーマに関連するメタファーをセラピストとクライエントが一緒に創り上げていけるかどうかが重要なようである。また，生きたメタファーと死んだメタファーの古典的な区別はまったく関係ないらしい。それもまた，言語と思考でメタファーが持つ機能について特に言語学研究から知られていることが，心理療法にも当てはまる例といえる。そして，主要なテーマに関連したメタファーを協同的に定式化していける力こそが心理療法で重要になるという結論は，実際の臨床場面の対話を調べた言語学者たちからも支持されている。本章の臨床の部分でこの考え方に戻ってこよう。

第 **6** 章

何がわかっているか
（第1部のまとめ）

　ここで短い章を設けて，現代のメタファー研究を調べてきたことから言うことのできる私の結論のうちから，主要な点をいくつかまとめておこう。同時に，学問的な研究と理論はひとまずそれほど深く知らなくてもよいと考える読者には，近道を提供しよう。第6章だけを読んでも，第1章から第5章を概観できるので，そのまま臨床的な部分へ進んでいただいてかまわない。しかし，いずれそれぞれの主題をもっと深く知りたいと思い，戻ってきてもらえればと願ってはいる。もちろん，皆さん次第である。メタファーとそれを使うことについて現代科学から言うことができそうだ，と私が考える点は，次のようになる。

- メタファーは「ことばの装飾品」でも，字義的な話し方へのおまけでもなくて，言語の礎石そのものである。
- 日頃の言語の使われ方を調べると，ほとんど絶えずメタファーを使い続けているのがわかる。また，そうしたメタファー表現の一つひとつが，周囲の環境と関わり，お互いに関わり，自分自身とも関わり合うときの姿勢や経験に沿っている事実も見えてくる。自分でも気づかないでそうしているときさえある。だから私たちは，夏が「来る」のを楽しみにし，週末に遠出をする案「の方へ傾き」，誰かが言ったことを「鵜呑み」にもすれば，「ひとまず脇に置いておく」こともする。怒りで「煮えたぎり」，恐怖に「凍りつく」。
- メタファーを生み出して使うときは，ある対象について話すために別な対象を拠りどころにする。それほどよく知らない，はっきりしない，または抽象的な現象（メタファーのターゲット）を説明するために，もっ

と馴染みがあって，明らかで，具体的な現象（メタファーのソース）を指し示す。

- メタファーを道具として上手に使うと，人間の行動全般に影響を与えやすくなりそうだ。

- 従来からよくことばは字義的かメタファー的／比喩的かで分類されてきたが，そうした分類は，日常会話のレベルならともかく，それ以上のレベルではほとんど意味がない。

- メタファーを生きているか死んでいるかに分類するのも，はっきりできるものではない。死んだメタファーが対話の中でいくらでも甦って，話し手にも聞き手にも大きく影響を及ぼすかもしれない。

- 文脈があって，その中でメタファーが発話される。メタファーを使う行為を理解するには，必ず，発話された文脈の中で分析しなければならない。

- 行動分析学が前提とする内容の大部分が，言語学のメタファー分析の昨今の流れが掲げる前提と一致する。メタファーを生み出して使うのも行動であり，それがどのような機能を持つのかを理解しなければならない。つまり，聞き手にどんな効果を及ぼすのかという点から理解するべきである。

- 「言語を操る」のは対象を関係づける行動の特殊な方法といえ，それは関係的にフレームづけるのである。言語全般の中心にあるこの行動レパートリーが，メタファーを使う行為の中心にもある。関係フレーム理論に基づくと，メタファーを生み出して使うときに何をしているのかが定義できるようになる。つまり，関係どうしを関係づけているのである。

- 心理療法の場面で交わされる対話にもメタファーが満ちている。全体に影響を与えるメタファーのテーマが多くの場合あって，対話に枠組みを提供する。その中で効果を及ぼす対話をしながら，変化を起こせるようになる。

- セラピストとクライエントがどれほどよく協力してメタファーを使いながら発展させていくかを見ると，その心理療法がうまくいくかどうかを予想できそうだ。

第２部

治療的ツールとしてのメタファー

第7章

3つのコアとなる戦略

　本章を始めるにあたり，セラピーでメタファーを使うことの研究をレビューした Linda McMullen の結論から出発しよう（McMullen, 2008）。「文脈的アプローチに何が必要かを考えるには，メタファーそのものではなく，臨床的に重要な事象から眺めはじめるのもよい……（p.408）」。McMullen は，さらに論を展開して，以下のように主張している。セラピーの中で対話を重ねるうちに，特定のメタファーを使うことが何らかの具体的な機能を持つようになる。メタファーを使うのは行為であり，その要を理解しようと思えば，どんな結果が起こるかに関心を向けなければならない。それにはメタファーが発話された文脈を観察しなければならない。

臨床的に重要な領域

　それでは，注目するだけの理由がある臨床的に重要な事象とは，どのようなものだろうか？　第7章で見ていくことにする。まず，視野を広げて探しはじめようと思う。エビデンスに基づいたセラピーモデルが多く存在するが，そうしたモデルが力を入れているのはどのような領域だろうか？　どのモデルでも注目するべきだと考えうるような，共通した領域はあるのだろうか？　ある程度は共通しているといえそうだ。そこで，ひとまず7つの領域（動機づけ，心理教育，思考，エクスポージャー，情動処理，治療における関係，行動すること）を取り上げて，経験的に裏づけられているセラピーモデルに基づいて説明していくことにする。領域といっても十分に定義されていない，領域どうしが区別できないといった部分もあるが，ひとまずそこから出発するしかない。さらに，そこから始めて，より基本的な原理を探っていくことにする。章の後半

では，関係フレーム理論（RFT）を使うと，心理的問題の重要な側面も，どの臨床プロセスに注目するべきかについて説明できるということを論じていく。RFT を使えば，臨床介入をさまざまな角度から分析できる（Törneke, 2010; Villatte, Villatte, & Hayes, 2016）。これまでもエビデンスに基づいた多くのモデルが共通して注目してきたものの，方法などがばらばらであった領域を，本書の中で RFT を使ってまとめることにしよう。3 つのセラピー的な方略を定式化して，変わりたいと感じている人たちを，メタファーを使って援助していくための指針として打ち出そう。それは，自分たちの行動とどのように相互作用しているかに注目していくことになるだろう。では，さっそく，視野を広げていこう。

動機づけ

　動機づけは，さまざまなセラピーで，重要な変数と考えられている。動機づけられていることを治療の前提とする場合（Craske & Barlow, 2014; Franklin & Foa, 2014）もあれば，治療の中で焦点を当てることを領域の一つにしている場合もある（Payne, Ellard, Farchione, Fairholme, & Barlow, 2014）。なかでも，特に力を入れてこの現象の領域に介入していこうとするモデルが動機づけ面接法（motivational interviewing：MI）である（Miller & Rollnick, 2013）。もとは薬物依存からのリハビリテーションに根ざす面接法だが，より幅広い対象に行われるようになった（Lundahl & Burke, 2009）。MI は，おそらく他のどんな心理カウンセリングよりも，セラピストのアプローチのどの側面が変化につながるのかを理解するための研究に取り組んできたといえるだろう（Miller & Rose, 2009）。動機づけ面接では，セラピストが，共感的に振り返りながら対話をすることで，クライエント自身がなぜ変わりたいのかについて探りやすくなると考えられている。そして，クライエント自身の意志の定式化と変化への力によって，変化が実際に起こる見込みも高くなると考えられている。変わりたい，変わることができる，とクライエント自らが語りはじめる（「チェンジトーク」）ことによって，実際の変化を期待できるようになるのである。ほとんどの MI の研究において，対話中にクライエントが自分をどのよ

うに表現したかが，将来における実際の行動の変化とどのように相関するかを
検討してきた。自分のコミットメントをクライエントがどのように説明するか
によって，またそれが対話の中で変わっていった場合は特に，将来行動が変わ
ることが予想される（Amrhein, 2004）。また，セラピストがMIの原理に沿っ
て振る舞うと，クライエントがそのように自己表現しはじめる可能性が高くな
ることも示されている。セラピストの姿勢しだいでクライエントからある種の
「チェンジトーク」を引き出せるので，言い換えれば，セラピストの姿勢が，
治療がうまくいくことの指標となるともいえる。

　行動分析学的な視点に立てば，なぜそうなるのかを理解しやすく，MIの研
究者たち自身が採用している説明モデル（Christoffer & Dougher, 2009）とそ
れほど異ならない。セラピストがMIの原理に沿って振る舞っているときに
は，共感的な対話をしている。クライエントは不安に感じる事柄のさまざまな
側面を自由に定式化できるうえに，判断を差し挟まれない。セラピストがむし
ろ積極的に発話を促すので，クライエントはあいまいに感じている点をさまざ
まな角度から話し，選択肢も堂々と比較できる。考えられるいろいろな選択肢
についても話すようになるだろうし，それぞれにどんな結果が伴いそうかにつ
いても話すだろう。選択肢をよく比較して決めれば，コミットする見込みも高
くなる。コミットしつづけていると，達成しようとしていることへの気持ちの
結びつきが（何を本当に大切と考えているかの定式化を通じて）強められる。
そして，そこまでの対話を通じて，すでにそれなりの位置を心で占めるように
なった人（セラピスト）がいる場でコミットメントをするので，それも要因と
なって，自らしようと考えたことを成し遂げる見込みが高くなる。

　アクセプタンス＆コミットメント・セラピー（ACT）の治療モデルも動機
づけの取り組みを重視している。ACTも，MI以上に行動分析学を土台として
いる。「コミットメント」と，クライエントが望む非常に重要な結果（つまり
価値）をクライエントが定式化することを助けるセラピストの役割とが，治療
モデルの柱の一つとなっている。ACTがMIと似ている側面がもう一つある。
それは，ACTで「創造的絶望」と呼ばれるものである。この創造的絶望で
は，対話の中でセラピストが質問をしながら，クライエントがこれまでに問題
に対処するためにどんな方略を試してきたかを見つける。心を開いて誠実に対

話していくなかで，クライエントが特定の問題に対処するためにしてきた，当
然ともいえる努力のさまざまな側面が明らかになる。同時に，そうした方略と
それまでの結果とのつながりを，直接的な体験に基づいて探るようにクライエ
ントに促す。つまり，探ったあとの「絶望」とは，現在使っている方略と，そ
れがうまくいかなかった体験とを指している。一方，「創造的」の部分は，今
の方略と好ましくない結果とのつながりがはっきりすれば，代替的な方略を探
しやすくなる点を指す。MIと同様にACTが力を入れるところは，そこに至
るまでセラピストが説得したり主張したりすることによってではなくて，対話
の中で助けられながらクライエント自身が自分の体験や願いを探って行動しつ
づけることによって行う点である。どちらのモデルでも，動機づける取り組み
の中心に，クライエントが自分で定式化した価値（何を心から大切と感じてい
るか）を位置づけている。

心理教育

　セラピーモデルでは，多くの場合何かしら教育的，あるいは，情報提供的な
要素を含み，特にセラピーのはじめの段階で行われる。あえて強調しない手法
に，たとえば古典的な精神力動的心理療法のようなセラピー形式もある。しか
しながら，セラピストがセラピーの手順を説明し，クライエントに何を期待す
るかを説明する以上，ある程度はどうしても教育的になるだろう。認知行動療
法（cognitive behavioral therapy：CBT）は，ほとんどどのバリエーション
を見ても，手続きの面でも，重要とされる他の現象の領域の観点から見ても，
心理教育を治療上非常に重視する。古典的な認知療法なら，取り組みと効果の
多くの部分が，クライエントに何を期待するべきかを教えるだけで，または
「クライエントをモデルになじませる」だけで達成される（Young, Rygh,
Weinberger, & Beck, 2014）。エクスポージャー療法も同じように（Neudeck
& Einsle, 2012），クライエントにセラピーのプロセスとその根拠を説明する。
ただ，他のセラピーよりは，他の点についても教示する。不安症に取り組むさ
まざまなCBTでも，不安とは何かということと，それが人間の心に自然に存
在することをしっかり教える（Craske & Barlow, 2014）。「アフェクトスクー

ル（affect school）」と呼ばれる形式もいくつかあり，頻繁に用いられる
（Mennin, Ellard, Fresco, & Gross, 2013; Payne et al., 2014）。弁証法的行動療
法（dialectical behavior therapy：DBT）にいたっては，グループへのスキル
トレーニングの大部分が，純粋に教育そのものといえる（Linehan, 2015）。行
動活性化療法（Martell, Addis, & Jacobson, 2001）と対人関係療法（Weissman,
Markowitz, & Klerman, 2000）といった，うつ病の治療モデルとして実証的根
拠が最もしっかりとしている 2 つのセラピーにおいても，病の状態ではいった
い何が起こっているのかを教える。スキーマ療法を受けるクライエントは，ス
キーマが何かを教えられる（Young, Klosko, & Weishaar, 2003）。古典的な精
神力動的心理療法も，教育的要素が比較的少ないとはいえ，それでもより最近
の形式では，そうでもなくなりつつある。情動恐怖の治療（McCullough,
Kuhn, Andrews, Kaplan, Wolf, & Lanza Hurley, 2003）とメンタライゼーショ
ンに基づく治療（Bateman & Fonagy, 2006）にも，はっきりと心理教育的要
素が含まれる。ACT は，形式的な教示や情報提供の中に言語的罠につながり
やすいものがあると警告して，体験的に学ぶ大切さを強調する。しかし，直接
的な教示ではない体験的な要素であるにせよ，それも教育の一つの形とみなせ
る。

思　考

　思考といえば，認知療法の中心となるテーマである。人々がどのように考え
るか，それが心理的な疾患を生んで持続させるうえでどのような役割を果たし
ているのかに着目する。セラピーの分野（または西洋文化全般）で，それが中
心的に注目されるようになったのは，少なくとも 1970 年代からである。この
アプローチは，認知療法の父といわれる Aaron Beck が引用した古代ギリシャ
の哲学者エピクテトスのことばでよく要約される——「人は対象に煩わされる
のではない。対象をどう捉えるかに煩わされるのだ」（Beck, 1976）。それを念
頭に置けば，セラピストはなによりもクライエントの「認知」の仕方を変えな
ければならないことになる。状況についても，症状についても，抱えている問
題の他の側面についてもである。クライエントの「ものの考え方」を変えなけ

ればならないのだ。

　近年になって，その前提は間違っている，と多くの研究者や理論家が認知行動療法（CBT）の分野から反論している（Longmore & Worrel, 2007）。ただ，そうした研究者たちにしても，人間の認知が心理的問題を考えるうえで重要ではないと言っているわけではないし，思考がセラピーで重要な焦点になるのを否定しているわけでもない。そうではなくて，思考と行動のつながりをどう理解していくかと，どのように治療方略を設計していくかを論点にしている。認知モデルに反論する大きな声がACTの分野から聞こえてくる。ACTのモデルは行動分析学に基づいている。第3章で見たように，行動分析学では思考も，人間の中の見えにくい行動（感情，記憶）と同じように，行動一般を説明する原理で理解される。思考も行動なのだから，その人がそのときの状況と相互作用するなかで起こっていて「内面に勝手に発生してくる」のではない（Hayes, 1994; 1998）。したがって，治療の中で注目するなら，認知の内容よりも，クライエントが自分の思考とどう相互作用するかという点になる。ACTでもDBTでも，思考をありのままに眺めるように促して，アクセプトして是認できるようになるトレーニングに力を入れる（Linehan, 1997）。それでも，思考が人間としての活動に本質的なのは間違いない。だから，人間の心理においても，またセラピーでも重要な要素であるのも当然と考えている。

　認知療法のモデルであれば，理論的基盤としてはBeckのオリジナルのモデルに近いが，最近ではACTと共通点が多くあるモデルも構築されている。たとえば，メタ認知療法はそれが特にわかりやすい（Wells, 2005）。思考を活動（変えなければならない方略）とみなすように強調する一方で，思考の内容の重要性は，本来の認知モデルと比べると控えめに扱う。セラピーを通して，クライエントが問題のある思考を修正するのではなく，今までとは違った方法でそうした思考と相互作用（反応）できるようになるのをねらう。マインドフルネス認知療法もそうした例になる（Segal, Williams, & Teasdale, 2001）。思考が浮かんだときに決まりきった相互作用しか持てなくなっている状態が最大の問題とみなす。そして，セラピーで練習をして，習慣化してしまったこの方略に代わる方略を使えるようにする。昨今の精神力動的心理療法の中のメンタライゼーションを強調する種類でも，ACTと共通点がみられる（Bateman &

Fonagy, 2006）。

　そうしたモデルのどれを取っても，何を考えるか，またそれが心理的問題に
どのような影響を及ぼすかといった点を理解しようとしているのが取り組みの
中心にあるか，もしくは，少なくともはっきりと見える。たとえば，心理教育
を使うセラピーであれば，クライエントが以前に話し合った内容を後になって
からも覚えている（つまり考える）ことを前提としている。クライエントが考
えるようにセラピーの場で促していくのがセラピストの役割の一部といえるだ
ろう。

エクスポージャー

　幅広い領域で実証的な裏づけが最もしっかりしているセラピー的方略といえ
ば，エクスポージャーだろう（Barlow, 2002; Neudeck & Wittchen, 2012）。そ
もそもエクスポージャーを含まない治療モデルはまずないといえて，心理的問
題に取り組むときには必ず何かしらその要素がある（Barlow, 2014）。基本と
して，クライエントに不安やそのほかの負の感情を引き出すきっかけにあえて
接近してもらい，そうした状況で普段引き出される硬直した方略を意識的に抑
えてもらう（反応妨害）。仕組みとしては，負の感情がだんだん薄れることで
クライエントが変わるのだと，従来から主張されてきた。ところが，近年にな
って異なる側面が特に注目されるようになってきた。苦しい状況の中でもクラ
イエントの行動レパートリーがより変動的で，または柔軟であるほど（反応拡
大），新しい学習を通じて変わる機会が増えるといわれている（Craske, Tre-
anor, Conway Zbozinek, & Vervliet, 2014）。

　エクスポージャーの場面にセラピストがいる場合もあれば，クライエントだ
けの場合もある（Craske & Barlow, 2014; Franklin & Foa, 2014）。ケースの初
期であれば，クライエントとセラピストが協力しながらクライエントの問題と
関連するか，もしくは問題となる回避と関連する状況に踏み込むか，またはそ
うした状況を創り出す。たとえば，クモ恐怖症なら本物のクモ，社交不安症の
クライエントなら社交場面，心的外傷後ストレス障害（post-traumatic stress
disorder：PTSD）のクライエントだと苦しい記憶との接触，強迫症（obses-

sive-compulsive disorder：OCD）はいつも強迫的な行動を引き出す状況，広場恐怖の人なら開けた場所などである。回避したい対象に曝されながら，それまでとは異なる新しい方略を練習するのがエクスポージャー療法の原理で，クライエントだけでも，もちろん実践できる。通常はセラピーのセッションからセッションまでの間に自宅で行うホームワークとして組み込まれることになる。

　心理的問題の多くに対してエクスポージャー療法が「定石」といわれる。OCD（Franklin & Foa, 2014），特定の恐怖症（Ollendick & Davis, 2013），PTSD（Foa, Hembree, & Rothbaum, 2007）などでは，治療モデル全体がエクスポージャー療法になっている場合さえめずらしくない。そこまででなくとも，広くさまざまな介入をたくさん取り入れているといわれる治療モデルのACT（Hayes, Strosahl, & Wilson, 2012）やDBT（Neacsiu & Linehan, 2014），診断横断的モデルの「統一プロトコル」（Payne et al., 2014）なども，エクスポージャーの原理を特に重要な要素とみなす。

情動処理

　この治療原理は，前の節のエクスポージャーと重なる部分が多い。エクスポージャー療法は，負の感情と，人間が恐怖や苦痛を避けようとして非機能的な行動をしやすい点とに注目する。そうである以上，感情のプロセスと，それにうまく対処できるようになることに注目するモデルとは当然接点が多くなる（Greenberg & Pavio, 1997）。**体験の回避**（感情や思考や身体感覚などの自分自身の反応を避けようと行動する）は特に臨床的に重要で，問題のある心理的プロセスである（Hayes, Wilson, Gifford, Follette, & Strosahl, 1996; Chawla & Ostafin, 2007）。苦しい感情がある状態をアクセプトできるようになり，そうした状態の最中にも新しい何かを学べるようにならなければならない。エビデンスに基づく治療モデルのほとんどが，それぞれの定式化の違いを超えて共通してそのように考える（Bleiberg & Markowitz, 2014; Foa Huppert, & Cahill, 2006: Hayes, Strosahl, & Wilson, 2012; Linehan, 1993; Monson, Resick, & Rizvi, 2014; Payne et al., 2014; Roemer & Orsillo, 2014; Young et al., 2003）。

治療における関係

　変化しようとするときに，セラピストとクライエントの関係が触媒として重要か否かについては，セラピーの歴史を通じて議論されてきた。先行研究では，幅広い種類のセラピーで，治療におけるセラピストとクライエントの関係の要因と治療結果との間に関連が示されている（Flückiger, Del Re, Wampold, Symonds, & Horvath, 2011）。それと同時に，この議論では意見がかなり分かれていて，いわゆる治療同盟重視派と，特定の技法に注目する派とがかなり明確に対立してきた（Norcross & Lampert, 2011）。行動論的立場から見ると，そのような争点で二極化すること自体がやや驚くべきことである。治療同盟がクライエントとセラピストの間にどのように育まれるかは，当然，それぞれが相手に対してどう行動して，両者がどのような相互作用をするかに大きく依存するだろう。また，治療の目標設定の面で，クライエントとセラピストが協力できるかどうかが治療結果を左右することも知られている（Tyron & Winograd, 2011）。つまり，理想的な協力関係と治療同盟が育まれるようにセラピーの中で対話を通じて努力するのは，セラピストの仕事の一部ではないのだろうか。

　先ほどの動機づけの節で伝えたことと同様に，エビデンスに基づいたさまざまな治療モデルが，さまざまな程度で，対人関係の要素を重視する。たとえば，対人関係の要素を，治療を始める前提としているものから，変化に向けた取り組みの焦点そのものとしているものまである。近年になってDBT，ACT，機能分析心理療法（functional analytic psychotherapy：FAP）（Kohlenberg & Tsai, 1991）などの治療モデルが，クライエントとセラピストの相互作用にさらに力を入れて注目するようになっている。そうしたモデルが，どれも行動分析学において基本とされる原理を直接応用していく手法であるというのは偶然ではないだろう。行動分析学を出発点とするなら，必然的に次のように発展していく。クライエントの抱える問題に関して，セラピストが直接接触することができるのは，実際に会っているときの相互作用の中で現れたもののみである。それ以外はすべてクライエント（または，もしかしたら第三者）から間接的に聞くしかない。また，セラピストがクライエントに直接働

きかけて影響を与えられることも，実際にクライエントに会っている場に限られる。したがって，クライエントとセラピストが接触している状況と，その状況での相互作用は極めて重要となる。またはこうも言える。セラピーには2つの舞台がある（Ramnerö & Törneke, 2008; Törneke, 2010）。第一の舞台でクライエントとセラピストが会って，治療プロセスが実際に執り行われる。第一の舞台を出たクライエントの生活が第二の舞台で，治療のねらいとしては，そこで変化を起こしたい。ただ，セラピストは第一の舞台にしかいなくて，そこでしか直接介入できない。第二の舞台については語れるのみなのである。となれば，第一の舞台の治療体験をどれだけ第二の舞台（クライエントの実生活）に般化できるかが問われることになる。この点は，どのセラピーにおいても同じである。

　治療モデルには，行動論的背景のないものもあるが，そうしたモデルもセラピストとクライエントが「第一の舞台」で行う相互作用を重要と考えて，治療介入もそこをねらって行われるべきだと主張する（Safran & Segal, 1990; Safran & Muran, 2000）。CBT領域のさまざまなモデルを研究してきた私の目から見ると，セラピストとクライエントの関係に治療的に介入することを取り立てて強調するわけでもないモデルも，多かれ少なかれ，セラピストとクライエントの関係を利用しているのがわかる（Barlow, 2014）。セラピストとクライエントの個人どうしの関係でいえば，精神力動的心理療法の守備範囲でもある（Wachtel, 2011）。

行動すること

　ある意味では，どの治療法についても，行動することが目標だといえてしまう。どの治療でも，クライエントを助けて新しい方法で行動する見込みを高め，重要な状況を切り抜けられるようにしようとするのであるから。ただ，その当たり前の取り組みを，ことさら手法として磨き上げた治療モデルを用いて，うつ病の治療を行うのが行動活性化である（Dimidjian, Martell, Herman-Dunn, & Hubley, 2014; Martell et al., 2001）。この手法の根幹は，行動方略を詳細に記録していくことである。クライエントをトレーニングして，問題

に関連するさまざまな状況で何をしているかを観察する。また，そうした一つ
ひとつの具体的行動と症状（基本的にはうつ病を治療していくときのクライエ
ントの気分）との関連も観察する。その分析から出発して，クライエントが試
せる代替的な方略を一緒に探す。これは行動分析学では**機能分析**（第3章参
照）と呼ばれる方法を臨床場面で用いる際のバリエーションの一つである。

　モデルとして特に打ち出しているのが行動活性化ではあるものの，エビデン
スに基づくほとんどの治療においても，具体的な行動に影響を与える同じよう
な原理が，重要な要素となっている。対人関係療法ではセラピストがロールプ
レイを使って人間関係をうまく築く方略を練習し，積極的に促してクライエン
トの社会的な活動を増やすように働きかける。DBT も，具体的に行動するス
キルトレーニングが治療で重要な位置を占める（Linehan, 1993; Neacsiu &
Linehan, 2014）。認知療法は，大元となる理論的土台が行動活性化とは本来違
うものの，それでもほとんどいつも具体的に行動することと実験に注目して，
ホームワークの形でこなしてきてもらう（Clark, Ehlers, Hackmann, McMa-
nus, Fennell, Grey, et al., 2006; Young et al., 2001）。思考とどのように付き合
うかを中心に注目するマインドフルネス認知療法（Segal et al., 2001）のよう
な治療モデルでさえ，具体的に行動する要素を含む。なぜなら，クライエント
自身が実際にこなす具体的なエクササイズがセラピーの重要な部分だからであ
る。ACT ではクライエントが大切と感じる価値に沿って具体的に行動を変え
る機会を探し，行動する可能性を高めるよう，セラピストが絶えず取り組む
（Hayes, Strosahl, & Wilson, 2012）。

より基本的な原理を探して

　エビデンスに基づくセラピーモデルにおいて，共通して多かれ少なかれ重要
と考えられている領域をざっと説明してきた。7つの領域に分けたのは，多少
恣意的であり，同じものを違った分類でもちろん説明することはできる。それ
でも，一般に重要と考えられている領域をひととおり押さえて説明できたこと
は確かだろう。なぜなら，セラピーへの比較的新しい診断横断的アプローチで
「統一プロトコル」と呼ばれるものを見ると，その治療モジュールの中では，

ここで紹介したことと実質的に同じ領域に取り組んでいるからである（Barlow,
2014; Payne et al., 2014）。

　ただ，本章の初めで約束したように，漠然と定義された広い分類領域から，
さらに基本的で，心理的な変化のための原理へもっと踏み込まなければならな
い。そしてそれを基準にセラピーの中でメタファーを使っていけることを目指
す。いったん視野を広げて，より一般的な領域から始めたのは，それらの領域
について，実は広く共通した意見があるからだった。さまざまな領域を理解で
きる，より基本的な原理がしっかりと示されれば，表面上は多様に見える数々
の治療方略や技法を分析し，すべての中心にある主題に取り組めるようになる
はずである。そのようにすれば，メタファーを道具として使っていくときにど
う切り込めばよいか，焦点がもっと具体的に定まる。

　それを考察するにあたり，**心理的柔軟性**と，その逆の**心理的非柔軟性**，もし
くは硬直性という用語を使おうと思う。これらは研究者たちが最近注目してい
る用語で，広い意味での心の健康，より明確にいえば，さまざまな精神病理と
深く関係していることが知られている（Bond, Hayes, Baer, Carpenter, Gue-
nole, et al., 2011; Bryan, Ray-Sannerud, & Heron, 2015; Gloster, Klotsche,
Chaker, Hummel, & Hoyer, 2011; Kashdan & Rottenberg, 2010; Levin, Luoma,
Vilardaga, Lillis, Nobles, et al., 2015; Levin, MacLane, Daflos, Seeley, Hayes, et
al., 2014）。これらの用語がACTの臨床的な方略を理解するうえでも中心とな
る（Ciarrochi, Bilich, & Godsel, 2010; Hayes, Strosahl, & Wilson, 2012）。エク
スポージャーを通じて新しい学習を重ねていく分野でこれに対応する概念は**変
動性**である（Craske et al., 2014）。これは，治療状況で確立される文脈を指し
ていて，それを変動させることで柔軟性を高めることを目指す。

　心理的柔軟性と非柔軟性の極めて重要な側面の一つは，自分自身の情動や思
考，反応全般とうまく付き合う力である（Bond et al., 2011; Levin et al.,
2014）。そうした側面で，自分自身の反応とうまく付き合うことができずに悪
循環に陥っている状態が，心理的問題の中核的な部分だと考えられている。自
分自身の反応に振り回されて，まったく生産的ではない試みを繰り返しなが
ら，自然に湧いてきた情動，思考，記憶，身体反応をなんとかして取り除こう
としている。この「体験の回避」（Chawla & Ostafin, 2007; Hayes et al.,

1996）は，より効果的で意義のある行動方略を妨げる。

　こうして見ると，心理的柔軟性を高めることこそセラピーの本質といえる。セラピーの中でメタファーを使っていくときにも，その点が指針となるだろう。

関係フレーム理論と心理的柔軟性

　心理的柔軟性は，自分自身の反応と，ある特定の方法で相互作用することによって生まれる，とRFTでは考える（Törneke, Luciano, Barnes-Holmes, & Bond, 2016）。どういうことか，理論的背景をまず簡単に説明しよう。その後ですぐに，そこから引き出されるもっと実践的な臨床原理に目を向けて，メタファーを使う方法を見ていこう。

　言語を身につけはじめて間もない時期から，人間は現象を恣意的な文脈手がかりに基づいて関係づける方法（第4章参照）を学び，劇的に行動の柔軟性が高まる。これらは，物事を物理的な特徴に基づいて扱うことだけでなく，他の現象と関係づけることをいかに学ぶかということも含んでいる。それを，さまざまな文脈手がかり（主にことばではあるが身振りなどもある）が物事をどう関係づけるかを支配している「ゲーム」の中で学ぶ。つまり，自分の中に観察できる現象（情動，思考，記憶，身体感覚）は，それらを他の現象とどのように関係づけるかによって，さまざまな機能を持つようになるのである。そのようにして，周りには見えない私的出来事が，「それそのものの本質」とは関係なく，危険にも，すばらしくも，嫌なものにも，意味深くもなれる。それらは「意味」を与えられて，そのために，はかり知れない，または長期間続くような影響を他の行動全般に及ぼすようになる。これは，基本的にとても便利なことで，そのおかげで私たちは行動を形成して一定に振る舞い続けられるともいえる（Luciano et al., 2009）。たとえば，経験のないことでも「危険だ」と考えて，それに従って回避できるだろう。または「それをしておくと，長い目で見れば報われる」と考えて，短期的には苦痛でしかなくても，そこを乗り越えないかぎり達成できない何かに向かって行動できるかもしれない。「目先の快楽」を超越して，長期のもっと価値のある結果を見据えながら行動できる。目

標を設定して，自分自身で言語的に定式化したそれに向かって行動できる（Ramnerö & Törneke, 2015）。これは行動分析学で一般に「ルール支配行動」と呼ばれる能力で，もっと広く心理学一般で「教示に従う能力」といわれるものを指す。

　本質的には，人間が社会的そして物理的環境の両方と柔軟に相互作用できるようになるのはこの力のおかげであるといえる。ただ，マイナス面もある。副作用と呼んでもかまわない。先ほど説明した心理的非柔軟性へとつながるのである。ルールに従うことが，もともと社会的に学習されるものであるというまさしくその点から弱さが生まれてくるのである。つまり，何かを別の何かに結びつけるときに，直接の体験に基づいて形成されるだけでなく，社会的に学んだ方法によっても形成される。たとえば考えてみよう。もしかすると，私たちは特定の情動を脅威と結びつけるように学んでいるかもしれない。または特定の記憶を「人生をめちゃくちゃにした出来事」と結びつけているかもしれない。そして特定の反応の仕方が「良い人生」とは相いれないと学んでいることも考えられる。そうした学習が，どのように行動するかに大きく影響を及ぼすだろう。そのような「自己ルール」を増やしながら，それに従って私たちはずいぶん長い間振る舞ってきたかもしれない。いつのまにか，あるルールがどのように行動に影響を及ぼしているかを認識しないまま行動するようになっていることもある。

　人間の心理にはもとからそうした側面が含まれているから，健康でも非柔軟な部分が自然にあるものだが，それが般化すると，精神病理と呼び慣れたものと向き合うことになる（Törneke, Luciano, & Valdivia-Salas, 2008）。そうして見ると，人間の心に起こるさまざまな反応と，それと相互作用できる能力とが，恵みであると同時にリスクでもあるのがわかるだろう。自分自身の反応を効果的に受け止める方法を十分に学んでいない場合には特に危うい。しかしながら，そうしたトレーニング自体は，人生のごく初期に言語を獲得していくプロセスの一部でもある。教示に従う力を身につけながら，次第に自己ルールも創れるようになる時期に，情動，思考，記憶，およびそれらの現象から創り出されたルールといった自分自身の反応と，ともかく相互作用を持つことを学ぶ（Luciano et al., 2009）。人生初期の学習プロセスで身につけるスキルの中でな

によりも重要となるのが，先に「メタファーと直示的フレームづけ」の節（第4章参照）で説明した力である。すなわち，自分自身の中に観察できるものを「私－今－ここ」の視点から関係づけられるようになり，ひとたびその視点を学んだら，起こるすべてをそこから眺められるようになる（McHugh & Stewart, 2012）。その視点から，周囲の環境だけでなく，情動や記憶や身体感覚などの自分自身の反応も観察して関係づけられる。内面の反応と，それに伴って発生する自己ルールを，自分の一部として関係づけられるようになる（階層的フレームづけ）。同時に，自分をそうした一つひとつの反応から区別もできて（「私はここにいて，そうした反応が私の一部だと気づいている」——直示的フレームづけおよび階層的フレームづけ），どう行動するかを選ぶ力も持ち続けられる（Luciano, Ruiz, Vizcaino-Torres, Sánches-Martin, Martinez, et al., 2011）。自分の反応との間に，観察するための距離を確立する，ともいえるだろう。このスキルをしっかり身につけると，心に何かが湧くたびに即座に反応して振り回されつづけることがなくなる。それだけではない。自動的に引き出されるそうした反応とも，人生にメリットとなる方法で相互作用できるようにもなるのである。この行動レパートリーを使えるようになることが重要なプロセスであるということが，今日のセラピーで幅広く一致して考えられている（Bernstein, Hadash, Lichtash, Tanay, Shepherd, et al., 2015）。その知見にRFT から提供される使い方がしっかりと定義されている概念を使うことで，臨床研究との隔たりを少し埋められるだろう。RFT を使えば，この行動レパートリーを，自分自身の反応を直示的な自己の一部として階層的にフレームづける行動，と説明できる（Törneke et al., 2016）。**心理的柔軟性の中心にあるのはこのスキルにほかならないゆえに，セラピストの取り組みの中心もクライエントにこの行動レパートリーをトレーニングすることになる**（Foody, Barnes-Holmes, Barnes-Holmes, & Luciano, 2013; Foody, Barnes-Holmes, Barnes-Holmes, Rai, & Luciano, 2015; Luciano et al., 2011）。

心理的柔軟性をトレーニングする

　以下に3つの臨床原理を中心方略として提案しよう。前の節を読んでいただ

いていたら，クライエントの心理的柔軟性を高めるうえで役立つのがわかるだ
ろう。必ずしも使う順序が決まっているものではなく，治療プロセスの中で並
行して現れる特徴と考えるほうがよいかもしれない。それに，本来一つひとつ
がはっきりと区別できるものではなくて，重なる部分もある。それでもこうし
て原理として分けて示すのは，そのほうがメタファーを使っていく際も含め
て，臨床で指針にしやすいためである。

- 自分がしていることと問題のある結果との関係を認識できるように助け
  る
- 思考，情動，身体感覚との間に，観察するための距離を確立すること
  で，そうしたものが湧いてくるときに認識できるように助ける
- このスキルを使って人生で何が大切かを明確にし，何がその方向への具
  体的なステップになるかを見定めることを助ける

　では，次にそれぞれを簡単に説明して，章の前半で視野を広げて眺めたさま
ざまな領域が，3つの臨床原理のもとでどのようにすべてつながってくるかを
示そう。そのあとは，メタファーを便利な道具として使いながらセラピーの文
脈を創り上げていく方法をテーマに，本書の最後まで見ていこう。

自分がしていることと問題のある結果との関係を
認識できるように助ける

　心理的柔軟性では自分自身の行動とどのように相互作用するかが重要である
なら，なによりもまず自分の行動を認識し，それが他の出来事とどうつながっ
ているかを認識しなければならない。今ではやや使い古された感があるもの
の，Skinner のことばを引用する。「問いかけられて『自分自身に気づいた』
人は，自らの行動を予測しコントロールするうえでよりよい位置に立つ（Skin-
ner, 1974, p.35）」。効果的な問いかけでクライエントが自分自身に気づくとこ
ろからセラピーを始められると，好ましいスタートが切れて，残りの2つの臨
床原理を築き上げていく土台となるだろう。

　行動と結果の関係に気づくのを助けるこの治療方略を，臨床行動分析では通
常，機能分析またはABC（先行事象－行動－結果）分析と呼ぶ（Ramnerö &
Törneke, 2008）。苦しい，または困難だとクライエントが感じる状況の例を，
いくつか眺めていく。クライエントとセラピストが一緒に取り組んで，そこに
ある先行事象要因（A）と，そのときのクライエントの行動（B）と，続いて
起こる結果（C）とを特定する。クライエントは，助けられながらも，やがて
代替的な方略を考え出す。行動と結果のつながりに気づくアプローチである以
上，セラピーが進むにつれて自然に動機づけと心理教育の要素が入ってくる。
動機づけの面では，自分の行動に伴う結果をはっきりと体験すると，ある行動
と比べて別な行動が良いと思うかどうかの気持ちも変わり，動機づけの状態も
変化するだろう。心理教育の面でも，行動と結果のつながりを丁寧に振り返る
うちに，もがいている問題に関して何かを学ぶクライエントの力もどんどん高
くなってくる。そうなれば，問題が起こるからくりの中心をセラピストがクラ
イエントに教えられる方法もますます増える。

　思考，エクスポージャー，情動処理の要素もほぼ必ず含まれるといってよい
だろう。クライエントの基本の思考モードも，情動のさまざまな状態も，機能
分析でいえば先行事象と呼ばれるものの一部になり，どちらも重要な要素であ
る。つまり，特定の思考や感情が先に浮かんで，それがあるときに問題の行動
方略が引き出されている。そこで，機能分析の中でセラピストがそうした現象
にクライエントの注意を導いて，クライエントが採用している方略を調べるこ
とになる。問題がある方略の場合，自動的に引き出された情動反応を避けよう
とする要素が多く含まれているだろう。そのため機能分析がそうした苦しい情
動反応にしっかり目を向けるという点だけでも，エクスポージャーの機能があ
り，情動処理の要素がある。

　クライエントが治療の取り組みの一環として実験するといった具合に，それ
までの方略に代わる新しい方略を使って，機能分析をしていくこともできる。
そうするなかで，目に見える形でも，または見えない形でも，行動することが
促される。

　クライエントとセラピストの人間関係が焦点になることも考えられる。行動
と結果の関係に気づくように問題方略を一緒に探っていくうちに，治療の相互

作用の中で実際にそうした方略が現れれば，その場でうまく機能分析の焦点にできるだろう。たとえば，クライエントが沈黙したりケンカ腰になったりするかもしれない。拒否的または誘惑的になるかもしれない。問題を示しているのがわかる形でそうした行動がセラピーの中で現れたら，機能分析の対象になる。「今，ここ」で起こっているこの行動に先行した事象は何だろうか（A）？ セラピストの発言または行動だったか？ クライエントが実際に何をしたか（B）？ 続いて何が起こったか（C）？

　うまくいけば，クライエントとそうした機能分析をしているうちに，自然に2つ目の臨床原理へとつながっていくだろう。

思考，情動，身体感覚との間に，観察するための距離を確立することで，そうしたものが湧いてくるときに認識できるように助ける

　自分の中の反応と相互作用していくときに，反応と，行動している存在としての自分そのものとを区別しないままになってしまうかもしれない。そこから心理的非柔軟性が生じるとRFTでは理解する。そうした傾向があること自体は，ある意味で不思議ではない。なにしろ，自分の反応は自分の一側面にちがいない。特に個人的な出来事に関わっているぶんには，反応と自分そのものを区別しないで自分自身と相互作用していても問題にならない。その相互作用の仕方が般化されて，生活の重要な一領域丸ごとになったり，または複数にわたるようになったりしたときに問題となるのである。そうなると，行動パターンが妨げられて，他の方略や，もっと効果のある方略が使えなくなる。

　自分自身の反応に好ましくない方向へ導かれやすい状況の中でも，そうした反応（何を感じて，考え，感覚し，記憶するか）との間に観察するための距離を確立できるようになる。心理的に変わろうとするどんな取り組みでもそれが本質的に大切で，心理的柔軟性を高めるトレーニングの柱である。

　本章の初めで視野を広げて説明した領域の中に，この臨床原理に基づいているのが特に明らかなものもある。クライエントの思考に取り組んでいく領域などはそうだろう。何を考えるか，出来事にどんな意味を与えるか，出来事をどんな意味に受け取るかは，どれも自分自身の反応の一部で，認識しなければな

らない現象である。注意を向けて，「私」の一部として見分けなければならない。けれども，行動している存在の「私」そのものと見てはならない。自分自身の反応に気づく力を，「私」と呼んでいる視点から発揮して，反応との間に観察するための距離を確立しなければならない。それができれば，その位置からなら，特定の仕方で考えて，次に何をするかを選べるようになる。同じことが情動処理と呼ばれるものについてもいえる。少し離れたところからなら，何を感じて何を感覚しているのかを観察し，次の行動を選択できる。物事が起こるままになんとなく自動的に反応しているだけとは違う。そうして認識する自発的な情動反応の中には，苦しくて回避の対象となってきたものも含まれるので，この治療方略にもエクスポージャーの要素が含まれる。

　この取り組みで実際にしていることの土台は，先に説明した機能分析の段階ですでにできているともいえる。機能分析で行動と結果のつながりを調べたときに，すでに観察の要素があって，「これは私自身が考え／感じ／記憶している現象だ」と気づいている。また，心理的柔軟性を高めていくトレーニングの臨床原理が互いに重なっているのがよくわかる部分がもう一つある。自発的な思考の内容をセラピーで扱うときの姿勢を見るとわかる。クライエントが出来事をどのように知覚するかは，理解するために分析的な意味で確かに大切である。しかし，ここでは自発的に湧いた思考や反応が正しいかどうかに注目しない。むしろ，そうしたありのままの思考や気持ちが心に浮かんだ状態で，クライエントが何をして，どんな結果が伴うか，つまり行動分析のA-B-Cに注目する。

このスキルを使って人生で何が大切かを明確にし，何がその方向への具体的なステップになるかを見定めることを助ける

　思考や気持ちと相互作用していくときに起こるかもしれないさまざまな問題を説明していると，自分自身の反応とそのように相互作用できる力が本質的に強みであり，周りの環境とうまく関わり合いながら生きていくために欠かせない道具であるという点をつい忘れやすい。この3つ目の臨床原理で，人生を実際に先へ進むことに注意を向ける。自分の反応との間に観察するための距離を

確立する力を使って，大切と感じる方向へ動き出せるようになる（Gil-Luciano, Ruiz, Valdivia-Salas, & Suárez-Falcón, 2016）。なんといっても，人間は教示やルールに従える。これは紛れもない大きな利点である。目先の満足を超えて，もっと大きな価値のために，もっと長い目で見て重要だと信じるもののために行動できるのである。それまでの問題ある行動方略に代わる新しい方略を学ぶと，その点をわりと自然に納得するクライエントが多い。しかし，なかには，セラピストにもっと積極的に介入してもらってやっと，自分の気持ちや思考を上手に使えるようになり，価値を感じる事柄へ行動を向け変えていけるようになるクライエントもいる。

　この臨床原理では動機づけに注目する。考えてみよう。内面に反応が次々と自動的に湧いてきても，もう，それまでのように，いちいち妨げられたり支配されたりしなくなったとしたらどうなるだろう。代わりに，そうしたものに全部気づいているけれども，自分のために方向を選べる。そうしたら，何が大切だろうか？　以前なら支配されていた反応に振り回されなくなったら，どこへ向かうのだろうか？　心から大切と考えるものへ，本当に価値を感じる方向へ誠実に進んでいけるとしたら，どんなステップを踏み出せるのだろうか？　ここでは行動することが問われている。

　エクスポージャーにもつながっていく。新しい一歩を踏み出せば，それまで避けていた現象がおそらく現れるだろう。記憶や思考，情動，身体感覚などで妨げるように機能していたものが，また引き出されてくる。そうすると，先に見た臨床原理がまた必要になる。クライエントがもういちど一歩下がって，自分自身の反応に向き合って注意深く眺めなければならない。そこから再び機能分析につながり，内面にそうした反応があるときに何をするのが効果的かを調べる。新しい何かをすると，新しい結果が伴って，機会が広がってさらに新しく学べるようになる。

まとめ──それから注意点も一つ

　セラピーでメタファーを使うことの研究をこうして眺めてくると，メタファーの使用そのものだけに注目するのでは足りないとはっきりといえる。臨床で

特に注目される事柄も眺めてはじめて，どのようにメタファーを使っていける
かが理解できるようになる。第7章では，そうした事柄を定式化してみた。初
めに視野を広げて，一般に重要と考えられている臨床介入の領域を説明した。
次に，そうした領域をつなぎ合わせる3つの原理を臨床用に提案した。a）自
分がしていることと問題のある結果との関係を認識できるように助ける。b）
思考，情動，身体感覚との間に観察するための距離を確立することで，そうし
たものが湧いてくるときに認識できるように助ける。c）このスキルを使って
人生で何が大切かを明確にし，何がその方向への具体的なステップになるかを
見定めるのを助ける。

　この3つの臨床原理を指針にすると，セラピーの中でタイミングをとらえて
上手にメタファーを使っていけるだろう。それとともに，臨床の取り組みと基
礎研究との接点になってくれるだろうとも期待する。なぜなら，3つの臨床原
理が，実験環境の中で条件を操作しながら再現できる現象と深く結びついてい
るからである。

　第7章では臨床原理を大まかに説明しただけで，臨床例を交えていない。残
りの章で，臨床例を見ながら，3つの臨床原理を指針にしつつ，セラピーの中
でメタファーを使っていく方法をより実践的に説明しよう。

　ただ，先に進むまえに注意点を一つお伝えしておかなければならない。この
あとの説明や臨床例ではメタファーを使うことしか取り上げない。しかし，だ
からといって，言語の字義的な使い方がセラピーでメタファーと比べて重要で
はないとお伝えしているのではない。先にも書いたように，「メタファー療
法」のようなものを提案しているのではない。メタファーが以前考えられてい
たよりも，人間の言語ではるかに重要な機能を持つのは確かではある。しか
し，人間はさらに抽象的な「字義的」言語も発達させており，その言語は意味
も機能も持っている。このあとの章であまり取り上げられなくとも，メタファ
ーと比べて重要性が劣るわけではない。本書の注目点が別のところにあるだけ
である。

第**8**章

メタファーを創り出して機能分析する

　日頃，会話をしていると，メタファーが自然に入り込んでくる。話し手が工夫したものでもなく，「巧妙な発明」の賜物などでもない。ほとんどが死んでいるか凍りついたメタファーであり，いつからそのように日常会話で使われはじめたのかもとっくの昔に忘れ去られている。近年盛んになっている研究からも，メタファーのそうした使われ方や状態が示されている（第1章と第2章を参照）。一方，セラピーでメタファーを使うことに触れる文献を見ると，その多くは「巧妙な」種類のメタファーに注目している。使用者が，治療モデルで大切と考えられる何かを説明するために，あらかじめ考えられたメタファーである（たとえば，Barker, 1985; Blenkiron, 2010; Stoddard & Afari, 2014; Stott et al., 2010 などを参照）。セラピーに関連するのであれば，「巧妙な」種類のメタファーに注目するのが自然ともいえる。治療モデルに大切な要素が含まれていて，それをクライエントに伝えて，理解して取り入れてもらおうと考えれば，そのようになるだろう。ただ，その視点で眺めると，下手をするとメタファー一般のもっと目立たない機能を見過ごしてしまう危険性がある。メタファーがごく自然に，または無意識にさえ使われる場合には，特に気づきにくくなる。後者の前提を念頭に置いて，目立たないメタファーとその機能に注意を向ける治療モデルがあるものの，その取り組みが最も明確にわかる書籍は，エビデンスに基づく部類のものではない（Kopp, 1995; Sullivan & Rees, 2008）。しかしながら，本書の理論的な部分で説明したとおり，「意図的ではない」種類のメタファーを使用することにも目を向けるだけの理由がやはりたくさんある。したがって，意図的ではないメタファーの使い方にも，後の章で立ち戻ろう。しかし，そのまえに，「意図的に」創造されるメタファーから詳しく見ていこう。特定の目的があって，そのためにセラピストがメタファーを創り出す

パターンである。なぜなら，特定の目的やねらいに沿ってメタファーを使って
いくとよいと私自身が考えるからである（前の章でそのための指針となる臨床
原理を打ち出した）。また，セラピーの文脈の中でメタファーがどのように機
能するのかを説明するにもそれが自然だろう。

臨床で使うメタファーのソースとターゲット

　さまざまなことが起こっているなかで，クライエントに特に注意を向けてほ
しい，または影響を与えたいと思う現象の領域をメタファーのターゲットにす
る。その目的のために利用していく現象の領域がソースになる。RFT の用語
で説明すると，セラピストが2つの関係ネットワーク，つまりターゲットとソ
ースを関係づける，といえるだろう（第4章参照）。簡単な臨床例で見てみよ
う。

　引退したトラック運転手のバーリー*が，慢性の痛みと抑うつに苦しんでい
る。以前にしていた活動も，再開したいと思う活動もあるけれども，いつもや
めてしまうのだとセラピストに説明してきた。対話の中で再びそのテーマが現
れる。

> **セラピスト**：お兄さんに電話するのは，いかがでしたか？　話ができました
> 　　か？
> **バーリー**：いいえ，そこまでいきませんでした。また今度電話します。今週
> 　　はあまりに痛くて，何も考えられませんでした。
> **セラピスト**：つまり，とりあえず駐車したのですね。（図8.1 参照）

　例の中で，セラピストがバーリーの行動として兄に電話するのをやめること
をターゲットに定めて，「駐車する」ことをソースにしている。この簡単な例
を題材に，変わるための取り組みの中でメタファーを使っていくときの押さえ
どころを見ていこう。

＊原注：本書で紹介する名前と症例はどれも実在ではないが，臨床で実践するセラピストなら実際に
　ありそうな設定なのがよくわかっていただけると思う。

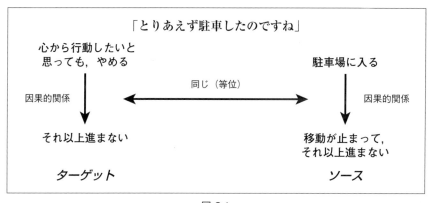

図 8.1

　いったいここで何が起こっているのだろうか。2つのネットワークが関係づけられている。そのときにメタファーのターゲット（バーリーが兄に電話するのをやめる）は決して適当に選んでいるのではない。バーリーがこれまでに繰り返し見せてきた行動パターン，つまり，本当は行動したいのにできなかったことを痛みと抑うつ気分のせいにする，がまたもや現れたことを捉えている。セラピストがそれをメタファーのターゲットにしようと決めたのは，いつものその方略が，バーリーが抱える問題に大いに関連する側面だと判断したからである。それが，変わるための取り組みで使えるメタファーを創り出す際の1つ目の大きな原則である。**メタファーのターゲットは，クライエントにとって重要な機能を持つ現象でなければならない。**そのため，ターゲットを選ぶときには，セラピストが機能評価をして，それに基づくことになる（Foody, Barnes-Holmes, Barnes-Holmes, Törneke, Luciano, et al., 2014）。一方，ソースも，もちろん臨床に関連して，それ用の原則に従う。**メタファーのソースの特徴が，ターゲットの重要な特徴に対応していなければならない。**簡単にいうと，クライエントが聞いたときに，メタファーの中に自分の体験と重なるものを認識するようなソースでなければならない。バーリーの例でいえば，「つまり，とりあえず駐車したのですね」とセラピストが言うのを聞いたときに，自分が日頃している行動で，たとえば兄に電話するのをやめるなどの振る舞いを適切に言い当てた表現だとバーリーが認識しなければならない。そんな効果的なソース

を探すには，当然，セラピストがクライエントをそれなりによく知っていなければならない。また，そうしたメタファーが使われることで，クライエントのほうも理解してもらったと感じやすくなるだろう。この例の場合，クライエントがおそらく車を持っていて，駐車するのがどんな感じなのかをよく知っていると推測できる。だから「駐車する」というソースと「したい活動をやめる」というターゲットとの対応関係が簡単にわかるだろう。しかし，もしクライエントが運転をしなくて，もしくは，したこともなければ，その人に対して，このメタファーは好ましい選択とはいえない。バーリーのセラピストは，バーリーがトラック運転手だったのを知っていて，このメタファーなら共鳴してもらえるだろうと推測したのだろう。ただし，実際に共鳴するかどうかは，メタファーを発話したときに，バーリーがそれとどう相互作用するかを見てはじめて確かめられる。このときに，いくらセラピストがメタファーを「正しい」と考えていても，治療の取り組み上，明らかな効果がないのであれば意味がない。

　メタファーのソースには大切な特性がもう一つある。聞き手にいくらかでも影響を与えようとするなら，それも満たさなければならない。メタファー創りの3つ目の原則である。**メタファーのソースに含まれる特性または機能が，ターゲットの対応するそれよりも目立つかまたは著しくなければならない。**重要な機能が目を引くように，またはそれを強調したいから，メタファーを使うのである。この強調こそメタファーを使うポイントであり，「醍醐味」ともいえるだろう。バーリーの例なら，それまで「兄に電話するのをやめた」と表現していたときにはそれほど明らかでなかったバーリーの行動の側面が，「駐車する」の概念を聞いた瞬間に，よりはっきりと引き立たなければならない。先にメタファーを概観したところで説明したように，ソースにあるこの特性はメタファーのターゲットにもあるけれども，それほどはっきりしていない（第4章参照）。耳にした瞬間に，この特性がそれまで目立たなかったターゲットのほうでも明らかになるところが，メタファーならではのポイントである。トーマス・トランストロンメルの詩的なメタファー「目覚めは夢からのスカイダイビング」と比べてみよう。このメタファーを読んだ瞬間に目覚めの体験の中に何かを認識するようになる単純な事実が，メタファーのポイントである。メタファーのソース（スカイダイビングする体験）に備わった特性があって，それが

ある程度まで，ただしそれほどはっきりとは見えない形で，ターゲット（目覚めの体験）にもある。聞いた瞬間にターゲットのほうでその特性が明らかになる，またはぐんと際立つ。その効果こそ，メタファーを使う醍醐味である。

　それではいったい，セラピストがバーリーに注意を向けてほしいと思っているのは，「兄に電話するのをやめる」行動の何だろうか？　ひょっとしたら，ソースでいえば，次の一連の結果かもしれない。外で運転していて途中のどこかで駐車すると，先に進めなくなる。もちろん少し停車してからまた運転しはじめてもかまわない。しかし，駐車する行動そのものは，どこへ行きたいにしてもその目的とは反対の振る舞いである。少なくとも頻繁に駐車しているならそうで，重要な目的地に向かう道に入った途端に駐車するのであれば，特にそうといえる。セラピストが多少なりともバーリーに何かを伝えようとするなら，必ず基本の三原則を同時に満たしたメタファーでなければいけない。1つ目に，したい活動をやめる行動がバーリーの問題の一部である。2つ目に，「駐車する」の用語にバーリーが共鳴できて，したい活動をやめる行動に対応するのが認識できる。3つ目に，「駐車する」の用語を使うことでバーリーに自分の行動の何かがはっきりと見えるようになって，それを認識することで何らかのメリットがある。（図8.2参照）

ソースとターゲットを変えていく

　「駐車する」のようなメタファーを使ってみて効果があるとわかったら，同

臨床で使えるメタファー創りの三原則

・メタファーのターゲットは，クライエントにとって重要な機能を持つ現象であること。
・メタファーのソースの特徴が，ターゲットの重要な特徴に対応していること。
・メタファーのソースに含まれる特性または機能のほうが，ターゲットに含まれる特性または機能よりも目立つものであること。

図 8.2

じソースを他のターゲットにも広げて使うことができる。先と似た対話をして，メタファーがまず，たとえば兄に電話するような何か具体的な行動に対して確立されたとしよう。あとになって，それまでは話さなかった人生の領域についても，計画した何かをできなかったとバーリーが語るかもしれない。そこで同じソースを使って，「そこでも，とりあえず駐車しましたか？　それともまた別の何かをしていたのでしょうか？」と問いかけられる。同じソースを別なターゲットに使うと，焦点を絞りやすくなるかもしれない。それが機能分析と自己観察のトレーニングでは特に重要な道具となる場合もある（以下を参照）。

　もちろん，ソースを提示してみても注目したい特定のプロセスに目を向けるには不十分だったということもある。そうであるなら，同じターゲットについて話すために別のソースを探してこなければならないだろう。バーリーが自分の行動の新しい側面を説明したとしよう：

バーリー：どうしてもできないんです。でも，とりあえず駐車してそこにただ座っている感じとは違います。そう言ってしまうと，座席に身を任せて休んでいるようにも聞こえます。ちっともそうじゃありません。闘って苦しんでいます。

セラピスト：闘うような何かなのですね，成し遂げようとするような？

バーリー：ええ。いつか連絡できたとしても，何を言うべきかがわかりません。数えきれないほどの台詞を考えました。でも何も見つけられない。ぴったりに思えないのです。どれもあまりに空虚で。適当なことばが何も思いつきません。

セラピスト：鍵束を探しているけれども見つけられないような感じですね。

　ここでも，バーリーが兄に電話するのをやめてしまうこと（メタファーのターゲット）についての対話が続いている。ただ，新しいソースが提示されて，バーリーの体験と行動を，また別な角度から眺めようとしている。「鍵束を探しているけれども見つけられない」の表現で，反芻している状態が「駐車する」習慣の中で果たしている役割を説明できるかもしれない。バーリーがこの

メタファーを自分の状況と関係づけられると，同じソースを使って，兄に電話
をかけること以外のターゲットについても対話できるだろう。たとえば，「今
お話ししたような，鍵束を探している状態を，他の困難な状況でも感じたこと
がありますか？」と質問できるだろう。または，あとから，たとえば痛みと向
き合うときのバーリーの姿勢について話し合う状況などで，セラピストが気づ
いた何かをこのソースを使って話せるかもしれない：

バーリー：頭から離れなくて，ぐるぐるといつまでも巡っています。いった
　　　　　い僕はどこがおかしいのだろう？　これだけ痛いのだから，何かあるに
　　　　　ちがいない。でも専門家は特に何もないという。少なくとも大したこと
　　　　　はないと。何がこんなに痛いんだろう？

セラピスト：その問いが頻繁に湧いてくるのですね？

バーリー：四六時中です！

セラピスト：そうですね。そうした問いに答えようとしても，答えが見つか
　　　　　らない。そんなときに，とりあえず駐車して，また初めから鍵束を探し
　　　　　て，見つけられずにいますか？

　同じソースを複数のターゲットに使うと，クライエントの中でそれまで異な
る問題の領域と思われていたものが，まとめられたり結びつけられたりされや
すくなる。逆に複数のソースを同じターゲットに使うと，対話を深めて微妙な
意味合いまで探れるようになる（Tay, 2013）。

機能分析のためのメタファー

　第7章で，基本となる臨床原理を3つ紹介した。次に，どのようにしてセラ
ピーの中で原理に沿って，実際にメタファーを使いこなしていくかを見よう。
3つの臨床原理には重なる部分もあるが，できるだけ1つずつ，典型的な側面
を強調しながらお伝えしようと思う。まずは機能分析から見ていこう。
　クライエントが今使っている方略と，体験している困難とのつながりに気づ
くように助けるのがねらいとなる。簡単にいうと，何をしているか，何がある

状況でそうしているか，どんな結果が伴っているか，何を達成しようとしているのか，である。頭で理解するプロセスというよりも，そうした事柄がどうつながり合っているかを体験して，しっかり感じるための取り組みである。行動に伴う結果は，続く行動に強い影響を持っている。しかし，それと同時に，ルールに従うことのできる人間の力には，行動方略が硬直化するという副作用も多くあった点を思い出そう。行動方略が硬直化していると，行動に伴う肝心な結果が見えなくなる場合もある。第7章で説明したように，ルールや自己教示に従うことは簡単で，悪循環に引き込まれると，たとえば体験の回避のような状態となりやすい。しかしながら，そうなってしまっていても，どのような行動をしているかをよく観察するとよい。自分自身の情動，思考，身体感覚，およびそうしたものと相互作用したときの結果をよく眺めるのである。すると，影響を与えて行動を変えやすくなる。その取り組みのプロセスでメタファーを上手に使うと，ツボを押さえて効果的に変化を起こせるだろう。

行動と結果をつなぐメタファー

先ほどのバーリーの例も，この見出しに含められる。機能分析では，先行事象の状況（A），そのときにする行動（B），それに伴う結果（C）という流れを説明する。まず，「駐車する」ということばを使って，セラピストはバーリーがすること（B）に注意を向ける。していることに気がつけば，それに伴う結果（C）がより明確になるので，将来に似た状況が起こったときの行動が変わるかもしれないと期待できるからだ。典型的な問題が生じる状況で，いつもしている何かについてそのように話して，その行動の結果に気づけるように助ける方法を，ACT では「創造的絶望」（第7章参照）と呼ぶ。

その目的で使うのにぴったりのメタファーの例を紹介しよう。ACT (Hayes, Strosahl, & Wilson, 2012; Stoddard & Afari, 2014) で使われるメタファーの多くと同じように，このメタファーも，幅広くいろんな対話の中で使うことができる。なぜなら，それを使うことで，よくある心理的な現象が浮き彫りになるからである。その現象とは，達成したい事柄にまったく役立っていないとある意味では知っていながら，それでも私たちがいつまでも同じ行動を続けてしま

いやすいという事実である。

　セラピストとキャサリンが対話しているところを考えよう。博物館職員のキャサリンが，ストレスが大きくて不安で疲れていると話し，しなければならないことを，こなしきれないと繰り返し訴える。仕事は楽しいけれど，分量が増える一方でどんどん大変になってくると言う。それでも同僚たちからは感謝されて，「いつも完璧だから仕事が早いわよね」と褒められている。何年もそうしてきた。

キャサリン：典型的な私ね。責任を引き受けて，ずっとそうしてきたわ。

セラピスト：そうですね。それがいろんな良いことに結びついていく，という理解でよろしいですか？

キャサリン：そうね，ある意味では……。でも，今の職場ではそうともいえなくなりました。完全に疲れ果てています。回っていかない。ベストを尽くしているけれど，もうこれ以上は無理。自分でわかります。

セラピスト：ベストを尽くしているときに，何をしているのですか？

キャサリン：いろんなことを見張っている，とでもいうのかしら。すべてが適切に対応されるように。その意味で，すべての人も含められるかもしれません。みんな，私が物事をなんとかするのにすっかり慣れてしまいました。ときどき，なんとも思っていないみたいです。いい同僚たちなんだけど，あまりにもすぐにほったらかしにする人が多くて。

セラピスト：そこで，結局あなたがなんとか取り計らうことになる？

キャサリン：はい，誰かがしないといけませんから。

セラピスト：それで，どんな結果になりますか？

キャサリン：いい結果になっていません，私にとっては。特に最近。疲れ果てます。

セラピスト：お話を聞いていると，鉄の棒で重い石を動かそうとしているときの感じが思い浮かんできます。動かしてみたことはありますか？

キャサリン：ええ，もちろん。庭仕事では，夫と役割が逆転している部分があります。夫はぜんぜん興味がなくて，家では私がその手の作業をこなします。ほとんど。

セラピスト：じゃあ，ぴったりですね。想像してください，外で庭仕事をして
いると巨大な石がありました。全力で押しますが，動かせません。い
ろんな角度から押してみます。テコを持ってきて，なるべく奥のほうま
で押し込みます。体重をかけて，テコの先端を押し下げようとします。
びくともしません。できるはずだ，と考えてまた試します。もっと下深
くまで棒を押し込んで，新しい角度でどうだろう。だめです。別なテコ
が必要だ，もっといいのが，黄金のがいいと考えるかもしれません。で
も，どれも役に立ちません。石はそのまま，ずっしりとして，動きませ
ん。ひょっとすると，職場での状況に少し似ていませんか？　すべてを
こなそうとして，何もかもをなんとかする責任を引き受けようとしてい
る……。あなたが話してくださったとおりのいろんな方法で。毎日，同
じもがき。いかがでしょう，石が動いたためしがありますか？

　セラピストがメタファーのソース（庭で石を動かそうとしている）をかなり
ありありと，さまざまに具体的なシナリオで描写しているところに注目しよ
う。ソースがクライエントの体験にしっかりと組み込まれるほど，効果も期待
できる。そこから，メタファーのターゲットにしようとしている事柄，つまり
職場でのクライエントの姿勢に対話を戻す。先ほどの「駐車する」メタファー
と同じで，このメタファーも3つの原則を満たしてはじめてキャサリンに影響
を与えられる。

1. メタファーのターゲット（責任を引き受けて，すべてをなんとかしよう
   とするキャサリンの方略）が重要な機能を持っていなければならない。
   つまり，キャサリンの問題の一部である。
2. メタファーのソースが，そのターゲットの中心となる部分に対応してい
   なければならない。キャサリンのケースだと，重い石を動かそうとして
   いる感じの描写の例においても，キャサリンが職場で採用している方略
   にも通ずるものであると認識できなければならない。
3. メタファーのソースに含まれる特性または機能のほうが，ターゲットに
   含まれる特性または機能よりも目立つものでなければならない。ここで

は，いくらこなしても実りのない労働に疲れてボロボロになってしまう
事実に注目したい。それが，職場の状況についてのキャサリンのそれま
での説明よりも，石を動かそうとしている描写のほうで，より具体的に
ありありとしている。メタファーを使うねらいは，職場で今の姿勢のま
まではボロボロになってしまう事実に注意を向けて，できれば影響を与
えてキャサリンの行動を変えることである（図8.3参照）。

　別なメタファーも同じ目的で使える。キャサリンにこう尋ねてもよい，「ま
るでいつまでも走り続けているようですね。いかがでしょう，目的地に着いた
ためしがありますか？」。

　ACTで使う「穴の中の人」メタファーも紹介しよう（Hayes, Strosahl, &
Wilsoin, 2012）。このメタファーは，効果のない行動方略とその結果を描いて
いる。次のように伝えられる：

セラピスト：想像してみましょう。理由はわからないけれどもともかく，目
　　　隠しをされた状態で原っぱに連れていかれ，歩き回るように言われま
　　　す。困ったら使うようにと，道具の入った袋を渡されます。さて，あな
　　　たはまだ知らないし，見えもしませんが，原っぱには大きくてけっこう

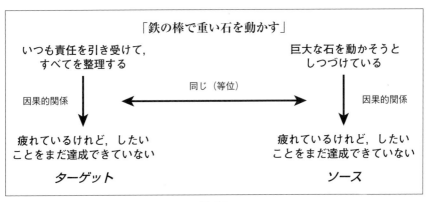

図 8.3

深い穴がたくさん空いています。ですので，じきにあなたはどれかの穴に落ちます。登って出ようとしますが，出られません。そういえば袋を持っていたことを思い出して，何が入っているかを見ます。シャベルがありました。そこで義務のように掘りはじめます。それは自然なことでしょう。シャベルを与えられていて，役立つと言われているのですから。階段のようなものを掘ろうとします。でも土が柔らかすぎて，足元で段が崩れます。必死になって，どんどん掘りはじめます。でも，かえって穴を広げてしまうだけかもしれません……。深くもなりますし。

　自分で採用している方略が問題の一部だということに直面するのは，なかなかつらいことだろう。だから，それを伝えるときには，クライエントの行動がもっともだといえる面も忘れずに同時に指摘したほうがよい。「学んだとおりに行動して，もっと上手にしようと努力する」方略なら，いろんな点で理にかなっている。誰だって人生のいろんな領域で使っている。人はさまざまなルールや教示に従うし，みんな「道具の入った袋を渡され」ている。「石を動か」したくなる当然の理由もあるし，急がなければと思えば「走る」。なにもおかしなところはない。しかし，ご存じのとおり，問題は，エネルギーだけを浪費しながら悪循環から抜け出せなくなるかもしれない点である。BとCのつながり，つまり，何をしていて，どんな結果が伴っているか，が見えていないからそうなる。

　行動と結果のつながり（何をして，それをしたらどんな結果になったか）が機能分析の柱といえる。自分でしていることが自分の問題をひどくするだけだと認識するのはつらい。ときにはひどくつらいだろうけれども，そのつらさから変わろうとする力が生まれるともいえる。自分でしていることが役に立っていなくて，自分ではコントロールできない何かに苛まれることこそが問題だとしたら，どうすれば状況を変えられるのだろうか？　セラピーに助けられながら自分で行動を変えていこうとするクライエントの力こそ，どんなセラピーでも出発点となる。だから，クライエントが自分の行動とそれに伴う結果とのつながりに気づくように助けるのがなによりも重要となる。ただ，その前に，一段階あるともいえる。何をしているのかを認識する段階である。つながりの要

と思われる要素を利用して，クライエントの注意を適切な方向へ導くのがセラ
ピストの仕事ではある。しかし同時に，特にセラピーを始めてまだそれほど時
間が経っていない時期なら，BとCのつながりに注目するのを急ぎ過ぎずに，
クライエントが何をしているかの点だけに気づくように導いたほうがよい場合
もある。というのも，たとえば，つながりがどこにあるのかをセラピストもま
だ明確につかんでおらず，手さぐり状態かもしれないし，あるいはクライエン
トがつらそうで，速く進め過ぎると治療の協力関係を傷つけるかもしれないか
らだ。そうした理由を考え合わせると，臨床場面でメタファーをどう使ってい
くかがおのずと変わってくる。石のメタファーと穴のメタファーを使うと，方
略が機能していない点に注意を導くことになる。バーリーと「駐車する」行動
に戻って，方略の効果，または効果のなさにはひとまず目を向けずに，行動だ
けに目を向けていく方法を見てみよう。

セラピスト：つまり，とりあえず駐車したのですね。

バーリー：そう言えるかもしれません，ええ。それしかできません。しかた
　　がない。でなければ，あてもなく走っているだけです。

セラピスト：(B-Cのつながりに触れるのが早すぎたようだと考えて) そう
　　ですね，どこかで休まないといけない感じですね。こんなふうに，駐車
　　することはよくありますか？　つまり，お兄さんに電話をすることのほ
　　かでも？

セラピストは，バーリーがそのメタファーを彼がしたことの説明として理解
していることに注目する。このときに，行動とマイナスの結果とのつながりの
部分はひとまず考えていない。そこから，このメタファーの同じソースを他の
状況にも広げて当てはめてみようとする。これはセラピストが，バーリーのこ
の方略の機能をもっと詳しく探らなければならないという分析をしたことに基
づいている。臨床で効果的に使えるメタファーの原則（1. バーリーの問題の
一部である；2. バーリーが自分の行動を認識する；3. 「駐車する」の用語を
聞くことでこの行動方略の重要な側面が明確になる）をすべて満たせば，セラ
ピストの質問に助けられて，バーリーが自分の行動を認識できるようになる。

質問に答えて「駐車する」状況の例をバーリーがどんどん挙げたら，そうした方略がエネルギーを浪費するだけの好ましくない結果とつながっている可能性を考える対話に戻れるだろう。

先行事象と行動をつなぐメタファー

先行事象 – 行動 – 結果（A – B – C）のつながりのもう一方もしっかり調べ
ておきたい。どんな状況が起こっていて，そのときにどう行動するかの（Aと
Bの）つながりの部分である。ふつう人間以外の動物の機能分析をするときに
は，特定の行動に先行し，それを引き出した外側の環境にある条件だけに注目
する。外側の環境条件は，人間でももちろん重要である。たとえば，キャサリ
ンの努力なども，職場で特定の環境条件が起こって引き出されている。しかし
ながら，第7章で見たように，人間には関係フレームづけをする力があるため
に，内面の反応や衝動も，他の行動にずいぶん複雑な影響を及ぼすようにな
る。だから人間の場合，内面の出来事も先行する状況の重要な一部となって，
問題のある行動方略に影響を及ぼしている。Skinnerのことばを借りるなら，
「自分自身で行動を予想してコントロールしているのに気づ」こうとするとき
には，そうした点を知っていて注意深くなければならない。

体験の回避（自分自身の思考や情動や身体感覚を取り除こう，減らそう，コ
ントロールしようとする）が心理的問題の中心にある例が多いのをすでに説明
した（Chawla & Ostafin 2007; Hayes et al., 1996; Kashdan, Barrios, Forsyth,
& Steger, 2006）。この体験の回避とは，我々がつい選んでしまいがちな方略
の一つである。だが，その方略から抜け出せなくなると，求めているものを手
に入れるうえで役立たないにもかかわらず，行動をいつまでも続けるようにな
る。バーリーの例に戻ろう。先の対話では，セラピストが，バーリーがしてい
ること（「駐車する」）と，その行動にどんな結果が伴うかのつながりに注目し
た。次の対話で，今度はバーリーの行動に先行する状況に注目して，「落胆し
た気持ち」とバーリーが説明するものに注意を向ける。今回もメタファーを使
う。体験の回避で発生する苦しさに気づきやすくするのがねらいで，代わりの
行動へのヒントにもなる。

セラピスト：最近は，人間をパソコンにたとえるような話をよく聞くように
　　　　なりましたね。もちろん少し言い過ぎの部分もあるかもしれません。で
　　　　も，確かにたとえられるなと思うことが一つあります。ポップアップ。
　　　　ほら，スクリーンに突然現れる小さなメッセージで，何かの情報か，指
　　　　図を伝えてくるあれです。わかりますか？

バーリー：ええ，ポップアップはわかります。でも，それと……

セラピスト：つまり，誰にでもポップアップがあります。絶えず。考えがポッ
　　　　プアップします。記憶も，気持ちも，他にもいろいろ。こうして座っ
　　　　ていても。今，一つポップアップしませんでしたか？　**この人はいった
　　　　い何を伝えているのだろう？**　と。

バーリー：ああ，わかりました。ええ，いつもポップアップしています。

セラピスト：平凡なものも多いですよね。しなければならなかったことを思
　　　　い出させてくれる類のもの。たとえば仕事帰りに牛乳を買うんだったと
　　　　か。でも，なかにはつらいものもあります。先ほど話してくださった，
　　　　たとえば，気持ちが落ち込んでいるとか。お兄さんに電話をしようと思
　　　　いついた瞬間にポップアップしたのですよね。そうしたポップアップは
　　　　どんな内容ですか？

バーリー：つらさと，ずっしりと重い気持ちです。無駄だというような。何
　　　　を話したらいいかがわかりません。それに，兄が何と言うだろう？と。

セラピスト：では，そのポップアップには，まず質問が含まれているのです
　　　　ね。2つかもしれません。**何を話せばよいだろうか？　兄が何と言うだ
　　　　ろうか？**　それから，そのつらさと，重い気持ちも。

バーリー：そうです。そこで動けなくなります。

セラピスト：その時に，駐車するのですね。

バーリー：そう。

セラピスト：では，ここからが，人間とパソコンとが違うと私が思うところ
　　　　です。パソコンなら，アプリケーションを入れるとポップアップしない
　　　　ようにできますね。ブロックできます。

バーリー：私もそんなふうにできたらいいでしょうね。ぜひ質問と重い気持

ちを全部ブロックしてしまいたい。でも，どうやったらポップアップを
止められるのか，わかりません。何か良い方法があるんでしょうか？

　セラピスト：残念ながらありません。人間にはそういう機能は備わっていな
いんです。でも，大切な点を一つ考えてみましょう。もし，ポップアッ
プが，実は問題ではなかったら？　困難な質問をしてくるし，つらいか
もしれませんが，それが問題の本質ではありません。そうしたものがポ
ップアップするのが問題ではなくて，私たち側が引き込まれてクリック
しはじめるときに問題になります。質問されて，引き込まれて答えよう
とします。苦しい記憶や考えを思い出させるので，消してしまおうとし
ます。でもその結果どうなるかといえば，身動きが取れなくなるだけ。
もしも，ブロックしなくてもいいとしたら？　そのままにしておけた
ら？　ポップアップしてくるのは止められませんが，クリックしなくて
もいいのです。

　バーリー：それで，どうするのですか？

　セラピスト：そうですね，ポップアップのほうへマウスを動かさないで，カ
ーソルをメイン画面上で動かせるかもしれません。表示されている他の
ものに目を向けていてもいいでしょう。ポップアップを消そうとはしな
いけれど，クリックもしない。大切なもののために，メイン画面のもの
のために場所をつくるとよいでしょう。

　セラピストの最後の台詞を見ると，新しい主題に触れているのがわかるだろ
う。バーリーがそうした状況でこれまで習慣にしてきた行動の代わりに何がで
きるか。この主題には3つ目の臨床原理，つまり，人生で何が大切かを明確に
してその方向に実際に踏み出す，に取り組む方法を見るところでいずれ立ち戻
ろう。ここではひとまず主題を変えずに，メタファーがバーリーの中の反応
（気持ちや思考）と行動とのつながりを見えやすくする点と，バーリーが何を
するかを選べる点とに注目しつづけよう。ここでも，臨床で使えるメタファー
であるためには：

1. メタファーのターゲット（落ち込んだ気持ちと，それがあるときにバー

リーがしていること）が重要な機能を持っていなければならない。つまり，バーリーの問題の一部である。
2. メタファーのソースが，そのターゲットの中心となる部分に対応していなければならない。バーリーのケースだと，パソコンの画面に現れるポップアップと相互作用する描写の例においても，バーリーがそれを自らの体験にも通ずるものであると認識できなければならない。
3. メタファーのソースに含まれる特性または機能のほうが，ターゲットに含まれる特性または機能よりも目立つものでなければならない。突然現れて注意を引きつける，いかにも重要そうに思える事柄でも，それに対してどう反応するかを選べる事実に注目したい。それが，落胆した気持ちと困難な問いが浮かんでいるときのそれまでのバーリーの行動よりも，パソコンと相互作用するときのほうが，より具体的にありありとしている。メタファーを使うねらいは，反応を選べる事実に注意を向けて，できれば影響を与えてバーリーの行動を変えることである。

　もう一つ紹介しよう。「道路標識」も同じねらいで工夫されたメタファーであり，心に浮かんでくる情動や思考や身体感覚といった反応と，それがあるときに引き出される行動との関係をわかりやすくする。キャサリンと職場での状況に戻ろう。

セラピスト：あなたが本当に苦しくなってしまう状況をもう少し詳しく見てみましょう。昨日は地獄だったとおっしゃいましたね。いつもの地獄，という感じだったでしょうか？
キャサリン：はい。最悪でした。あのままでは，どう続けていったらいいのかがわかりません。
セラピスト：その感じは，いつ始まったのですか？
キャサリン：朝のコーヒー休憩の直後です。急ぎのメールがたくさん来たと思ったら，そこへペトラが資料を持ってきて，金曜日の会議までに目を通さなければならなくなりました。それで，何もかもがいっぱいになって溢れてしまいました。

セラピスト：それも，同僚たちの理不尽な期待の一例といえるものでしょうか？　あなたがなんとかしてくれるだろうと考えている，という。

キャサリン：そうともいえるけれど，でもちょっと違うかもしれません。そう，ペトラは来週までなら間に合うだろうと思って言っているんです。そりゃあ言うのは簡単です。でも，来週になればもっと作業があります！

セラピスト：その状況で，何が浮かんできますか？　（セラピストが現在形で質問をして，キャサリンの中に反応が自然に起こってくることに気づきやすくしている）

キャサリン：「浮かんでくる」って，どういう意味ですか？

セラピスト：どんな感覚がありますか？　何が頭を巡っていますか？

キャサリン：ストレスを感じて，火照ってきて，心臓がドキドキするのを感じます。時間が足りない。

セラピスト：時間が……作業をするための？

キャサリン：はい。どう考えても無理です。残業できる日もたくさんありますが，昨日はできませんでした。

セラピスト：そんな状況にあるとき，どうしますか？

キャサリン：ほとんど何もできません。ひたすら片っぱしから精一杯こなしていくだけ。ランチを抜いて，急いで進めて……絶望的です！

セラピスト：ひょっとして，こんな感じではないでしょうか。運転しているとします。けっこうスピードを出していますが，ハンドル操作はできます。ところが，どのあたりからか道路標識がいくつか現れはじめます。警告するものもあります。よくある，赤や黄色の標識。起こるかもしれない何かを警戒するように伝えています。たとえば，間に合わないとか。他にもただうっとうしいだけで，身体にどんな感覚があるかなどを表示している標識もあります。それとも，そうしたものも何か警告していると思いますか？

キャサリン：いいえ，そういうのは主にうっとうしいだけです。でも……だからといって今のような状況を続けてはいけません。来週はどうなってしまうでしょう？　一日休みを取って，息子を競技大会に連れていくこ

とになっています。どうやって間に合わせればよいでしょう？

セラピスト：また警告サインですね。**時間に間に合わない！**

キャサリン：そうです。

セラピスト：なんとなく，もう一種類サインがあるような印象です。命令サイン，といえるかもしれません。丸いサインで，**スピードを上げろ！**と。

キャサリン：（初め沈黙してから）スピードを上げているつもりはありません。そうなるだけです。そういうものです。

セラピスト：そうですね。まるで自動的にそうなるようです。標識はだいたいそうだと思います。あまりに見慣れているので，ほとんど気づきもしません。それでも，従っています。

キャサリン：（ゆっくりと，恐る恐る）私もスピードを上げているでしょうか？

セラピスト：そうおっしゃったように思いますよ。ランチを抜くと言いました。ひたすら片っぱしからこなしていくとも。

キャサリン：でも，どうしたらよいのでしょう？　適当にゆるゆるこなすだけなんて，無理です。

セラピスト：そうですね。でも，その状況で何か別なことをしなければならないとお伝えしているのではありません。ここで何が起こっているかを眺めましょうというだけです。そして，どうやら，特定の状況になると道路標識が現れはじめるようです。なかには警告するものもあって，それが示すものははっきりしています。他は，あまり目立たなくて，でもなぜかその内容もはっきりしていて，スピードを上げるように命令してくる。あなたは標識に従う。

このように進めてくると，クライエントがつながりをだんだん理解しはじめるけれども，では何ができるのかはわからないという状態になりやすい。キャサリンも「どうしたらよいのでしょう？」と尋ねている。そのときにセラピストはただアドバイスをするだけではなく，クライエントを導いて，今の方略の中に見えているつながりを案内しなければならない。そうすることで，タイミ

ングを捉えて，クライエントがしていることと，それに伴う結果とのつながり
に戻って説明できるだろう。前の節の主題だったＢとＣのつながりである。
再びキャサリンとの対話へ：

　キャサリン：でも，どうしたらよいのでしょう？
　セラピスト：私にもわかりません。何ができるのかを見つけるのはちょっと
　　　　大変かもしれませんね。でも，一つ，こうした道路標識に従うと何が起
　　　　こるかは，直接体験済みですね。他に何をしたらよいかがまだわからな
　　　　くても，今の体験に注目してみる価値があるかもしれません。

　ポップアップと道路標識のメタファーで，内面にそうしたものがあるときに
どう行動しているかに注意を導いている。ポップアップの内容が表示される
と，バーリーが今の苦しい仕方で行動する。道路標識のメッセージがあると，
キャサリンがスピードを上げる。機能分析をしていくときに，そうした先行事
象と行動とのつながりに気づくのが大切である。特に，体験の回避や自分の
中に自然に湧く反応が，心理的問題が起こるプロセスで重要な役割を果たして
いると感じるなら，そのつながりの部分に特に注目していかなければならな
い。ただ，臨床の対話では，つながりを示すだけでなく，メタファーを使いな
がら開かれた対話をして，クライエントが自分自身を調べられるように導くの
が大切になる場合もある。先ほど行動と結果（ＢとＣ）とのつながりの節でも
お伝えしたそうした点が，ＡとＢのつながりについてもいえる。再びキャサ
リンへ：

　キャサリン：ストレスで死んでしまいそうです。まったく時間がなくて，ひ
　　　　たすら走り回っているだけ。心臓がドキドキして……
　セラピスト：ストレスの感じと，いつも時間に追われている体験と，ドキド
　　　　キする感じ。その状態は……，そうですね，たとえば，時と場合で変わ
　　　　るように思いますか？
　キャサリン：はい。高まってきては，やがて引きます，もちろん。たいてい
　　　　職場にいるときで，日によって特に強いこともあります。最近はひどく

なって，頻繁ですが。

セラピスト：たとえば，ここの私の机の上に（脇にある机を指して），赤い
　　ランプがあったとしましょう，警告灯のような感じで。わかりますか？
　　また，あなたに小さな機械をお渡しして持ち歩いてもらいます。それが
　　あなたのストレスレベル，間に合わないと思う気持ち，心拍数を常時モ
　　ニターします。あなたがストレスを感じるとすぐに，私の机の上でラン
　　プが点滅しはじめます。さて，どうなると思いますか？　ランプが一定
　　の調子で点滅しつづけますか？　それとも，かなり変動しますか？　点
　　滅機能が壊れてしまうほどで，ただ赤く点灯したままになりますか？

キャサリン：かなり変動すると思います。

セラピスト：たとえば，昨日でしたらどんな様子だったでしょうか？

　このときに使うメタファーも，メタファー創りの三原則を満たしている。キ
ャサリンが訴える苦しさが，キャサリンの問題の一部で何らかの機能を持つと
思われる。メタファーのソース（赤く点滅する警告ランプ）が点いたり消えた
りするもので，キャサリン自身が説明する感情の状態が変動する様子とよく似
ている。警告ランプが危険を知らせるときの特性が，メタファーのターゲット
（キャサリンが感じるストレスの気持ちとそれに付随して自然に現れる思考）
においてよりも具体的でわかりやすい。ここではひとまず，キャサリンの行動
とのつながりまでは注意を向けていない。このメタファーを使いながら，キャ
サリンが自分の体験をそれまでとは少し違った新しい角度から眺めるのを助け
ている。メタファーがキャサリンにとって意味深いとセラピストが判断した
ら，いろんな問いかけを続けて，新しい視点を広げていける。たとえば：

　　ランプが急に点滅しはじめて，また急に消えるということはありますか？

　　弱く光りだしてからだんだん強くなりますか？　または何の前触れもなく
　いきなりマックスで点滅しだすこともありますか？

　　さまざまなことがあなたに起こっているなかでランプが点滅しはじめると

思います。ランプが点滅する前によく起こっていることはありますか？

　職場にいるときでも，ランプがまったく点滅しない状況はありますか？または必ず点滅しはじめる状況はありますか？

このメタファーを使ったままで，キャサリンがしていること（行動分析のB）にも注意を向けはじめられる。

　ランプが点滅したら，消そうとして決まった行動をしますか？

　点滅しはじめたときに，何をしがちですか？

このメタファーから自己観察の力を伸ばす宿題も工夫できる。セッションからセッションまでの期間に「ランプが点滅した」ときをキャサリンに記録してきてもらう。「点滅」の強さまで毎回記録してもらってもよいし，「ランプが点灯した」ら何をするかに注目して記録してもらってもよいだろう。
　臨床の取り組みの際に指針にする3つの原理を紹介したときにお伝えしたように（第7章），それぞれの原理の境界はいくぶんあいまいである。つまり，1つ目の原理（機能分析）をひとまず終えて，2つ目（自分の反応との間に観察するための距離を確立する）へと進むものの，そこでもまた機能分析の延長をすることになる。2つ目の臨床原理は機能分析に組み込まれているともいえるが，特定の側面に注目して，その効果を強めるために使えるメタファーを見ていこう。

第 9 章

メタファーを創り出して
観察するための距離を確立する

　心理的な硬直性とは，自分の中に起こる反応と相互作用をするときに，悪循環に陥って抜けられなくなることである。関係フレーム理論をヒントにして考えると，このように理解できることを第7章で紹介した。機能不全の行動につながるそうした「自己ルール」がある場合，自分で気づいているか否かにかかわらず，ルールに従うと，はまり込んだ轍（わだち）から抜けられなくなるかもしれない（Törneke, Luciano, & Valdivia-Salas, 2008）。もとはといえば，社会的な学習経験からくる硬直性といえて，日頃暮らす環境の社会的文脈の中で永続しやすくなっている。その結果，よくあるのが体験の回避として知られる行動方略で，自然に湧く感情，記憶，思考，身体感覚を取り除こうとして，役に立たない方法を使い続ける（Hayes et al., 1996）。自分自身の反応が問題のある影響を及ぼしていて，他のもっと有効で目的に沿った行動方略を使えないようにする。

　しかしながら，そうした問題も，トレーニングをして心理的柔軟性を高めると減らすことができる。そのためには自分の反応との間に観察するための距離を確立できることがなによりも重要になる。行動している存在としての自分そのものと，自分の中に見えるすべての事柄との間に，体験的な距離を感じられるようになりたい。つまり，**感じ，記憶し，考え，身体に感じるものが問題なのではない**。そうした反応は過去の産物で，ときにとても苦しいかもしれないけれども，役立つことだって考えられる。なんとかして避けたいと感じるつらい感情，思考，記憶が確かに多いかもしれない。しかし，いずれにしても過去は変えようがないのだから，自然に湧いた反応であるかぎり，どんな闘いもあっというまに逆効果となるだろう。そうであれば，現在の問題として考えなければならないのは，そうした自然な反応が湧いたときに，何をするように誘い

込まれていそうか，という点である。苦しい反応と相互作用する際の姿勢を変えると，消してしまおうとする代わりに，反応が他の行動に及ぼす影響を加減できるようになる。もっと正確に，RFTの用語で言い換えよう。自分自身の反応を「直示的な自己」の一部として「階層的にフレームづける」力（第7章参照）をトレーニングしなければならない。そうして，他の行動が変わる見込みを高めるのである。

　前の章で機能分析を概観したときに，このトレーニングはすでに始まっている。この取り組みではメタファーをたくさん使っていく。もともと日常会話にはすっかり習慣化して，凍りついたともいえるメタファーがたくさん入り込んでいるし，日頃から私たちは周りの環境にある具体的で捉えやすい物事を利用して，内面の感情などの見えにくい反応について話をしている（第1章参照）。それを，第8章の機能分析の説明では，より意図的にねらっていった。つまり，身体感覚や感情や思考について話し合うときに，ポップアップや道路標識，赤いランプに喩えたことも，私たち自身から離れたところにある対象を拠りどころにするためであった。もちろん，外側のものとの距離感は，自分自身の反応の一部である気持ちや思考とまったく同じであるはずがない。それでも，自分の中に観察できるそうしたもの（心に感じ，身体に感じ，考える事柄）と，それを観察している自分そのものとの間に，紛れもなく何らかの**体験的な距離**がある。RFTによると，心に感じ，身体に感じ，記憶し，考えている事柄よりももっと大きな存在として，そうしたものを観察している自分そのものを絶えず体験しているこの姿勢の土台となるのが，学習を通じて身につけた能力であり，自分の反応を「直示的な自己」との関係で「階層的にフレームづける」力である（Törneke et al., 2016）。苦しい状況でこの力を使ってつらさをやわらげようとする行動が，セラピーの分野に限らず，いくらでもみられる。思考か感情が一気に解放されたあとに「胸のつかえが下りて，ほっとした」と誰かが言うのを一度ならず耳にしていないだろうか。または，自ら使ったかもしれない。

　このように，変わるための取り組みの2つ目の臨床原理が，1つ目の原理に沿って始めた取り組みの重要な側面をさらに深めているといえる。

　臨床場面に戻って，実際にメタファーをどのように使っていくかを見よう。

この取り組みには「バスの乗客」（Hayes, Strosahl, & Wilson, 2012）がぴった
りだろう。ACT のメタファーの中で，おそらく一番よく知られていて，もし
かしたら一番よく使われもする。そこから出発する次の対話を見よう。子ども
時代に性的に虐待された記憶に苛まれるアンドルーが，周りの人と社交できず
に苦しんでいる。圧倒的でほとんど生活全体に影響を及ぼすほどの自己批判的
思考がおそらく密接に関連づけられて，妨げとなっている。

> **セラピスト**：みんな，それぞれ自分のバスであちこちを回っています。バス
> には他にも乗客がたくさん乗っています。気持ちがあります。思考も，
> 記憶もあります。そして，みんな自分でバスを運転しています。乗客た
> ちは，それぞれ違った時期に乗り込んできました。いつ乗ってきたかが
> わかる人もいますが，見当もつかない人もいます。私自身の簡単な例を
> 挙げますと，ニューヨークで育ちましたので，ニューヨークの記憶とい
> う乗客がたくさんいます。よくバスの後ろのほうで立ち上がるんです
> よ，もうニューヨークに住んでいないのに。ニューヨークの乗客たちの
> ほとんどがほぼ中立ですが，なかには好ましい人も，逆にかなりたちの
> 悪い人もいます。あなたにもニューヨークからの乗客がいますか？
>
> **アンドルー**：ええ。私はニューヨーク出身じゃありませんが，ニューヨーク
> の記憶はあります。
>
> **セラピスト**：たった今，私がニューヨークと話したときに，心に何が浮かび
> ましたか？
>
> **アンドルー**：セントラルパークです。会議があって，春に行きました。
>
> **セラピスト**：よくいるタイプの乗客ですね。好ましい類ですか？　それとも
> ……
>
> **アンドルー**：（クスッと笑ってから）ええ，悪くありません。印象が良かっ
> たんでしょうね，たぶん。
>
> **セラピスト**：でも，それほど好ましくない乗客もいますね？　そう，たとえ
> ば，隣人が子どもの頃のあなたにしたことの記憶のような。または，浮
> かんでくる思考で，あなたがどこかおかしいとか，普通じゃないといっ
> たような。

アンドルー：そうです。周りと似ていない。だから僕はどこかがおかしいに
　　　　　ちがいない。それなら覚えているかぎりよく知っています。人の集まり
　　　　　に参加した途端に変になってしまう。

セラピスト：古くからの乗客なのですね，ほとんど物心ついたときから乗っ
　　　　　ていたといえるくらい。

アンドルー：いつもそこにいます。影が薄いときも，濃いときもあります
　　　　　が。

セラピスト：その乗客は何と言ってくるのですか？

アンドルー：僕はどこかがおかしい，何かがだめだ。でも，どんな手を打つ
　　　　　にももう遅い。壊れている。

セラピスト：それを全部聞いているのは，どんな気持ちですか？

アンドルー：(動揺したそぶりを見せはじめながら）ひどい。必死。悲しく
　　　　　て，拒絶の感じもなぜかあります。

セラピスト：つまり，1人の乗客ではなくて，ギャング集団のようなのです
　　　　　ね。あなたのどこかがおかしい，壊れている，という類のことを言う人
　　　　　たちもいるし，拒絶や悲しみといった気持ちについて言う人たちもい
　　　　　る。

アンドルー：僕は，その拒絶について言っている乗客です。

セラピスト：リアルな痛みという乗客，それが……

アンドルー：僕そのものみたいです。

セラピスト：そうですね，わかります。その乗客はあなたのすぐ横に立って
　　　　　いて，肩に寄りかかっている。一つお聞きします。こうしたことすべて
　　　　　に気づいているのは，誰ですか？　誰が乗客のことばに耳を傾けられる
　　　　　のでしょう，あなたのどこかがおかしいと言っていることに。

アンドルー：(少し混乱した様子で）僕，でしょうか……？

セラピスト：そのとおり。それから，誰が拒絶や悲しみを感じているでしょ
　　　　　う？

アンドルー：それも僕です。

セラピスト：では教えてください，誰がバスを運転していますか？

　バスの乗客のメタファーはかなり幅広い目的で使えて，工夫しだいで心理的柔軟性のすべての側面に取り組めるともいえる（Hayes, Strosahl, & Wilson, 2012）。たとえば，浮かんでくる感情や思考から判断して，クライエントの行動に注意を向けるのがよいとセラピストが思えば，乗客が話しかけてきたときに何をするかを尋ねられる。そこからの対話を使って，先に説明した機能分析を行うことができる。しかし，ここでは観察するための距離を確立するためにメタファーを使う方法に注目している。アンドルーを助けて，自分に何が起こっているのかを「直示的な自己」の視点から眺める力を引き出したい。それができれば，感情や思考や他の反応が，アンドルーの行動全般に問題のある影響を及ぼすのをやわらげられる。

　反応がクライエントの生活のさまざまな領域に広範に強い影響を及ぼして支配しているならば，セラピストとの相互作用の中にも現れると十分考えられる。言ってみれば，「鉄を熱いうちに打つ」機会と捉えられるだろう。

アンドルー：つまり，こんな感じです。僕のどこかがおかしい。いつもわかります。

セラピスト：ここでもですか？　座って，私に話してくださっている間も？　ここでも感じますか？

アンドルー：まあ，それほど強くないかもしれません，今は。ここにいるのは，少し特別でしょう？　でも，ええ，今もどこかおかしいのがわかります。

セラピスト：乗客たちが今，ここでもやはり話しかけてきているのですね？　普段ほど大声ではないにしても。声の大きさが違うだけですか？　それとも接近してくる距離なども違いますか？

アンドルー：ええ，そうもいえます。

セラピスト：そのときに，誰が違いに気づいていますか？　どれほどの大声で叫んでくるか，どれほど接近してくるかに，誰が気づいていますか？

アンドルー：僕。

セラピスト：そして，今，ここで……，誰がバスを運転していますか？

　ただ単に，クライエントがよく理解していないだけだとセラピストが考えていると，この対話の中でアンドルーが再び同じ問題に戻っていくのが奇異に見えるかもしれない。「理解」しなければならなかっただけなら，確かにすでに理解したはずである。でも，セラピストが学習理論の視点から眺めているなら，つまりトレーニングが取り組みの中心になると知っているのなら，同じ問題に逆戻りしていくのはまったく一貫している行為といえる。心理的硬直性も，心理的柔軟性も，複雑な行動レパートリーである。変えるには，繰り返しトレーニングをしなければならない。セラピーで提供しなければならないのも，この種のトレーニングである。

　同じ臨床原理を伝えるのに，「意見箱」のメタファーも使える。特に，クライエントに影響を及ぼす内面の見えにくい反応が，かなり強迫的な調子でどう行動するべきかを伝えてきて，クライエントを振り回している場合には効果的である。ルール支配行動，つまり自己教示に従って振る舞うことが，人間の行動レパートリーであまりにも大きな部分を占めている。そのため，内面で何かの反応が素早く起こると，たいていどこか勧告的，または警告的な機能を持つようになる。ときにはそのメッセージがかなりはっきりしている。博物館で仕事をするキャサリンの例に戻ろう：

セラピスト：時間がないと感じることが問題なのですね，片っぱしからこなしていかなければならない感じ。

キャサリン：はい。そういう状況では，どうしてもそう感じてしまいます。どこかへ追いやる方法がわからなくて。

セラピスト：そうですね，今のあなたのように，ストレスもプレッシャーも感じていたら，体験していることを消してしまいたいと感じるのも無理はありません。気持ち，物理的なストレス，何をしなければならないかについての思考すべて……

キャサリン：そうしようとしているのですが。穏やかでいつづけようと。でもうまくいっていません。

セラピスト：それは大切な観察かもしれません。すでにストレスを感じて動揺しているときに，穏やかでいようとするのは難しいでしょう。でも，

もしそのとき，そこで，ストレスや動揺を取り除かなくてもよいとしたら？　そうなったときに，別な方法があったら？　気持ちや，切羽詰まった感じを生む思考すべてに対処できる別な方法があったとしたら？

キャサリン：それは，どうするということでしょう？

セラピスト：心に自然に湧いてくる感情や思考が，一種の意見箱だと考えてみましょう。よく見かけますね，オフィスや公共機関の建物などで。あなたの職場にもありますか？

キャサリン：はい，職員のためではありませんが。来客用です。

セラピスト：それでかまいません。どんな見かけですか？

キャサリン：青くて，木製です。ちょっといい感じ。

セラピスト：たぶん，私たち全員がそれぞれ自分の意見箱を持ち歩いていると思います。心に浮かぶ思考や気持ちを全部入れて。よいことだと思いますよ。ちょっとしたコツや豆知識をたくさんもらえます。箱には何の問題もありません。役割を果たしているだけです。放り込まれるものに注意を向けて読むのも，良い案だと思います。ただ，読んでも，すべてをそこに書かれているとおりにしなくていい。一つ取り出して，読んで，戻します。それから，書かれていたとおりにするかどうかを，あなたが決めます。言ってみれば，あなたは，意見箱よりも大きな存在です。

メタファーがキャサリンにとって意味深そうな印象なら，そこからホームワークを工夫してもよいだろう。

セラピスト：では，私から意見箱をお渡しします。持ち帰って，次のセッションまで使ってください。

キャサリン：え，はい……？

セラピスト：想像上の意見箱です。博物館の箱が好きだとおっしゃいましたね。それに似たのを想像しましょう。色を変えると，あなた個人の意見箱として愛着が湧くかもしれません。（*メタファーのソースにできるだけ具体的な特徴を与える*）

キャサリン：そうだとしたら，赤ですね。

セラピスト：思い描けますか？

キャサリン：簡単に。

セラピスト：では，赤い意見箱を使っていきましょう。ストレスがかかっ
　　て，物事をこなしてしまわなければと感じたり，ひたすら片っぱしから
　　こなすだけと感じたりしたときに，意見箱の中の提案を読んで，また戻
　　します。

キャサリン：そして，ストレスを感じないようにする？

セラピスト：今のところ何かを変えようと努力しなくてもけっこうです。処
　　理しなければと感じたら，感じたままで大丈夫。スピードを上げたので
　　したら，上げたままで。意見箱に意見が投げ込まれたら，読んで，戻す
　　だけ。たっぷりと広い意見箱ですので，意見をたくさん受け取れます。
　　来週一緒に目を通しましょう。新しい意見がないか，それともどれも古
　　くてありきたりなものか，観察します。

次のアンドルーとの対話で，同じ臨床原理の例をもう一つ紹介しよう：

セラピスト：たくさん話してくださいましたね。起こったことと，そこから
　　何を感じるかと，何を考えるか。それがすべて，一冊の本だったとした
　　らいかがでしょう。どんな題名になりますか？

アンドルー：『拒絶される失敗作』。くそったれ！

セラピスト：なかなか大変な題ですね。痛みがたくさん伝わってきます……

アンドルー：（ため息をついて）そうさ。

セラピスト：（棚から本を取り出して差し出しながら）このような。『拒絶さ
　　れる失敗作』。章がたくさんあります。古いものも，もう少し最近書か
　　れたものも。（ぱらぱら頁をめくりながら）こんな本を手に取るときに
　　は，いろんな姿勢があると思います。すっかり本の世界に入り込んでし
　　まって，完全に注意を奪われて，我を忘れて夢中になるかもしれません
　　（顔のすぐ前に本を持って，熱心にページをめくる）。または腕を伸ばし
　　て遠くに持ち，なるべく見ないようにもできます（できるだけ遠くに持

って，なるべく視界に入れない）。どちらもよく理解できて，自然な姿勢です。重要そうな本で，読んでいてつらい。今お見せした2つの方略はいろんな点で違っていますが，共通する問題が1つあります。どちらも，注意を奪って，他のことの妨げになります。どちらの場合にも*（2つの方略をもう一度示して見せながら）*，たとえば，あなたと今ここで対話する私の力が妨げられます*（本そのものも，それに対処しようとする2つの方略も，目を合わせることと対話を妨げるのを示す。それから沈黙して，今の話をアンドルーが意味深いと受け止めるかどうかを確かめる）*。

アンドルー：そうかもしれません。ほとんどいつも鼻先に本を持っているかもしれません。遠くに持とうとしているともいえますが，絶対にうまくいかない。ほとんど何もかもを遮っている，と思います。代わりの方法がありますか？

セラピスト：*（本を横のほうで持って，視界に入ったままにしつつ，普通に会話をするときのようにアンドルーに視線を向けながら）* その方法を，ここで練習しているのだと思います。本を持ったままでいる。どのみち，どこかへ追いやれるものでもありません。少し離れて眺められるところにそのままにしておきます。私はここにいて，本はそこにある*（本に触れて，掲げてみせる）*。そして，私自身は注意を大切なものに向けられます。たとえばあなたとの会話に。本がそこにあるのを完全に意識していてもできます*（再び本に触れる）*。『拒絶される失敗作』。私自身は，私の本よりも大きな存在です。

ここでも，メタファーを使った対話でアンドルーに影響を与えるには，メタファーを創る際の基本の三原則に沿っていなければならない。

1. メタファーのターゲット（アンドルーが体験している自己批判と拒絶されている感じ，つらい記憶，またそうしたものがあるときのアンドルーの行動）が重要な機能を持っていなければならない。つまり，アンドルーの問題の一部である。

2.　メタファーのソースが，そのターゲットの中心となる部分に対応してい
　　なければならない。アンドルーのケースだと，本と相互作用する姿勢の
　　描写の例においても，アンドルーが自分の思考や感情や記憶と苦闘する
　　体験にも通ずるものだと認識できなければならない。

3.　メタファーのソースに含まれる特性または機能のほうが，ターゲットに
　　含まれる特性または機能よりも目立つものでなければならない。アンド
　　ルーのケースの場合，本がたとえ自伝の一種でもそれと相互作用してい
　　る人とは別だという点と，アンドルーが本とは独立に振る舞える点とに
　　注目したい。それが，自然に生じる自分の反応の場合よりも，本との相
　　互作用の描写のほうで，より具体的でわかりやすい。つまり，メタファ
　　ーを使用するねらいは，その区別をするアンドルーの力を伸ばして，自
　　分の感情や思考との間に観察するための距離を確立できるようにするこ
　　とにあるといえる。

　例の中ではセラピストが本を実際に手に取って演技しながら，メタファーを
使って大切なポイントを伝えた。方法を少し工夫すると，クライエントを誘っ
て，似たエクササイズに参加してもらえるようになる。その方法に第13章で
立ち戻って，臨床でメタファーと体験的エクササイズを合わせて使うと相乗効
果を期待できる点を見ていこう。

　アンドルーとの対話の最後の部分で，ここでもメタファーを使いつつ，3つ
目の臨床原理，つまり，人生で大切と感じるものに気づいてその方向へ具体的
なステップを踏み出すのを助ける，にも触れている。これもまた，変わるため
の3つの臨床原理が一つひとつを完全に区別できるものではないのがわかる場
面である。自分にとって何がいちばん大切なのかを説明して，その方向への道
筋をつけるということが，自分の反応との間に観察するための距離を確立する
力によって可能となることが理解できるだろう。何を感じて，何を考えている
のか，自分の中にあるものを眺められなければならない。そうしたものが見え
ると，人生で何が本当に大切なのかを有意義に判断できるようになるだろう。

第10章
メタファーを創り出して方向を明確にする

　人間と他の動物とを分ける特徴の一つに，人間には柔軟に選択できるという特徴がある。何かに意味を見いだしたら，すぐに見返りがなくても，またそれが苦しいことでも，取り組んでいくことはめずらしくない。たとえば，歯の健康を保つために歯医者に行き，試験勉強のために友人との夜遊びを断り，何週間も寝不足でも真夜中に赤ん坊のオムツを替え，面倒なゴミの分別作業をする。こうした物事は，どれ一つとして，私たちが**しなければならない**というものではない。しかし，私たちはそう**することもできるし，しないこともできる**。私たちはこれを選択する能力と呼んでいるが，この能力は私たち人間の核となる能力であり，本書で心理的柔軟性として説明してきたものである。

　ACT（Hayes, Strosahl, & Wilson, 2012）から，また一つメタファーの例を借りて，この選択する能力について説明しよう。

セラピスト：あなたにとって，周りの人たちが青い靴下を穿いていることは重要ですか？

バーリー：何ですって？　いいえ，全然！

セラピスト：重要なことだと思ってみてください。

バーリー：できません，そんなの。変な質問ですね。先生は重要なことだと？

セラピスト：いいえ。一生懸命そう思おうとしても，そんなふうには思えません。でも，聞いてください。あなたと私の間で，青い靴下を穿くことを重要なことだとすることはできますよね。そして，私たちが，まるでそれが生死をかけた問題であるかのように振る舞うこともできるでしょう。たとえば，青い靴下を大量に買い込んで，それを道行く人に配ると

　　　か。

バーリー：ありえないですよ！

セラピスト：そうですよね。でも，私がお伝えしたいのは，そうしようと思
　　　　　えばできる，ということです。できませんか？

バーリー：もちろん，することはできます。

セラピスト：もし私たちが，本当にみんなが青い靴下を穿くことを重要だと
　　　　　考えるなら，他にどんなことができるでしょう？

バーリー：宣伝でしょうか。有名人にお金を払って，ずっと青い靴下を穿い
　　　　　てもらうとか。あとは，SNSを通じてキャンペーンをやるとか……。

セラピスト：そうですね。あとは，青以外の色の靴下を集めて燃やすとか。
　　　　　青い靴下を穿くことをちっとも重要だと思っていなくても，そうするこ
　　　　　とはできますよね。でも，思っていないことでもそんなふうにいろいろ
　　　　　できるのに，多くの人やあなたが本当に重要だと思っている物事に取り
　　　　　組めないでいるのは，いったい何が邪魔をしているからなのでしょう。

　この対話の中で，セラピストは，バーリーが対話を通して得た直接的な経験
（青い靴下を穿くことを大事だと思っていなくても，そうした前提に立って振
る舞うことはできる，という気づき）を，メタファーのソースとして用いてい
る。そして，彼が本当に大切と思える何かに向かって踏み出す機会をターゲッ
トにしている。ただし，メタファーがバーリーの行動を変えるには，次の三原
則を満たしていなければならない。

1. メタファーのターゲット（重要な何かに向けて方向を定める力）が，バー
　リーが変わるための取り組みの中で重要な機能を持っていなければな
　らない。

2. メタファーのソースが，そのターゲットの中心となる部分に対応してい
　なければならない。バーリーのケースだと，やや滅茶苦茶ともいえる青
　い靴下の描写の例においても，バーリーがそれを自らの選択する体験に
　も通ずるものであると認識できなければならない。

3. メタファーのソースに含まれる特性または機能のほうが，ターゲットに

含まれる特性または機能よりも目立つものでなければならない。バーリーのケースの場合，肝心なのは，「まったく価値を置いていないことでも，それに沿って行動することを選択することはできる」というバーリーの洞察を，どのように彼にとって本当に重要な何か，特に，メタファーを聞くまでは彼の中でさほど重要とは感じられていなかった何かに向かって行動できるようにすることにつなげるのか，ということである。つまり，メタファーを使用するねらいは，自らにとって重要だと感じることに向かって，彼が一歩踏み出す可能性を高めることにあるといえる。

　クライエントから変わろうと思う気持ちを引き出すには，どうしたらよいのだろうか？　そのためには，クライエントが抱える問題や困難に注目するだけでなく，クライエントが価値を感じられる事柄へと会話を導くことがポイントとなるだろう。機能分析の概要を説明した箇所では，人は自らの行動の結果に影響されるということを強調した。つまり，人が将来どう行動するかは，実際に行動してみて，実際に返ってきた結果によって変わるのである。ただ，関係フレームづけについて学んだことも踏まえると，どんなものでも，どんなふうにでも関係づけられるこの力の一つの側面として，人間には，意味づけることで行動してしまうという面もあるということがわかる。つまり，私たち人間は，たとえ一度も直接体験していない結果であっても，それについて思い描くことができるのである。また，もしそのように思い描いた「結果」が望ましいものであったとしたら，私たちは，たとえそれが多くの困難を要するものであったとしても，その方向へと進路を定めることができる。セラピーで変化を起こそうと取り組んでいくときには，まさにそうした力を引き出さなければならない。なぜなら，たいていの場合，人は変わろうとする際，少なくとも短期的には，不快な体験をするものだからである。このため，必要な変化が困難であればあるほど，クライエントが自ら大切と感じる価値とつながっていることで得るものは大きくなるといえる。

　前の章では，バスのメタファーを使うと，心理的柔軟性を高める3つの臨床原理のすべてに取り組めるとお伝えした。また，先に2つ目の臨床原理に取り組む様子を紹介した。そこでは，クライエントが自分の思考や感情を観察する

ための距離をとることができるようなメタファーを使用したが，そこから次の
ように続けることもできるだろう。

> **セラピスト**：では，もしあなたがバスをどこへでも自由に運転できるとした
> ら，怖い乱暴者の乗客たちが全員力を失って，あなたを支配できなくな
> ったとしたら，どこに向かってバスを走らせますか？

　このセラピストの発言には，「人生は旅」というメタファーがとてもはっき
りと表れている。なお，これまでに紹介した対話で使用されたそのほかの多く
のメタファーにも，この「人生は旅」というメタファーは織り交ぜられてい
る。バーリーとの対話の場合，セラピストは，もう車を止めておく必要はない
と感じるのであれば，どこに向かって運転したいかと尋ねることができる。キ
ャサリンとの対話の場合であれば，もうどの道路標識にも指図されないとした
ら，どんな旅になるかを話してもらえるだろう。

> **セラピスト**：道に出たとき，あれこれ指示する道路標識がなかったとした
> ら，どんな方向に向かうことがあなたにとって大切になるでしょうか？

　価値を置いている事柄と情動とは常につながっている。嬉しい，悲しい，怖
い，うんざりする，恥ずかしい，もっと知りたいと感じるとき，それは何かが
私たちの心に触れた瞬間といえる。私たちにとっては，その対象が，少なくと
もその瞬間には重要となる。セラピストが，クライエントの情動を表すような
反応に注意を向け，それを読み取らねばならないのはそのためである。これ
は，そのクライエントが重要だと感じていることを尋ねるときでも同じであ
る。もちろん，対話のある瞬間にクライエントが感じることのすべてが，ここ
で注目する意味合いで重要となるわけではない。しかし，情動を観察すること
で，私たちがどこに焦点を絞ることができるのかがわかりやすくなることは確
かである。ただし，注意も必要である。「人生で重要な事柄」について質問し
た場合，常識的な答えや，いわゆる「正しい」答えが返ってくる恐れもあるか
らだ。私たちが探し求めているのは，セラピーの変化を生じさせるに足る具体

的な動機である。常識的なものや「正しい」ものではなく，クライエントの価値とつながっていて，クライエントの心に触れるものを見つけなければならない。

どんなに些細に見えてもかまわないので，具体的な状況について質問すると，価値とつながった，心に触れるような情動を引き出すきっかけを見つけやすくなるかもしれない。また，クライエントが価値についてうまく話せなかったり，「わからない」と答えたりしたとしても，当然ながら，クライエントはそこに何かしらの意味を見いだして行動しているわけである。そのことを踏まえると，そのような場合には，セラピストはどれほど巧妙に覆い隠されていても，重要な事柄がその周辺にあると推測することができる。人間の行動には必ず目的がある。そして，問題と関連するような，具体的で，情動を引き出すような状況を探るときには，メタファーがとても役立つのである。

セラピスト：どうでしょう。私が新薬の錠剤を持っていたとします。副作用が一切なくて，飲むと完全に自由に行動できるようになります。何でも好きなことができます。ただ，一つだけ問題があります。値段がとても高くて，週に一錠しか飲めません。それから，効果が5，6時間しか続きません。そんな錠剤をこれから数週間か数カ月飲むとしたら，いつ飲もうと思いますか？

アンドルー：*(しばらく沈黙してから)* 悩みます。5，6時間じゃ，そんなに長くは効きませんよね。でも，飲むとしたら，木曜日の夕方かもしれません。

セラピスト：木曜日の夕方。その日は何があるのですか？

アンドルー：合唱の活動です。歌いたいけれど，経験がほとんどないという初心者のための。木曜日の夜に教会で練習しているんです。これまで何度も勇気を出して参加してみようとしたんですけれど。

セラピスト：その合唱の何に心惹かれるのでしょう？

アンドルー：歌がずっと好きでした。でも，それだけでもなくて。他の人と一緒に何かをすること，どこかに所属していると感じられることも好きなんだと思います。

> **セラピスト**：何か大切な事柄に触れた感じがします。あなたにとってとても
> 意味のある何かに。

ここまで来ると，対話はアンドルーの体験を通じてさらに深められる。詳しくは次の章で見ることにしよう。

ところで，この錠剤のメタファーは，もちろんさまざまな状況やクライエントに合わせて使える。そして，多様な効果をもたらすことができる……。

メタファーを使ってこんな質問をすることもできる。

> **セラピスト**：これまでの人生が，今どきのテレビドラマシリーズだったとしましょう。よくある，複数のシーズンを通じて放映されるタイプのドラマです。聞くところでは，シーズンが変わるタイミングで脚本家がたまに交代するようですね。こうした情報から想像してみましょう。あなたに，あなたの人生の脚本を書く機会が与えられたとします。これまでに起こったことは変えられません。すでにシリーズが終わっていますから。また，守らなければならない決まりもいくつかあります。まず，毎日放映される現実的なシリーズなので，奇妙なSF的な内容はNGです。あと魔法も。それから，主人公であるあなたの人生は順調であること。何もかもが順調でなくても，重要な事柄については順調でなければなりません。過去のシリーズではそうではなかったかもしれませんが，今シーズンからは必ず「気持ちが癒やされる」要素を含めてもらいます。つまり，こうなりたいと思う人になれるのです。そうなったら，これから放映されるエピソードについて，何が言えるでしょうか？　主人公はどう行動するでしょうか？

お気づきのように，これはやや空想的な要素が多いメタファーとなっている。シナリオが設定されていて，クライエントはその中で自分をイメージするよう指示される。なぜこのような構成になっているのだろうか？　それは，セラピストが意図的に，メタファーのソースとなる体験をクライエントに「今，ここ」でしてもらおうと試みているためである。そして，その体験をターゲッ

ト，すなわち，クライエントの人生で何が本当に大切か，またその方向に向かって，どんな一歩を踏み出せるかという質問に関係づけているのである。つまり，これはメタファーを使用した体験的エクササイズともいえるものである。詳しくは，第13章で見ていくことにしよう。

　方向を定めることと目標を決めることとを区別して，それぞれ別のものとして扱うのもよいだろう。なぜなら，旅の最終目的地となるとあまりにも遠い感じがして，動機づけにならない場合もあるからである。

　セラピスト：大切と感じるものに向かう進路について話し合うときに，大切なことが一つあります。それは，方向と目標は違うということです。方向と帰結の違い，ともいえます。簡単な例を挙げてみましょう。あなたは今日，このカウンセリングのあと，どこへ行きますか？

　アンドルー：街へ出て，買い物をします。

　セラピスト：なるほど。たぶん，ほぼ間違いなく，そうされると思います。でも，厳密にいえば，必ず実行できるかどうかは確実ではないですね。予定外のことが起こる可能性もありますから。交通事故に遭って病院に運ばれるかもしれませんし，電話がかかってきて予定を変えるかもしれません。

　アンドルー：もちろん，考えられます。

　セラピスト：目標に関していえば，達成できる保証は何もありません。帰結もそうです。それがどんな内容であったとしてもです。達成できればとは思いますが，確実にはなんとも言えませんよね。でも，今この瞬間に確実にいえることもあります。それは，完全にあなた次第のことなのですが。

　アンドルー：それは？

　セラピスト：そうですね，それは，あなたがこの部屋から歩いて出ていくとき，あちらのドアに向かって一歩踏み出すときからすでにいえることなのですが，その瞬間，あなたはある意味，進む方向を街へと定めていますよね？　つまり，どの方向へ行くかはあなたに任されている，ということなのです。どの瞬間にも。歩きながら方向を変えることもできま

　す。でもそれも，常に，ほかでもないあなたが選ぶことなのです。

　この対話でセラピストは，一つの領域（踏み出す方向を定める行為）におけるアンドルーの体験を，メタファーのターゲットに影響を与えるソースとして使用しようとしている。つまり，長期的に意味深いと感じることに向かって行動するときの感じをターゲットにしているのである。メタファーを使うねらいは，クライエントが「今，ここ」において方向を定める行動を促すこと，また，その際，目標が遠すぎるという感覚に妨げられないようにすることにあるといえる。

　具体的な一歩が実際に踏み出されるときこそが，治療の過程の中で重要な節目となる。なぜなら，そうした一歩を踏み出してはじめて，クライエントが新しい結果に触れることができるようになるからである。もはや特に説明も要らないだろうが，簡単なメタファーを使って次のように説明することもできるだろう。

アンドルー：何と言えばいいか。できるとは思えません。頭が考えや気持ちで混乱していて。うまく整理できません。
セラピスト：頭がちっとも味方してくれない状況も確かにありますね。そんなときに頼りになるのは足だけです。踏み出して，下ろす。そうしたら，そこに足跡が残ります。

　第8章の冒頭では，セラピストがひとまず積極的かつ意識的にメタファーを使うことを強調した。だが，普段の会話でもセラピーでの対話でも，そこに登場するほとんどのメタファーは，「工夫」されたものというより，むしろ自然と浮かび上がってきたのに近いものである。次の章では，そうしたメタファーをどのように捉え，うまく使いこなしていくかについて，見ていくことにしよう。

第 11 章

メタファーを捉える

現代のメタファー研究から一つの結論としていえる確かなこと，それは，「メタファーはどこにでもある」ということである。メタファーは言語の礎石であり，こうして数行書くだけでも，すでに多くのものが組み込まれている（！）。はたして，あなたはいくつ見つけられるだろうか？（捉える，研究〔研ぎ，究める〕，礎石など……）

言語的とはみなされてこなかった人間の行動（ジェスチャーなど）でさえ，メタファーやアナロジーから派生してきていると考えられるものが多い。しかし，どうしてメタファーはこれほど普遍的に存在するのだろうか？　RFT なら，そうした疑問にも比較的簡単に答えることができる。私たちは誰もが，物理的な特性に関係なく，現象どうしを関係づけるスキルを幼い頃から学習しているからである，と。つまり，恣意的な文脈手がかりに基づいて物事を関係づけられるようになるので，基本的にどんなもの同士でも，どんな方法でも関係づけられるようになるのである。メタファーは，そのように物事を特定の方法で関係づけることで生まれるといえる（第4章参照）。

こうして，人間が行動すると必ずメタファーが生まれるわけだが，私たちがどんな行動をとるにしても，関係づける方法，つまりどのように「メタファーを創り出して使う」かが，その行動において重要な部分となる。また，そうしたことを踏まえると，私たちがどのようにメタファーを使っているか（多くの場合，無意識に）を見れば，私たちについて何かがわかるともいえる。たとえば，私たちが自分や世界をどう見ているかということや，どう行動しそうか，といったことである。

メタファーの中には，ほとんど何も伝えないものもあるかもしれない。だが，言語学者たちが示したように，そんな「凍りついた」または「死んだ」と

言われるメタファーでも，一般に考えられているよりも私たちの生活に息づい
ている場合が多い（第1章と第2章を参照）。

　この章のタイトル，メタファーを「捉える」を例に考えてみよう。これは
「工夫された」メタファーではない。この章のタイトルの候補を考えていると
きに，私の頭に自然にひらめいたことばである。どちらかというと平凡で，す
でに十分に確立された表現とも言えるだろう。それでも，このメタファーにつ
いてこう問うことができる。このことばを選んだことから，私についてどんな
ことが言えるだろうか？　私がセラピーをどんなものとして見て，どんな方法
で取り組んでいるかについて，どんなことを伝えているだろうか？　私がセラ
ピーで使っている方法を誰かがもっとよく調べたら，この表現から何か重要な
ことが言えるだろうか？　言えるかもしれないし，言えないかもしれない。た
だ，知りたいと思えば（たとえば私の臨床での行いの機能分析の一貫として）
質問をするとよいだろう。例を挙げてみよう。

　　「その，メタファーを『捉える』とは，どんな種類の『捉える』ですか？」

　この質問に答えようとすると，私の中で，「捉える」ということばがこの文
脈で示しているものの関係ネットワークを構築する必要が出てくる。もっと簡
単にいえば，「捉える」ということばが何を意味するのかを，さらに説明しな
くてはならないということだ。もしこのメタファーが発話されたか書かれたか
したときに，「凍りついた」または「死んだ」状態だったとしたら，質問に答
えようとするどんな試みも，メタファーを「生き返らせる」ことになるだろう
（第2章参照）。ひょっとすると，メタファーに対する質問に答えるなかで，そ
れまで特に明確ではなかった私のセラピーの仕方についての何かが，私自身に
よく観察できるようになるかもしれない。そうなるかもしれないし，ならない
かもしれない。臨床で使えるメタファーの三原則をもう一度見てみよう。

1.　メタファーのターゲット（私のセラピーで使用している方法）が，機能
　　的に重要でなければならない。別の表現をすれば，私が特にその行動の
　　側面に着目するだけの理由がなければならない。その方法が臨床で役立

っているのならもっと増やすべきだし，役立っていなければ，減らして
いくべきだろう。

2. メタファーのソース（「捉える」）が，ターゲットの中心的な特徴に対応
していなければならない。この場合，私は「捉える」という表現の中
に，自分のセラピストとしての行い（セラピストとして自分で使ってい
る方法の何か）を認識できなければならない。ここでは，メタファーを
使ったのが私自身になるので，この原則については満たしているものと
考えるとしよう。

3. メタファーのソースに含まれる特性または機能のほうが，ターゲットに
含まれる特性または機能よりも目立つものでなければならない。重要な
のは，「捉える」ということばにすることで，私がセラピーの中で日頃か
ら使っている方法が，はっきりと認識できるようにならなければならな
い，ということである。ただ，そこで何かを変えるべきか（何を増やし
て何を減らすか）については，私の分析ではまだ触れられていないテー
マである。

３つの臨床原理に立ち返る

　第11章のテーマ，実は本書に通ずるテーマともいえるのだが，それは，メ
タファーの使い方には（死んだメタファーか生きたメタファーかにかかわら
ず），そのメタファーを使った人，その人の行動の傾向，その人が今後とりう
る行動といった重要な情報が反映されている，ということである。つまり，メ
タファーには，機能分析に役立つ重要な情報が潜在的に含まれているのであ
る。ただし，メタファーを使っていれば，どれも同じように臨床で注目してい
く価値があるかというと，そうではない。別に，メタファーばかりに注目する
大々的な「メタファー療法」のようなものを良しとしているわけではない。重
要なのは，自然に表現されたメタファーを捉えるときでも，セラピストは，先
に説明した３つの臨床原理，つまり，機能分析，観察のための距離をとる，方
向を明確にする，に沿って進めなければならない，ということである。臨床を
扱う第２部の初めで確認したように，私たちは，これまでの研究からいえる結

論，すなわち，メタファーに注目するだけでは不十分であり，臨床に関連する事柄やプロセスにも目を向けていく必要がある，ということをここでも引き続き指針とする。

　このような文脈では，セラピーの臨床モデルの中でも，メタファーに焦点を当てるいくつかの治療モデルについて触れておくのがよいかもしれない。特に，クライエントが使ったメタファーを調べることに重きを置くモデルを挙げておこう。こうしたモデルは，エビデンスに基づく伝統的なものからは外れるものの，比較的よく知られているものである。セラピーとメタファーについていくらか調べていけば，わりとすぐにたどり着くだろう。まず，「メタファー・セラピー（metaphor therapy）」（Kopp, 1995; Kopp & Craw, 1998）が挙げられる。それから，「クリーン・ランゲージ（clean language）」（Lawley & Tompkins, 2000; Sullivan & Rees, 2008）もある。それぞれ別のモデルだが，どちらもクライエントが使ったメタファーに注目し，クライエントとやりとりする際の質問方法を詳しく指示する具体的なマニュアルが準備されている。こうしたマニュアルの前提を読むと，そうしたモデルに疑問を感じる部分もあるかもしれない（特にクリーン・ランゲージはやや大げさに効果を主張するので，そのように感じやすいかもしれない）。それでも，興味深いことに，そうしたアプローチの中で提案されている実践的なアドバイスには，現代の言語学者たちによるメタファー研究についての理にかなった説明，あるいは，RFTを含めた行動分析学と一致する部分がある。このため，もし読者がそうしたモデルに馴染みがあるとしたら，このあと見ていく臨床の取り組みの中に，見覚えがあるものもあるかもしれない。

　一方，エビデンスに基づく流れの中にも，本章で見ていく取り組みの参考になるものがある。それは，「エモーション・フォーカスト（emotion focused）」（Angus & Greenberg, 2011; Greenberg & Pavio, 1997; Greenberg, Rice & Elliot, 1993）として分類されることの多い臨床モデルである。このモデルの特徴は，セラピストとやりとりする際のクライエントの反応一つひとつに注意を向けることが強調されている点にある。なお，そうすることの局所的な効果としては，クライエントが使用する問題と関連したメタファーに注意深く耳を傾けられるようになることがある。また，全体的な効果として，3つの

臨床原理に沿って適切な流れで進められるという効果もある。

メタファーを捉えて機能分析する

社会的な場面での体験を，アンドルーが説明する。

アンドルー：自分が蟻のようです。

セラピストが，この発言を治療にとって重要で，問題解決に有効である可能性を持つメタファーとみなして，このメタファー表現を「捉えよう」と考えたとしよう。すると，セラピストは，ここからさらにさまざまな発言や質問を行うことになる。このとき，このセラピストが実際にどんなことばを使って何を言うかは，その先の対話のどこに注意の焦点を絞りたいかによって決まる。たとえば，アンドルーがたった今話したことをもう少し発展させてほしいだけだとしよう。それはメタファーのソースに関することかもしれない。また，そのソースに対応するターゲットは，アンドルーが自分の置かれた社交的な状況をどのように経験しているかということの一つの側面であるかもしれない。RFT の用語でいうと，セラピストがアンドルーに，メタファーのソースとなっている関係ネットワークを説明してもらおうとしているという状況である。

セラピスト：蟻？　それはどんな蟻ですか？
アンドルー：ちっぽけで，震えている蟻です。
セラピスト：ちっぽけで，震えている蟻でいるのは，どんな感じですか？
アンドルー：良くはないですね。とても小さくて，つまらない存在のように感じます。怖くもあります。

この対話でセラピストは，注意の焦点をメタファーのソース（アンドルーにはじめに発展させるように問いかけたソース）からターゲット（彼の体験の何を「蟻になった状態」と関係づけているのか）へと移している。また，それに対する答えとして，アンドルーは，自分がどう感じるかを説明している。だ

が，もしかすると別の答えが返ってきた可能性も考えられる。

セラピスト：ちっぽけで，震えている蟻でいるのは，どんな感じですか？
アンドルー：もっと小さくなって，誰からも見られないようにしています。

　この対話でアンドルーは，先ほどの対話と異なり，自分がどう感じるかではなく，どうするかを説明することでセラピストに答えている。セラピストが基本の臨床原理，すなわち，機能分析に取り組んでいるとき，この２つの答えの違いは大きい。アンドルーが何をするかを話せば，機能分析のＢの説明になる。一方，どう感じるかを話せば，セラピストの視点から見るなら，それはアンドルーが行動するときの条件の一部になる。つまり，機能分析のＡの部分の説明になる。もちろん，どちらもアンドルーの問題に関連する重要な情報である。このため，もしアンドルーがどう感じるかを自ら説明した場合には，セラピストはおそらく次のように尋ねるだろう。

　「それで，そんなふうにちっぽけになったと感じるとき，つまらない存在みたいで怖いとき，どうするのですか？」

　ここでは，Ａの説明から出発してＢを探り，ＡとＢの関係を明確にしようとしている。
　アンドルーが２つ目の回答をして，その状況でどう行動するか（Ｂ）を説明するところをもう一度観察してみよう。彼の答えをよく見ると，そこには，彼が「もっと小さく」なろうとすることに先行する状況（Ａ）の鍵となる側面がすでに含まれているということがわかる。

　「もっと小さくなって，誰からも見られないようにしています」

　「誰からも見られない」というのは，望まれた結果ではある。だが，機能分析では，それはアンドルーが自分を「もっと小さく」するときの条件である。つまり，Ａの一側面とみなされる。なぜなら，その願望は特定の社会的状況で

アンドルーの心に湧き上がる反応であり，彼は自分のそのような反応と相互に影響しあうことで，「もっと小さく」なろうとするからである。もしセラピストがＡとＢのこうした関係を探りたいなら，たとえば条件Ａが彼の行動全般に影響を与えているかどうかを調べたいなら，次のように質問することができるだろう。

　「誰にも見られたくなくて，もっと小さくなろうとするのですね。ちっぽけで怖い感じがして，誰にも見られたくないと思って，もっと小さくなろうとする。他の状況でも，そんなふうに感じることはありますか？」

ＢとＣの関係を明確にしたいなら，次のような対話になるかもしれない。

アンドルー：ええ，ほとんどいつもそうです。あまりに小さくて，何の役にも立たない感じがして，それで，もっと小さくなって誰にも見られないようにします。僕がどんな人間か見られないように。

セラピスト：これまでの体験を振り返ってみたとき，それでどれくらいうまくいきましたか？

　ここでは，セラピストがＢとＣのつながりを探っている。アンドルーが使っている方略と，それが生み出す結果とのつながりである。

　すでにお気づきかもしれないが，セラピストはここでも前の章で説明したものと同じ臨床原理を使っている。メタファーを創り出したのが，先ほどの対話ではセラピスト，この対話ではクライエント，というだけの違いだ。この対話で，セラピストはクライエントが先に使いはじめたメタファーを，質問をすることで捉えようとしている。その理屈はごく単純である。なぜなら，クライエントが自分の問題の中心的な何かを説明するためにメタファーを使ったのなら，そのメタファーにはおそらく有益な情報が含まれていると考えられるからである。同時に，これまで説明してきた臨床で役立つメタファーの三原則が，ここでも当てはまる。そして，最も重要な点をもう一度確認しておこう。メタファーは，クライエントが抱える問題に機能面または臨床面で関連する何かを

含んでいなければならない。したがって，これが決して自然に浮かび上がって
きたメタファーのどれにでも当てはまる取り組みではないというのがわかるだ
ろう。セラピストは，変化のための3つの臨床原理に沿って取り組んでいくこ
とに役立つメタファーに注意を向けているのである。そして，なかでも一番基
本となる臨床原理が機能分析を行うことである。

　先ほどアンドルーとの対話を説明する際にも強調したように，尋ねる質問も
戻ってくる答えも，その表現の微妙な違いで機能分析のA−B−Cのどの部分
に注目するかが変わってくる。セラピストはそうした違いをはっきりわかって
いなければならない。つまり，自分が何を質問しているのかをきちんと把握
し，それに応じてことばを使い分けられるようでなければならない。とはい
え，どんな順番や方法で分析していくかを指定するような決まりは特にない。
また，どれが良いといえるだけの実証的なエビデンスもない。そうなると，や
るべきことは単純ともいえる。クライエントが自分の行動を認識できるよう支
援し，それを通じてクライエントが自ら変えたいと思う行動を変えられるよう
にするという観点を持つこと，そして，そうした観点から一連のA−B−Cを
見つけることである。そうした目的のためにメタファーを捉えることは，臨床
において有効な戦略といえるだろう。

　もう一つ例を紹介しよう。今度の対話では，キャサリンが再び，職場で感じ
るストレスと，それが彼女を完全に圧倒してしまうほど強くなることについて
説明している。

キャサリン：もうよくわかりません。他に何ができるのか，物事をどう変え
　ていけばいいのか。何一つコントロールできないような感じです。すべ
　てがただ流れ込んでくるだけです。（調子をさらに強めて）——大泉門[1]
　はとっくに閉じているはずじゃないですか？[2]

　この大泉門というメタファーを使った質問は，とても使い古された表現とい

---

　*1　訳注：大泉門とは額の上部にある骨と骨の継ぎ目のこと。出生時は開いているが，成長ととも
　　に閉じていく。
　*2　原注：このとおりのメタファーを実際にさまざまな状況で使っていたクライエントに敬意を表
　　しつつ，ここで紹介させていただいた。

えるものではない。では，クライエントがこのように新しいメタファーを創り
出すことにはどんなメリットがあるのだろう？　そこには，セラピストに，自
分がいま何か重要なことを話していると推測してもらえる，というメリットが
ある。上記の対話は，クライエントの問題の中心に近い部分に関する対話であ
り，クライエントはその側面の何かを「生きた」メタファーの助けを借りて表
現しようとしている。臨床で使える機能的なメタファーの三原則を満たしてい
るといえるだろう。

1. メタファーのターゲットが重要な機能を持っていなければならない。こ
   の対話では，セラピストには，何がこのメタファーのターゲットとなっ
   ているのかがまだはっきりとは見えていないかもしれない。言い換える
   と，「キャサリンは大泉門の話を通じて何を表したいのだろうか？」と疑
   問に思っているような状態である。この対話では，問題がある状況の中
   でキャサリンが感じているストレスが会話の主題となっている。このた
   め，キャサリンがこのように表現していることの側面（メタファーのタ
   ーゲット）が，問題と関連している可能性がかなり高い。メタファーを
   通じて何が示されているのかを明確にするのも，その後に続く対話にお
   けるセラピストの課題となる。

2. メタファーのソースが，そのターゲットの中心的な部分に対応していな
   ければならない。メタファーを使うのがキャサリンであるため，この点
   は満たされていると推測できる。セラピストにはわからなくても，キャ
   サリンにはわかるだろう。明確にする必要をセラピストが感じたら，質
   問をして，「閉じていない大泉門」を説明する関係ネットワークをキャサ
   リンが構築するのを助けることができる。

3. メタファーのソースに含まれる特性または機能のほうが，ターゲットに
   含まれる特性または機能よりも目立つものでなければならない。この点
   も，説明したいと思うもののためにこの表現方法を選んでいるのがキャ
   サリンなので，満たされていると推測できる。キャサリンの中で，メタ
   ファーのソース（大泉門について話す内容）に含まれる特性が，メタフ
   ァーを使って説明しようとしている体験（メタファーのターゲット）の

　対応する特性よりもはっきりしている。

　セラピストは，ここからどう対話を続けるべきだろうか？　もし，はじめに
聞いた状況だけで理解できなかったとしたら，それを明確にするためにいくつ
か質問をすると，キャサリンがネットワークを構築することの手助けとなるだ
ろう。

　セラピスト：大泉門が閉じていない？　どのように閉じていないのですか？
　キャサリン：どのようにかはわかりません。でも，まだ開いているみたい
　　　で，何もかもがただ流れ込んできます。まっすぐ！　身体が熱くなっ
　　　て，動悸がして，時間がないことに気持ちが完全に高ぶってしまいま
　　　す。どうしたら止められるのか，わかりません。

　この対話では，キャサリンが，セラピストからの「どのように？」という質
問を，彼女が何を意味したかではなく，その状況がどのようにして起こったの
かについて尋ねる質問として理解したことがわかる。もう少し質問に適したこ
とばがあったかもしれないが，問題ない。キャサリンはどのみち，何を意味す
るのかを話している。セラピストは，そこからこんなふうに続けられるだろ
う。

　セラピスト：大泉門に何もかもが流れ込んでくるのを止めるのですか？
　キャサリン：そうですね。（少し微笑んで）まるで縫合してもらうべき，と
　　　いうか。わかるでしょうか？
　セラピスト：あなたはそうしようとしている，ということでしょうか？　縫
　　　合しようと？
　キャサリン：わかりません。その方法がわからないんです。でも，もちろ
　　　ん，止めようとはします。
　セラピスト：どのように？　どのように止めようとしているのでしょうか？

　セラピストが，キャサリンをメタファーの世界に引き留めて，関係ネットワ

ークを構築しつづけるよう促している様子に注目しよう。また，セラピストは同時に，臨床原理に沿って機能分析を行おうともしている。この対話で明らかなことは，キャサリンが語っている体験（メタファーのターゲット）が，機能分析をするときにＡと表されるものであり，行動するときに何が起こっているかの側面を説明しているということである。そして，第7章で見た理論的な理由から，キャサリン自身の自然な反応（メタファーを使って表現すると，大泉門が開いている体験）がそこで決定的な役割を果たしていると思われる。

　対話の中でキャサリンは，再びメタファーを使って，機能分析でＢと表されるもの（体験している状況のときに何をするか）について説明している。彼女は，「いろいろなものが大泉門に流れ込んでくるのを止めようとしている」と語り，また「縫合される」べきであるとも語っている。ここで，一連のＡ－Ｂ－Ｃのどの部分についてでもかまわないので，効果的なメタファーを対話に組み込めるとしよう。すると，そのメタファーを使いはじめたのがクライエントであれ，前の章のようにセラピストであれ，そのメタファーを発展させて，Ａ－Ｂ－Ｃの他の部分についても話すことが比較的容易になる。もしキャサリンが「大泉門が開いている」のを体験すると話したところで止まったとしたら，セラピストは次のように尋ねることができるだろう。

　　「それで，それが起こったら，つまり大泉門が開いていて何もかもが一気に流れ込んできたら，そのときあなたはどうしますか？」

　クライエントが使ったメタファーが，臨床的に見て関係がある行動の結果と関連していそうであれば，セラピストは，一連のＡ－Ｂ－Ｃの前の部分に注意を向けたいと感じるかもしれない。もしそうならば，セラピストは，何がその前に起こっていたかを尋ねるだけでよい。このときもメタファーの形がよいかもしれない。

　キャサリン：空っぽになります。完全に空っぽ。何をしても同じです。完全に空っぽなんです。
　セラピスト：そのような空っぽの状態の中に，一緒にいつづけるとしましょ

う。それから時間を少しだけ巻き戻してみましょう。その直前には，ど
んなことが起こっていますか？

　ここで注目したいのは，セラピストは，その瞬間に関連していると思われる
事柄に応じて，いつでもさまざまな方向へと対話を導くことができるという点
である。何もかもが空っぽだとキャサリンが語ったとき，セラピストは，「空
っぽ」の関係ネットワークを構築するのを助けるような，さらなる質問をする
こともできるだろう。

　　「完全に空っぽ。どんな種類の『空っぽ』ですか？」

　ここでいま一度思い出してほしい。機能分析をどの方向へ進めるかを決める
ときに，何が「正しい」かが重要なのではない。そんなことは，そもそもセラ
ピストにもわからない場合のほうがずっと多い。大切なのは，さまざまな方向
に話を進めてみながら，そのとき何が起こるかを，セラピストとクライエント
が一緒に評価することである。機能分析の基本である一連のA−B−Cに何度
も立ち返ることには，それだけの値打ちがある。
　先のエピソードの中で，セラピストは，キャサリンがメタファーを使い続け
たり発展させたりできるよう支援しているが，その際，キャサリンは痛みを伴
うことについて説明しながら少し微笑んでいる。それはおそらく，機能分析を
行うという臨床原理の中に，すでにある程度，2つ目の臨床原理，すなわち，
観察のための距離をとるという原理においても注目される要素を含んでいるの
を垣間見た瞬間といえるだろう。

メタファーを捉えて観察のための距離をとる

　クライエントが生み出したメタファーならば，解決策よりも，おそらく問題
を説明している，と考えるほうが理にかなっているだろう。少なくとも治療プ
ロセスの初期においてはそうだろう。当然ながら，クライエントにとっては問
題についての体験のほうが，解決策についての体験よりも多い。そうでなけれ

ば，そもそも治療を受けようと思わないだろう。こうした事実を踏まえると，2つ目の臨床原理に沿って治療を進めようとすると，多くの場合，どうしてもセラピストが創り出したメタファーが中心となる。しかし，同時に，クライエントのメタファーにも多くの可能性が秘められている。そのため，クライエントが，自分の体験（メタファーのターゲット）を他の何かに，多くは自分の外にある物事（メタファーのソース）に関係づけるだけでも，クライエントにとっては心理的柔軟性を高める訓練となり，観察対象と距離をとりやすくなる（RFT の用語でいうと，自分の反応を「直示的な自己」の一部として「階層的にフレームづけ」やすくなる）。アンドルーがちっぽけな震える蟻になった体験について語ったとしたら，セラピストは，次のような質問をすることで，彼を観察対象と距離をとる力を身につけるための練習に誘うことができる。

　「その蟻は，どんな姿をしていますか？」
　「今，その蟻を観察しているのは誰ですか？」
　「蟻に触れたら，どんな感じがしますか？」

　蟻が「今，ここ」に実際にいるものと想像して，蟻と関わるという方法も考えられる。

　「今この部屋に蟻がいるところを想像できますか？　どこに置きたいと思いますか？　もっと遠くへ動かせますか？　もっと近くへはどうでしょうか？」

　このような方法をとりながら，のちほど第13章で詳しく見る方法，メタファーを取り入れて体験的エクササイズをする方法へとつなげることもできる。
　また，それと同じように，キャサリンの何もかもが「大泉門に流れ込んでくる」体験にも取り組めるだろう。以下の対話で，キャサリンはメタファーのソースの関係ネットワークを発展させながら，メタファーのターゲット（彼女の体験）のさまざまな側面を説明している。このとき，セラピストはそのソースに備わった具体的な特性を用いながら，次のようにターゲットについて話を進

めている。

セラピスト：大泉門の位置を指し示すとしたら，どのあたりになりますか？

キャサリン：*（頭の上の部分をなでて，髪を引っぱりながら）*だいたいこのへんです。

セラピスト：どれくらいの大きさか，簡単に教えてもらえますか？

キャサリン：*（頭の上で小さな円を描きながら）*これくらいですね。*（手を下ろす）*

セラピスト：それで，大泉門の存在や，そこから何もかもが流れ込んでくるときの感じに気づいているのは，誰ですか？

キャサリン：私です。

セラピスト：そして，あなたの手を動かしているのは誰ですか？

キャサリン：私です。

セラピスト：そうですよね。大泉門であり，手でもあり，すべてに気づいている人で，手を動かしている人です。

　自分たちが何を達成しようとしていて，何をトレーニングしているのか，私たちセラピストがそうした原理をひとたび理解することで，クライエントが創り出したメタファーは計り知れない効果を発揮する。キャサリンとの対話の中で，セラピストは次のように質問することもできる。

　「あなたに流れ込んでくるものを描くことはできますか？　できるとしたら，それはどんなふうに見えますか？」

　「流れ込んでくるものは，最後にどこへ行くのでしょうか？」

　「どこから流れ込んできているのでしょうか？」

　なかには，あまり効果のない質問もあるかもしれない。クライエントが答えられなかったり，あるいは別の何らかの形で，そうした質問にあまり意味がないことを伝えてきたりするかもしれない。そのようなときは，セラピストはひとまず，そのときの例に取り組むのをやめてみよう。別のメタファーになるか

もしれないが，また別の機会に，同じく基本となるこの臨床原理に立ち戻って
くればよいのだ。ひょっとすると，このように具体的な仕方で観察対象と距離
をとろうとするこの方法こそが，本書で説明するメタファーの最も特殊な側面
といえるかもしれない。「つかみどころがなくて，何をしているのかよくわか
らない」と思って関心を持たないクライエントも多いかもしれない。取り組み
のポイントと理論的な裏づけが見えていないと，特にそうだろう。だが，実際
にそのように反応するクライエントは，少なくとも私の経験ではあまりいな
い。

　キャサリンがセラピストの質問を変だと思ったとしよう。先ほどと違って，
クライエントとセラピストの協力関係がわずかに揺らぐのを示唆するようなこ
とを言うかもしれない。そんなとき，セラピストは何と言うべきだろうか？

セラピスト：大泉門の位置を指し示すとしたら，どのあたりになりますか？
キャサリン：*(ためらいながら，慎重な様子で)* あの，大泉門があるはずが
　　　ないのは，ちゃんとわかっています……。
セラピスト：もちろん，実際にはありません。ここではゲームのように，少
　　　し遊び心を交えてお話ししています。ただし，真剣なゲームです。少な
　　　くとも私の側は。この話を続けてもかまいませんか？

　この対話を見ていると，私はスーパーバイザーやトレーナーとしてこのアプ
ローチに取り組んでいる際に，よく尋ねられた次のような質問を思い出す。そ
の質問とは「セラピストは，ここでいったい何をしているのかをクライエント
に説明するべきでしょうか？」というものだ。
　こうした質問に対する実証的な答えといえるものはない。だが，法則ならい
くつかある。それは，クライエントが自発的に生み出したメタファーを探って
いる最中に突然立ち止まって説明をすると，メタファーを使うことの効果を失
ってしまう，というものである。おそらく，説明が最も役立つのはメタファー
を使う前か後だろう。メタファーを使用することのねらいは，頭で理解するこ
とよりもスキルを身につけることにある。このため，もしセラピストがメタフ
ァーを使って何をしようとしているのかを説明すると，どうしても注意の焦点

がずれて，トレーニングのプロセスが妨げられる危険性が生じてしまう。どうも，私たちには理解することの大切さを過大評価してしまう傾向があるようだ。特に，変化を生もうとするときにはそうなりやすい。その一方で，わずかな説明なら，クライエントのもっと参加しようと思う気持ちを高めることができる。他の実証に基づいた治療を行う状況，たとえばエクスポージャーを行う状況では，現在では多くの指導的立場にいる研究者が同意するように，意識的に処理する作業は，新たな体験の後に行われるときに最も効果を発揮する（Craske et al., 2014）。このため，メタファーを使用する前に説明したい場合には，こんなふうに手短にしておくべきだろう。

　　「大泉門ということばを使って少し遊んでみましょう。ちょっと変な感じがするかもしれませんが，得られるものもあると思いますので。かまいませんか？」

　メタファーの効果を体験した後の文脈において，クライエントが説明を必要とするかどうかはさまざまである。状況によっては説明の必要がなく，メタファーの効果，つまり，たった今もたらされた体験と自身の体験との関連性を完全につかんでいるクライエントもいる。また，そうでなかったとしても，説明を加えれば，2つの体験をしっかり整理して理解できるようになるクライエントもいる。ただし，このとき，クライエントの疑問に対しては，手短に，かつどんな質問にも答えるのがよいだろう。たとえば，次のように話すことができる。

　　「ここでは，これまでとは違う新たなアプローチを身につけることを目的としています。今私たちが話し合っていることは，困難でつらいことです。あなたが感じたり，考えたり，記憶したりしていることが，あなたの人生の重要な領域を妨げているような状況です。だから，他に方法を見つけて，前に進めるようにならないか，もっとうまく機能するようにならないか，というのを探ろうとしているんです」

この状況では，先ほど第9章で紹介したセラピストが創り出したメタファーを使うことができる。セラピストは，観察対象と距離をとることを示すために，本を顔の間近に持って見せたあと，本を遠ざけたり脇の机に置いたりしながら，次のように説明することができるだろう：

　「こうすることで，あなたを苦しめる問題を観察するための距離をとる練習をしています。この本を眺めるときのように。少し離れて観察してみることで，もっと自由に身動きがとれるようになります」

どちらかといえば使い古されたメタファーにも，同じことを目的としたものがある。そうしたメタファーをクライエントが使ったとしたら，次のように捉えて発展させることができるだろう。

クライエント：肩の荷が下りて，楽になりました。これまで話せる人が一人もいなかったので。
セラピスト：今，肩の荷が下りた。では，その下ろされた荷は，今どこにあるのでしょうか？

あるいは，こんな表現もよく耳にする。

クライエント：抱えているものが多すぎます。
セラピスト：抱えているものを，ここで全部床に置いてみたとしたら，それはどんなふうに見えるでしょうか？

メタファーを捉えて，方向を定める

大切なものは思いがけないところ，たとえば，痛みの中で見つかることもある。何かに苦しんでいるとき，痛みを感じるとき，それは何かが重要であることを示す間接的なサインであるともいえる。社交不安に苦しむ人は，周りの人たちと交流することに価値を感じている。そうでなければ，どうして恥をかく

というリスクが問題になるだろうか。抑うつ的な気分に沈んでいる人は，何ら
かの形で喪失を体験している。物理的であれ抽象的であれ，何らかの対象に価
値を感じていて，それを奪われたことを遠回しに示している。自殺について深
く考える人も，何かに価値を感じていることを訴えている。たとえそれが苦悩
から解放されるだけのことであったとしても。

> **バーリー**：僕はどこにもたどり着けません。物事が急停止してしまいまし
> た。
> **セラピスト**：そのたどり着けずにいる方向を見たとしたら，どこにたどり着
> けないでいるのでしょうか？　何が見えますか？
> **バーリー**：人が集まっています。僕が参加していない集まりです。
> **セラピスト**：あなたが参加していない集まりなのですね。参加したい集まり
> ですか？
> **バーリー**：もちろんそうです。でも，参加するには離れ過ぎています。
> **セラピスト**：だから，集まりが遠くにあるように感じるのですね。その遠く
> にある集まりを思い描けますか？　そこには何が見えるでしょうか？

　セラピストは，そこからさまざまな質問をして探ることができるだろう。た
とえば次のように。

> 「その人たちは何をしていますか？　知り合いはいますか？　あなたは，
> 集まりの中でどんな役割を果たしたいですか？　可能なら参加したい集まり
> が，他にもありますか？」

　どの質問も，バーリーが心から大切と感じるものとのつながりをもっとはっ
きりと体験してもらうためのものである。もし価値を感じる方向についての対
話に有益な何かがあると感じられたら，セラピストは質問をしながら，再び機
能分析につなげていくこともできる。「遠くから何かを眺めている」ときにバ
ーリーがしていることと，それに代わる，人生において大切だと感じることに
向かって歩むことを意味する行動の両方について探ることができる。たとえば

こんなふうに。

　「もし集まりに自由に参加できるとしたら，気がつくと自分も仲間に入っ
　ているとしたら，そこでどんなことをしたいですか？　また，もしそうした
　可能性に向かって踏み出すとしたら，それはどんな一歩になるでしょうか？」

　最後の質問は，バーリーが邪魔だと説明した落胆の気持ちやそうした気持ち
と関連する思考や思いつきと，すでに距離をとって観察できているということ
を前提としている。そうでなければ，そんな一歩は踏み出せないという返事で
終わってしまいかねない。
　キャサリンは自分の問題の一部を，「大泉門が開いている」，「何もかもが流
れ込んでくる」といったメタファーを使って説明した。セラピストは，こうし
たメタファーをこれまでとは対照的な感覚について考える際にも利用すること
で，キャサリンにとって大切なものを探ることができる。

　セラピスト：一番苦しい状況では，大泉門が開いて何もかもが流れ込んでく
　　　る。では，職場にいても，大泉門が閉じているように感じられて，本当
　　　にしたいと思うことができる，そんな状況はありますか？
　キャサリン：ときどきはあります。以前のほうが多くありましたが。
　セラピスト：大泉門から何も流れ込んでこなくて，したいと思うことができ
　　　るとき，本当にしたいと思うことはどこからやってきますか？　今のこ
　　　とでも以前のことでもかまいません。
　キャサリン：どちらかというと自分の内側からでしょうか。おそらくです
　　　が。(*胸に手を当てて，そこを出発点に円を描くように，前方から外側
　　　へと動かす*)
　セラピスト：それでは，どちらかといえば自分の内側からしたいことがやっ
　　　てくるとしたら，どんなことをしたいと思いますか？
　キャサリン：(*少しためらいながら，不確かな感じで*) よくわかりません。
　　　何かを創ることでしょうか。何かを築くこと。
　セラピスト：それでは，職場で何かを築くとしたら，どんなものを築きたい

と思いますか？

　このケースでは，セラピストがまたここでメタファー（「何かを築く」）を捉えている。これは，先ほどの「大泉門」のメタファーと違って，広く使われてきた表現といえるだろう。「凍りついた」とか「死んだ」といった表現に類するものともいえる。だが，本書で先に説明した理論に基づく基本姿勢をもってこれを眺めてみよう。すると，表現が死んでいるからといって，それが，キャサリンが何を大切と考えるかについての重要な，それゆえに役立つ情報を含まないことにはならない，ということがわかる。もしキャサリンが大切なものに触れるような答えをしたら，さらに問いかけて，メタファーがキャサリンにとって何を意味したのかを探るのを手助けすることができる。たとえば，「もっと思いどおりに築けている」と感じる人生の他の領域について。あるいは，そうした状況でどんなことをするかについて。さらに，現在よくやっているような「大泉門を縫合」しようとする代わりに，職場でも「築き上げたいと思うものを築く」ために何ができるかについても，尋ねることができるだろう。

　バーリーとキャサリンの例からわかるように，クライエントが大切と感じるテーマについて創り出すメタファーを捉える方法の一つに，苦悩について質問をしたときに，メタファーを使った表現が返ってくるかどうかを注意深く観察する方法がある。そのほかにも，クライエントの人生で問題の影響がさほど大きくない領域について質問する方法もある。たとえば，クライエントは，もっと自由な（自由だった）ときに何をしている（いた）のだろうか？　というふうに。どんなにささやかでもよいとしたら，クライエントは，どんなときに気持ちが満たされる，あるいは肯定的な体験をしていると説明するだろうか？

　アンドルーとの対話に戻ろう。

セラピスト：先ほど，どこかに所属することについて話してくれましたよね。そのことについて考えてみました。たとえば，合唱団に参加して歌うことについて。私には，あなたがいつも何かに参加したいと感じているように思えました。これまでにそうした集まりに参加した体験があるからこそ，参加することに心惹かれる。

アンドルー：大昔の話です。

セラピスト：どれくらい昔ですか？

アンドルー：いろんなことがうまくいかなくなる前，嫌なこと全部が始まる前です。みんなでサッカーをしていました。

セラピスト：サッカー？

アンドルー：学生時代，学校のチームのメンバーでした。

セラピスト：もっと話してください！

アンドルー：ミッドフィールダーでした。ほら，ボールを受け取ってパスする。プレーがうまくいって，チームに点が入って，目標の達成に貢献できたとき。点数を入れたときや試合に勝ったときの気持ち。みんなが一体でした，チームとして。わかりますか？

セラピスト：チームの一員でいるのは，どんな感じでしたか？

アンドルー：(かすかに微笑んで) 最高でした。

セラピスト：今，ここで合唱団に参加できたら，それも「チームの一員になる」ことに似た感じになるでしょうか？

アンドルー：うまくいけば，そうでしょうね。あまり現実味はありませんが。

セラピスト：そうですね。ほとんど不可能のようにも思えるかもしれません。ただ，これは，今から一緒に取り組めそうなテーマでしょうか？何らかの意味でチームの一員になる方向に踏み出すことは。そうなる見込みを高めるような何かをすることは。

この「チームの一員になる」というメタファー表現が何か重要な情報を示しているならば，さらにいくつか質問することができる。

　「今すぐ参加できそうな『チーム』はありますか？　その方向へ一歩踏み出すためにどんなことができそうですか？　そのチームで，どんな役割を果たしたいですか？」

セラピストとして自分のメタファーを捉える

　前の章では，セラピストがメタファーを創り出す際の原則について説明した。しかし，クライエントの場合と同じで，セラピストが使うメタファーも，その大半は意識して創り出されたものというより，自然に生まれ出てきたものである。セラピストのそうした自然なメタファーも，それはそれとして注意を向けて利用することができる。対話しているときに自分自身の想像の中に自然に浮かび上がってくるメタファーを観察すると，豊かなひらめきに満ちていることがわかるだろう。ただ，セラピストの心に浮かぶものである以上，そのメタファーはおのずと，クライエントよりもセラピスト自身に関するものが多くなる。ちなみに，クライエントが自然に発するメタファーをセラピストが捉えるときにも，この点を忘れてはならない。クライエントが何かを意味していても，セラピストが性急に自分の用語で解釈してしまうリスクは常にある。だからこそ，メタファーがクライエントにとってどんな機能を持つか，それを検証することの大切さは，いくら強調してもしきれるものではない。このように，セラピストが自分自身の中に捉えるメタファーには，いつでも誤解の余地がたっぷりとある。だが，そうした状況が存在するのと同時に，治療場面で対話がなされる間，クライエントは治療的なやりとりという文脈の中心にいる。そうした状況なら，セラピストの心に自然に浮かぶ事柄でも，クライエントの発言もしくは行動とつながっていると考えることは十分できるだろう。クライエントとのやりとりの中で，セラピストが自分自身の反応にも注意を向け，かつそれを利用するのは，セラピストの治療レパートリーにおける重要な部分である。自然に浮かび上がってくるメタファーは，役立つ現象の一部といえるかもしれない。ただし，あくまでも役立つかもしれない，という程度である。内面に自然に湧き上がってきたメタファーに気づいて，それが実際に今の対話の中で役立つかどうかは，その場で即座に理論的に分析できるものではない。対話のプロセスはそのように意図的な知的評価をするには展開が早すぎる。このため，セラピストは，とにかく試してみるしかない。

　メタファーを使うかどうかを検討する際に，これまでに説明してきた臨床原

理や原則も，もちろん道具として利用することができる。いつも同じようにこ
う問うてみよう。セラピスト自身が，自分のしようとしていることをしっかり
と理解しているか？　「今，ここ」で何を強調して表現しなければならないか？
このメタファーは，今使おうとしている臨床原理に適しているか？　と。この
問いへの答えが見つかっているのなら，それを試してみるとよいだろう。何が
役立つかについては推測するしかなく，ほとんどの場合確かなことはいえな
い。このため，セラピストである私たちは，まずはどんなメタファーも気軽に
表現してみて，クライエントが役立たないと感じたのなら，それを引っ込めら
れるようでなければならない。反対に，不確かだからといってメタファーを使
わないでおくと，価値ある有用な臨床道具を利用しないままになってしまう。
こうした文脈では，セラピーの中でメタファーを使っていくことの研究につい
て，第5章で紹介した内容を思い出すのがよいだろう。臨床でメタファーが効
果的かどうかを見るときには，セラピストとクライエントがどれほど協力して
そのメタファーを使っていけるかが一番の決め手となる。そのため，対話の中
でセラピストがメタファーを使う場合，「理論的に正しい」と思えるかどうか
に集中するよりも，クライエントがどのように反応してセラピストとやりとり
するかによく注意を向けて観察しつづけることが重要となる。たとえば，次の
ような点である。このメタファーを使うことで協力関係は深まるだろうか？
これから先に続く対話の中で，クライエントはこのメタファーまたはその一部
を使うだろうか？　もしクライエントが使うのであれば，そのメタファーは役
立つといえるだろうし，もし使わないのであれば，そのメタファーがどれほど
理論的に正しそうでも，今後使うのをやめるのが賢明だろう。

　さて，ようやく次の章のテーマへとたどり着いた。次は，一緒にメタファー
を創り出す，について説明していこう。

第 12 章

メタファーを一緒に創り出す

　ここまでセラピーでメタファーを使う様子を説明してきたが，その際，理解しやすくするために，セラピストが創り出すメタファーとクライエントが創り出すメタファーとをあえて区別してきた。だが，どの例でも明らかなことだが，どちらが使いはじめたにせよ，臨床で役立つメタファーであれば，多くの場合，対話する双方が一緒に発展させていくようになる。しっかり「用意され」て，完全にセラピストが主導して使いはじめる類のメタファー，たとえばACT で使われるバスのメタファー（第 9 章参照）であったとしてもである。少なくとも，自分が抱える問題をうまく表していて意味があると思えば，クライエントもそれをどんどん発展させて，意味合いを持たせる場合が多い。メタファーの一部をつかんで自分のものにし，新しい何かと比べたり，表現を調整したりする。バスの例なら，「僕のバスは混雑しすぎています。混乱して，まったく収拾がつきません！」と言うかもしれない。クライエントが使ったメタファーをすかさず捉えたら，さらに質問をして，メタファーをいっそう発展させる。そうして治療の取り組みの中で重要な側面を明確にしていくのが，セラピストの課題となる。

　メタファーの使い方と良好な治療結果との間にどの程度の相関があるかを調査した研究がやや足りないのは認めるほかない。だが，セラピストとクライエントがどれだけ協力してメタファーを創り出していけるか，その度合いが鍵となる要因と言うことはできるだろう（第 5 章参照）。うまくいった治療を見ると，そこにはたいてい重要な役割を果たすメタファーがあり，繰り返し立ち戻りながら，セラピストとクライエントの双方が一緒にメタファーを使って，それをさらに構築していく様子がうかがえる。これまでに紹介した例からも，それはすでにある程度はっきりしている事実だろう。この第 12 章では，「協力し

て創り出していく」という部分に特に注目して，セラピストがそれをどのように促すことができるかをさらに詳しく見ていこうと思う。

　前の章と同じように，この章でも3つの臨床原理を引き続き治療の指針にする。セラピストの役割も，メタファーをどんどん構築することではなく，3つの臨床原理に沿って治療を進めるうえで役立ちそうなメタファーに注目することが中心となっている。

　対話の中に特に頻繁に登場するメタファーがあって，セラピストとクライエントがそれを一緒に発展させているような流れがあるとする。その場合，3つの臨床原理のうちの1つだけが適用されるということはほとんどない。むしろセラピストが3つを行き来して，それぞれの原理を状況に合わせて使っていく。また，先ほども述べたように，3つの臨床原理はある程度重なっているものでもある。ただ，いずれにしても，基本は機能分析である。対話の中でクライエントが体験する出来事や，そうした状況でクライエントが何をしているかなどに話が広がっていく場合，メタファーを使うと，一連のA-B-Cのうち少なくとも一部については明らかにしやすくなるだろう。また，セラピスト次第だが，さらにメタファーを使うことで，クライエントが自分の反応（問題行動への先行事象となっている事柄）を十分に観察できるだけの距離をとることを助けられるかもしれない。さらに，何がクライエントにとって本当に大切か，それに向かってどんな行動がとれるか，ということも見つけられるかもしれない。

　では，ここからは臨床原理を一つずつ説明するのではなく，クライエントごとに対話のプロセスを見ていこう。セラピストとクライエントがメタファーを「協力して創り出し」ながら，同時に，セラピストが3つの臨床原理を行き来する様子を説明しよう。

キャサリンと創り出す

　キャサリンとの対話に戻って，彼女が職場でどんな気持ちになるかの説明をもう一度見てみよう。第8章で，キャサリンは「何もかもがいっぱいになって溢れてしまいました」という自然に浮かび上がってきたメタファー表現を使っ

たが，その際セラピストは，そのメタファーを発展させるような質問は特に行わなかった。では，発展させるための質問をした場合，彼女の反応はどうなるだろうか。以下の例を見てみよう。

セラピスト：それはいつ始まったのですか？

キャサリン：朝のコーヒー休憩の直後です。急ぎのメールがたくさん来たと思ったら，そこへペトラが資料を持ってきて，金曜日の会議までに目を通さなければならなくなりました。それで，何もかもがいっぱいになって溢れてしまいました。

セラピスト：どこですか？　どこで溢れたのですか？

キャサリン：*(眉を少しひそめて)* どこ？　私の中，でしょうか……。

セラピスト：あなたの中のどこですか？

キャサリン：あらゆるところです。ただ私の中を溢れさせてくるんです。

セラピスト：あらゆるところ……。いろんな部位に，ということですね。そのなかでも，いちばんはっきり感じるのはどこですか？

キャサリン：ここの，喉のところ，でしょうか *(右手で喉に触れる)*。それから，頭の中にも *(手を頭へ動かす)*。

セラピスト：わかりました，主にそこなんですね。身体のどこかに，溢れるのを感じない部分はありますか？

キャサリン：よくわかりません。あるかもしれませんが……。

セラピスト：足の指はいかがですか？　そこでも感じますか？

キャサリン：*(少し微笑んで)* いいえ，足の指では感じません。

セラピスト：主に喉と頭……。胃のあたりは？

キャサリン：そこでも感じます。でも，やっぱりほとんどが，もっと上のこのあたりです *(もう一度，喉に触れる)*。

セラピスト：足の指は違う。足の指には何も感じない。

いま一度，メタファーを使用して治療を進める際に指針となる変化のための3つの臨床原理を思い出そう（第7章）。キャサリンとのこの対話の中で，臨床原理はどのように使われているだろうか？

- **機能分析**：キャサリンが最初に「何もかもがいっぱいになって溢れてしまいました」と話したとき，セラピストはこのメタファーを，キャサリンの問題行動につながる先行事象の機能の一部に関する説明として解釈している。つまり，こうしたメタファーが示す状況の体験があるときに（A），キャサリンが何かをしても（B），うまくいかない（C）と理解しているのである。そこで，セラピストは，そのあとに続く質問で，キャサリン自身がそうした機能に気づくのを手助けしようとしている。そして，メタファーのソース（水が溢れている）が，職場のその状況で感じる気持ち（メタファーのターゲット）について何かを示していると考えて，キャサリンが自分でそれにもっと意識的になることは，彼女にとってメリットがあるだろうと考えている。
- **観察のための距離をとる**：キャサリンが「あらゆるところ」と体験について話した際，セラピストはこの部分について確認しつつも（「いろんな部位」と），キャサリンがこの部分についてもっと正確に観察できるよう，足の指でも同じくらい感じるかどうか，さらに質問を続けている。キャサリンは足の指でも苦しみを感じているかもしれない。だがセラピストは，その可能性は高くないだろうと予想して質問をしている。そして，キャサリンも足の指ではそれほど感じていないと答えている。こうした質問のねらいは，クライエントにもっとよく注意を向けさせ，身体のさまざまな部分で感じる苦しさの違いを区別させること，またそれによって，クライエントが怖くて圧倒されそうだと感じる体験を観察することができるだけの距離をとりやすくすることにある。よって，ここでセラピストは，2つ目の臨床原理に切り替えているといえる。ここからさらに質問を続けて，「喉に溢れる感じに気づいているのは誰ですか？」「足の指でどんなふうに感じるかに注意を向けているのは誰ですか？」と掘り下げることもできる。こうした質問はすべて，キャサリンの苦しみが持つ機能を変えて，その苦しみが無意味な方略に結びつかないようにするためのものである。
- **人生で大切なものと，その方向へ踏み出すための具体的なステップとを**

明確にする：この対話では，まだ3つ目の臨床原理は登場していない。

　セラピストが紹介して使いはじめたメタファーでも，同じようにクライエントと一緒に発展させていくことができる。キャサリンの方略を「テコで石を動かそうとしている」と説明したメタファーをもう一度見てみよう（第8章）。

セラピスト：もしかしたら，職場での状況に少し似ていませんか？　すべてをこなそうとして，何もかもをなんとかする責任を引き受けようとしている。あなたが話してくださったとおりのいろいろな方法で。毎日，同じもがき。いかがでしょう。これまで石が動いたためしがありますか？

キャサリン：いいえ，ありません。でも，他の方法は何にも知らないというか。ずっとそうしてきました。全力で押せば，動かせるかもしれない，と。

セラピスト：そして，今も全力で押し続けている。でも，石はびくとも動きそうにない。

キャサリン：たぶん，私が力を出し切っていないんだと思います。

セラピスト：なるほど。それなら，もっと力をかけなければなりませんね。テコをもっとしっかりつかんで，もっと奥まで押し込んで。そういうことは試してみましたか？

キャサリン：ずっとやってきました。でもうまくいきませんでした。疲れただけです。

セラピスト：それが結果なのですね。全力を尽くしても，ますます疲れるだけ。石は相変わらずそのまま。では，もう一つ重要な質問です。もし動かせる石が，他にもあったらどうでしょうか？　あなたにとって大切な石かもしれません。でも，あなたは先にこの石を動かさなければならないと自分に言い聞かせているので，大切な石を見過ごしています。他の石もそこで動かされるのを待っているのですが，そこまで手が回りません。

キャサリン：何というか，考えたこともなかったです。私はとりあえずこれをしなければ，この石を動かさなければと思っていました。ずっとここ

に，私の真正面にあったので。でも，言われてみると，確かにかなりの
ことを見過ごしてしまっています。手をつけていないことはたくさんあ
ると思います。

セラピスト：もしもテコを自由に使えて，力も自由に発揮できて，望みどお
りにできるとしたら，いかがでしょう。どの石に取り組むかを選べると
したら，ともいえるかもしれません。あなたにとって大切な石は，どの
石でしょうか？

ここでも，セラピストが3つの臨床原理に沿って何をしているのかを見てみ
よう。

- **機能分析**：セラピストは，自らが紹介して使いはじめたメタファーのね
  らいのメインとなるポイントから始めている。つまり，機能分析の中で
  も，キャサリンの行いとその結果との（BとCの）つながりを明確にす
  ることに取り組んでいるのである。
- **観察のための距離をとる**：単純なことだが，BとCのつながりをメタフ
  ァーの形で表現して話すだけでも，キャサリンはある程度，観察するた
  めの距離をとりやすくなる。たとえ先ほどの「溢れる」の例ほどしっか
  りと焦点が当てられていなくても，そうした効果が期待できる。
- **人生で大切なものと，その方向へ踏み出すための具体的なステップとを
  明確にする**：セラピストは，自らが紹介したメタファーにキャサリンが
  共鳴して一緒に使いはじめているという手応えを感じている。そこで，
  メタファーを発展させるための質問をさらに重ねて，キャサリンが大切
  と感じる事柄に気づいて行動を変えたいと感じられるよう導いている。
  「どの石に取り組むかを選べるとしたら……」と。

セラピストがメタファーを発展させる例をもう一つ見てみよう。このメタフ
ァーは，キャサリンが使いはじめたものである。

セラピスト：「溢れてしまっている」のに気がついたら，何をしますか？

その状況とどう関わりますか？

キャサリン：流れ込んでこないようにします。止めてしまう，といえるかもしれません。蛇口を捻って止めるみたいに。でも，どうやってもうまくいかなくて，結局その流れに浮かんで，運ばれていくだけになってしまいます。

セラピスト：どこへ流されていくのでしょうか？

キャサリン：こなさなければいけないこと全部のところへ。「しなければならない」全部の中へ。

セラピスト：もしそこで実は泳ぎ出せると気づいたとしたら，泳ぐ方向も選べるとわかったら，どこに向かって泳ぎますか？

セラピストは，3つの臨床原理に沿ってどう対話を進めているだろうか？

- **機能分析**：はじめの質問で，セラピストは問題行動に関連していそうな状況（何もかもが溢れる体験，A）を確立してから，そのときにキャサリンがどうするか（B）を尋ねている。こうした質問に対し，キャサリンはメタファーの範囲内で答えている。そこで，セラピストは次に，行為の結果（C）について質問している。キャサリンは，再びメタファーの範囲内で答えている。こうした一連のやりとり全体が，クライエントが使いはじめたメタファーを一緒に発展させていくという枠組みの中で協働して行われる機能分析の例である。
- **観察のための距離をとる**：ここでも，とりたててこの臨床原理に注目しているわけではない。だが，状況と行為（水を止めようとしている，浮かんだまま運ばれていく）の両方がメタファーを使って表現されている事実から，ここでも観察のための距離をとる効果がある程度期待できる。
- **人生で大切なものと，その方向へ踏み出すための具体的なステップとを明確にする**：対話の終盤で，キャサリンが自分のしていることと，その行きつく先とについて何かを感じとった後，セラピストはキャサリンにどの方向へ行きたいかを，「どこに向かって泳ぎますか？」と尋ねてい

る。また，進みたい方向へ進むための方略があるかもしれない点についても，「実は泳ぎ出せると気づいたとしたら……」とほのめかしている。

バーリーと創り出す

先に示したバーリーとの対話の例では，彼の落胆の気持ちと，それを体験しているときに彼がどうしているか，ということが話題の中心となっていた。ここで，そのバーリーにとって何が本当に大切かを話し合ってみたところ，彼がむしろ痛みや痛みが作り出す妨げについて多く語ったとしよう。

> **バーリー**：でも，自分が思うような形では参加できないと思います。痛みが強すぎて。どう頑張っても無理だと思います。
>
> **セラピスト**：いちばん強く痛みを感じるのはどこですか？
>
> **バーリー**：首と肩です。重くて，締めつけられているような感じです。
>
> **セラピスト**：締めつけのきつさがどんな感じか，もう少し教えていただけますか？
>
> **バーリー**：万力*で首を挟まれているみたいです。締めつけられて，挟まれているので動けません。
>
> **セラピスト**：もし本当に万力で挟まれているとしたら，それはどんな素材でできているでしょうか？　説明できますか？
>
> **バーリー**：木ですね。昔風の。大工の作業台のところでよく見るような。
>
> **セラピスト**：色は？
>
> **バーリー**：茶色です。木目がそのまま見えている感じの。
>
> **セラピスト**：わかりました。その万力による締めつけは常にきついのでしょうか？　それとも変わることもありますか？
>
> **バーリー**：ほとんどいつもきついと感じていますが，もっときつくなるときもあります。本当にきついときはもうひどくて。動く力がなくなったみたいになります。もちろん実際には動けますよ。でも，本当に痛くて。

---

*訳注：物を締めつける工具。

もう全部投げ出してしまいたくなります。

セラピスト：１カ所だけ締めつけるのでしょうか？　もちろん強さはそのと
　　きどきで違うと思いますが。それとも，何カ所も締めつけられますか？

バーリー：(沈黙し，考えてから) 何カ所かあります。首から肩にかけて。
　　そのつど違います。

セラピスト：万力に挟まれてたくさんの痛みが生じている。そのことは何か
　　を伝えてきていますか？

バーリー：どういう意味ですか？

セラピスト：万力があなたをきつく締めつけるときに，万力があなたにどん
　　なことを語りかけてくるのか，教えていただきたいんです。

バーリー：万力が何かを語りかけてくるとしたら，「諦めろよ」とか「無駄
　　だよ」とか，そんな感じでしょうか。

セラピスト：言われるとおりにしていると思いますか？

バーリー：自分が諦めているかってことですか？　いつもそうだとは思いま
　　せん。でも，何だかんだそうしているのかな。

セラピスト：つい先ほど話してくださったように，参加できるはずがない，
　　自分が思うような形では無理だと？

バーリー：そうですね，痛みがいちばん強いときはそんなふうに考えてしま
　　います。

セラピスト：茶色い万力が締めつけてきて，あなたに無駄だ，諦めろと伝え
　　てくる。それで，諦める。いくつかのことを，結局は。もしかしたら，
　　大切なものでもそうですか？

バーリー：あるかもしれません。

セラピスト：茶色い万力。それに気づいているのは誰ですか？

バーリー：(少し当惑しながら) 僕，ですかね……？

セラピスト：そうですね。締めつけが時によってきつかったり，そうでもな
　　かったりするのに気づいているのは？

バーリー：僕です。

セラピスト：完全にではないまでも，諦めかけているのは？

バーリー：僕です。そうしたくはないですが。諦めたくはありませんが。

セラピストは，3つの臨床原理に沿って何をしようとしているのだろうか？

- **機能分析**：バーリーが「なんともできない」状況（A）について，すなわち，痛みのある状況について説明している。そこで，セラピストは，この現象に注目して質問をすることで，バーリーが状況をもっと詳しく掘り下げることを促している。このような取り組みは，ある意味で，初期段階の機能分析といえる。セラピストは，痛みがある状況でバーリーがしていることが，長い目で見て望ましくない結果につながっていそうだと推測する。そこで，セラピストは，バーリーがどんなふうに痛みを体験しているのかについてさらに細かく目を向けながら，痛みがあるときにバーリーがしていそうなことを質問の形で伝えてみて（B），それでうまくいっているかどうか（C）を尋ねている。だが同時に，痛みについて質問する際は，バーリーがメタファー表現（万力）を使って答えやすくなるような形で質問している。そして，バーリーが実際にメタファーで答えたら，さらに質問を重ねてメタファーを発展させている。

- **観察のための距離をとる**：セラピストが問題行動に関連する先行事象として機能していそうなもの（バーリーの痛みの体験）を探ろうと，メタファー表現を使った具体的な方法によって質問をしたが，これは，まさにセラピストが観察のための距離をとろうと思って行われたものである。万力であれば，あるいは，色や物理的な特性を備えたものであればどんな対象でも，クライエントの内側ではなく，外側の環境に存在する一つの対象として扱うことができる。つまり，バーリーが自分の反応（たとえば痛み）をそのように（自分の外側にある対象である万力をソースにし，心にある痛みの体験をターゲットにして）話すことで，自分の体験を観察するための距離をとりやすくしているのである。そうなると，体験がバーリーの行動に及ぼす影響も変わってくるだろう。この対話の中で，セラピストは，バーリーが痛みの体験（あるいは，痛みが彼に語りかけるメッセージ）を，（RFTの専門用語でこのプロセスを言い表すと）「直示的な自己」の一部として「階層的にフレームづけ」られ

るよう，文脈を構築しているのである。

- **人生で大切なものと，その方向へ踏み出すための具体的なステップとを明確にする**：バーリーとのこの対話の中では，3つ目の原理ははっきりとした形では使用されていない。しかし，バーリーが最後の部分で諦めたくないと述べていることから，これをその機会と捉えることもできる。セラピストはここからさらに，バーリーが何を諦めたくないと考えているのか，また，たとえ万力に締めつけられていたとしても，進み続けたいと思う本当に大切な方向は何か，ということを尋ねることができるだろう。

　バーリーが，それまであまりに強く支配されていた体験（痛み，落胆の気持ち）からある程度自由になってきたら，セラピストはいくつか質問をして，本当に大切と感じる方向へと踏み出す方法を考えはじめることができるだろう。当然のことだが，この取り組みはセラピーにおける他の多くのことと同じで，字義通りのことばを使っても効果的に行えるものであり，必ずしもメタファーを使わなければならないわけではない。だが，ここでは本書のテーマに沿って，どのようにセラピストとクライエントの双方が一緒に発展させたメタファーを使うことができるかを説明しよう。

　次の対話では，バーリーはかなり前から計画されていた親戚の集まりを前に，その日を楽しみにしている。兄の家に集まることになっていて，久しぶりに従兄弟たちもやって来る。従兄弟たちとは年齢が近く，数年前はとても親しくしていた。従兄弟たちも，バーリーにまた会えるのを楽しみにしていると書いてきている。そうしたことから，バーリーの中で「ギャングの一員」になりたい気持ちがいちだんと高まっている。その一方で，兄と会うことへの不安も同時に強くなっている。そのため，集まりを数日後に控えた今，バーリーの痛みはいっそう強くなっており，集まりに行くかどうか迷いはじめている。

バーリー：固まってしまったようです。どうしたわけか，動けません。また例の落胆の気持ちです。行くのをやめたいと思うくらいです。

セラピスト：その動けない感じは，また万力ですか？　万力で押しつぶされ

るような感じでしょうか？

バーリー：ええ，万力を外さないと動けない感じです。どうにかして緩めないといけないあの感じ。

セラピスト：これまでの体験から，緩みそうですか？　緩むのを待つだけの価値がありそうでしょうか？

バーリー：いいえ，あまりにも長く痛みに苦しんできましたから。ときどき少しやわらぎますが，すぐにまた強くなります。

セラピスト：つまり，茶色い万力が強く締めつけて，ときどき緩むのですね。でもまたきつくなって，動けないように感じる。

バーリー：そうです。

セラピスト：物事を決めているのは，万力でしょうか，それともあなたでしょうか？

バーリー：痛みについてですか？　僕ではないです，それは確かです！

セラピスト：あなたが万力を操作しているわけではないし，万力が締めつける強さもあなたが決められるものではない。でも，想像してみましょう。親戚の集まりに出かけるのであれば，万力を一緒に持っていかなければならない。締めつけを緩めたい気持ちはよくわかります。でも，これまでの体験からいって，この先どれほどきつく締めつけられるかは，まったく予想できそうもないのですよね？　緩くなるときもあれば，きつくなるときもある。だったら，いっそのこと万力をつけたまま参加するとどうなるでしょう？　本当に大切と思うもののために。

バーリー：そうしたいとは思いますが。でも，それはかなり難しいです。

セラピスト：万力も一緒に持っていくとしたら，どんな素晴らしいことがあるでしょう？　どんなことのためなら万力と一緒でも参加しますか？

バーリー：何かの一員になる，誰かと交流する，懐かしい思い出を語り合う。楽しかったことについておしゃべりする。

セラピスト：こうして話をしているときに，そうした情景を思い浮かべられますか？

バーリー：はい，できます。昔の話ですが，仲間と楽しいことをたくさんやりました。その仲間にまた会えたら，まちがいなく嬉しい時間になるで

　しょうね。

セラピスト：*(バーリーが生き生きとしてくる様子に気づいて)* 今からすで
　に感じているみたいですね。

バーリー：ええ。どんなにいいだろう，またみんなに会えたら。

セラピストは3つの臨床原理に沿って何をしようとしているのだろうか？

- **機能分析**：ある状況（A）が再び話題の中心となり，そのときにバーリ
　ーが問題の方略（B）を使う。セラピストは，先行事象と行動のこの関
　係と，行動した結果（C）とをバーリーが明確に理解できるよう質問を
　している。

- **観察のための距離をとる**：セラピストは，協力して創り出してきたメタ
　ファー表現（茶色い万力）を使って，ここでもことばの文脈を変えよう
　としている。つまり，バーリーが自らの体験を観察するための距離をと
　ることを促し（自分自身の反応を「直示的な自己」の一部として「階層
　的にフレームづけ」ることを促し），バーリーの他の行動全般への影響
　を変えようとしているのである。

- **人生で大切なものと，その方向へ踏み出すための具体的なステップとを
　明確にする**：バーリーが自ら体験している妨げ（痛み，落胆）に対して
　ある程度柔軟に対応できるようになったと感じたとき，セラピストは，
　彼自身が本当に大切と感じるものに到達できるようにするための代わり
　の方法（万力を持っていく）について考えられないか尋ねている。セラ
　ピストは，バーリーが大切と感じる何かを心に抱いているということに
　気づいたとき，そこに焦点を移して，動機づける機能を引き出そうとし
　ている。

　バーリーがある程度妨げから自由になったと感じられたとき，セラピストは
それまでの行動に代わる，より効果的な結果をもたらす行動がないかをさらに
探ることができる。

バーリー：ええ。どんなにいいだろう，またみんなに会えたら。

セラピスト：もう一度お聞きします。決めるのは，万力でしょうか？　それとも，あなたでしょうか？

バーリー：参加するかどうかですか？　僕です。

セラピスト：以前，万力が締めつける強さをコントロールできないようだと話してくださいました。でも，万力をつけたままで出かけるとしたら，それについて，万力は何も選べないはずですね？　つまり，万力が自分の意思で動けるわけではない。

バーリー：それはもちろんそうです。でも，難しいです。そうすると苦しくなって，頭の中をいろんな質問が駆けめぐるんです。みんなは何て言うだろうとか，ちゃんとできなかったらどうしようとか，それから，兄と何を話したらいいんだろう，とか。

セラピスト：頭がたくさん質問してくる。それは，新しい質問でしょうか？　それとも以前からされてきたような質問でしょうか？

バーリー：*(少し微笑んで)* どれもおなじみの質問ですね。

セラピスト：これまでに良い答えは見つかりましたか？

バーリー：いいえ。

セラピスト：そんなとき，私はこんなふうに考えてみることがあります。ときどき，頭は私たちの味方ではなくなります。使い慣れた方法をずっと使い続けてきたけれど，それもあまり役に立ちません。少なくともその瞬間には。そういうときは，足だけが頼りです。足を下ろしたところに足跡がつきます。もしかしたら，あなたもそんな時期に差しかかっているのではないでしょうか？　足を頼りにして，足跡をつけていきたいと思う方向へ動かしてみてはいかがでしょうか。

　セラピストは，バーリーが体験する痛みを引き続き万力に喩えて話をしつつ，動作の主体がバーリーなのか，あるいは万力なのかを区別する質問をしている。そうすることで，痛みを観察するための距離を広げようと努めているのである。また，セラピストは，代わりの行動的な方略を示すときにも同じメタファー（万力を持っていくというメタファー）を使いつつ，そこからメタファ

ーを変化させて強調しながら,「足を頼ってはどうか」と提案している。なお,この表現は同じターゲットを示す新しいソースで,第8章で説明したものである。ここでもセラピストは,バーリーが,浮かび上がってくる不安になる質問（頭がしゃべっている）に気づきつつ,一方で動作の主体（どこに足を下ろすかを決めるバーリー自身）として使える手段に目を向けられるよう導いている。

アンドルーと創り出す

　続いて,アンドルーが社会的な場面でちっぽけな蟻になった気分だと話す対話に戻ろう。

セラピスト：蟻になったら,どんな感じがするでしょうか？

アンドルー：どんどん小さくなるでしょうね。存在していないみたいに。何の一員でもないみたいに。逃げたくなります。僕は完全な失敗作です。僕を必要としてくれる人なんて一人もいないんです。

セラピスト：とても苦しんでいるんですね。

アンドルー：*(ため息をついて)* 虚しいし,意味を感じられません。そういうときに,何もかもを終わりにしたくなります。完全に消え去ってしまいたくなります。

セラピスト：そんなふうに,何もかもが虚しくて,意味を感じられないときに,どうすることが多いですか？

アンドルー：なにも。無駄ですから。

セラピスト：なるほど。では,ただ虚しくて,無意味なのですね。でも同時に,私はこう考えます。私たちはいつでも必ず何かをしている,と。つまり,何かをするのを控えて「何もしていない」ときでさえ,それも「何かをしている」状態だと考えるのです。おわかりになりますか？

アンドルー：そうともいえるかもしれません。黙り込んでいる,とか。目を逸らして,どうにかしてもっと小さくなろうとしている,とか。

セラピスト：それは,何のために……？

アンドルー：誰にも見られないように，逃げられるようにするためです。

セラピスト：蟻になったような気持ちのときに，そうですね，「蟻る」ということでしょうか？

アンドルー：*(少し微笑んで)* 言えるかもしれません。蟻になりたいわけではないですが，小さくなろうとはしているので，確かに「蟻る」といえそうです。

セラピスト：蟻らなくなるとしたら，そうした状況で別な動物を選んでなれるとしたら，何になりますか？

アンドルー：犬ですね！

セラピスト：犬。どんな犬ですか？

アンドルー：ほら，犬は背中を向けないじゃないですか。寄ってきて，しっぽを振って，仲間に入れてもらえるのを期待する。中心にいなくたってかまわない。ただ仲間に入りたいと思っている。

セラピスト：そうですね。「蟻る」のと「犬る」のとでは違いがありますね。犬は人のそばへ寄っていって，「仲間に入れてもらう」のを期待します。もしそんな感じの状況で，あなたが「犬る」としたらどんな感じになるでしょうか？

アンドルー：*(少し沈黙してから)* すごく怖いです。でも，同時に素敵だろうなとも思います！　できさえすればですが……。

セラピスト：以前話題にした，あの新薬の錠剤を飲んだとしましょう（第10章のアンドルーとの対話を参照）。どう行動すると思いますか？　その状況で「犬る」のはどんな感じになると思いますか？

アンドルー：勇気を出してみんなのところへ行って，話しかけるかもしれません。目を合わせるかもしれません。

セラピストは3つの臨床原理に沿って何をしているのだろうか？

- **機能分析**：セラピストは，アンドルーが使ったメタファーを捉えて，それを発展させるよう促している。また，セラピストのほうからも，自らが創り出した「蟻る」という動詞を紹介して，さらにメタファーを発展

させている。そうしながら，アンドルーが説明する苦しい状況の中で
(A) アンドルー自身がしていること (B) に焦点を当てているのである。つまり，機能分析の一部を，蟻になったように感じて行動するメタファーの枠組みの中で行っているのだ。

- **観察のための距離をとる**：自然に心に湧き上がる感情や思考，またそうしたものが出てきたときのアンドルーの行動のあり方をこうしてメタファーの枠組みの中で話し合うと，観察のための距離がとりやすくなる。

- **人生で大切なものと，その方向へ踏み出すための具体的なステップとを明確にする**：セラピストがクライエントに，どんな動物になりたいか尋ねている。それによって，メタファーをさらに構築し，アンドルーが望む方向へと効果的に変わる可能性を高めるために何ができるかということに焦点を移している。また，セラピストは，さらに具体的な質問を重ねることで，アンドルーをそうした可能性へとつなげていこうとしている。

　対話の中でメタファーがしっかりと確立されてしまえば，簡単に繰り返し使えるようになる。

アンドルー：わかっています。怖がっているだけじゃだめで，行動を変えなければならないってことは。僕だって他の人に話しかけたいです。でも，すごく難しくて。昨日もそうでした。映画を観終わったときに，隣の人が雑談を始めたんです。そうしたら，だんだん締めつける感じが強くなってきて，次にどうなるのかもわかってきて。

セラピスト：お話をうかがっていると，あの本を思い出します（第9章のアンドルーとの対話を参照）。『拒絶される失敗作』。昨日映画館にいたときは，どこかの章が思い浮かんだりしましたか？

アンドルー：以前に映画館に行ったときのことなんですけど，ひと月くらい前に。観終わったときに，もう，どんなに疎外された気分だったか！そうしたら，もっと昔のこと，もう何年も前の隣人とのいろんなことも思い出されてきて。どうしてあの瞬間にそれが思い浮かんだのかはよく

わからないんですけど，それでもしょっちゅう思い出します。

セラピスト：同じ本の，別の章ですね。章によっては，特につらい内容もあるようですね。本が自己主張して迫ってくるときは，どうしますか？

アンドルー：いつも同じです。黙り込んで，目を逸らす。逃げる。

セラピスト：何のために……？

アンドルー：何のためって，誰にも見られないようにするためですよ。僕には対処できないから。絶望的です。毎回同じことの繰り返し。帰り道はそれが頭から離れなくなって，ひたすら考え続けるだけでした。

セラピスト：こんな感じでしょうか？　はじめに本が現れて，あなたは本に言われるままに振る舞う。まるであなたが本の中にいて，書かれたとおりにしているような感じです。行動の筋書きができているみたいに。それからあなたは立ち止まって，もっと前の章を読む。そんな感じでしょうか？

アンドルー：ええ，そのとおりです。何度も繰り返してしまいます。どうしたら抜け出せるんでしょう？

セラピスト：こう考えてはどうでしょう。そうした状況で，本の外へと踏み出すには，どんなステップが必要だろう？　と。本の内容とは違うことへと踏み出すとしたらです。本とは関係なく踏み出していけるとしたら，その一歩はどんな一歩になるでしょうか？　踏み出すことで，これまでとは違う物語が始まりそうでしょうか？　どう思いますか？

セラピストは3つの臨床原理に沿って何をしようとしているのだろうか？

- **機能分析**：アンドルーの苦しい記憶や思考や感情を本に喩えたメタファーの枠組みの中で，機能分析が行われている。これによって，アンドルーは，代表的な感情や記憶が浮かぶ状況（A）で，特定のことをするけれども（B），そんなことをしても自分が進みたいと思うところへは進めない（C），ということに気がつく。

- **観察のための距離をとる**：本のメタファーを使って話し合うと，アンドルーのこの典型的な体験との間に観察するための距離をとりやすくな

る。それがこの体験について語ることの一番のねらいであり，これによって，動作主としてのアンドルーと，彼の中に生じる反応との間に，ある種の「空間」をつくりやすくなる。

- **人生で大切なものと，その方向へ踏み出すための具体的なステップとを明確にする**：セラピストは，メタファーをさらに発展させて，代わりとなる行動がないかを探っている。そして，アンドルーが代わりの行動に気づけるように，さらに質問を重ねている。

第 13 章

メタファーと体験的エクササイズ

　体験的エクササイズでは，クライエントと一緒に，セラピストが提案したさまざまな活動をしながらそれを治療プロセスに役立てようとする。これは，ACT（Hayes, Strosahl, & Wilson, 2012）で中心ともいえるアプローチで，セラピーで古くから使われてきた。その種のエクササイズの古典的な部類に，ゲシュタルト療法で取り組む「エンプティ・チェア」や「空の椅子技法」（Greenberg, Rice, & Elliot, 1993），家族療法の家族造形法（Hearn & Lawrence, 1981），心理劇（Karp & Holmes, 1998）などがある。CBT を実践するセラピストたちが「行動実験」と呼ぶものも，体験的エクササイズと共通する部分がたくさんある（Bennet-Levi, Butler, Fennel, Hackman, Mueller, et al., 2004）。また古典的な行動療法の中でセラピストがいる場で行うさまざまなエクスポージャー技法にも，かなり似た要素がみられる（Lang & Helbig-Lang, 2012）。

　本書でこれから説明する内容も，セラピーのさまざまな学派で用いられる介入と重なっている。ただし，「どれもすべて同じ」と言ってしまうと，簡略化しすぎである。似ているように見える手法も，使い方や目的はさまざまで，たいてい他の理論モデルと組み合わせて使われる。ここでは，本書の他の部分と同様に，はじめに行動分析学的な視点（第3章参照）から体験的エクササイズについて説明する。

　行動分析学では，ある行動と，それが行われた文脈との相互作用を中心に分析する。そのような分析によって，行動に影響を与えることが可能になり，クライエントが求める行動変容がしやすくなる。当然ながら，セラピストにとっては，問題行動がセラピストがいるその場，つまり私が「第一の舞台」と呼んだ場で生じる場合にいちばん働きかけやすい（Ramnerö & Törneke, 2008;

Törneke, 2010)。なぜなら，そこではセラピスト自身も行動が起こった状況の支配的な文脈の一部になっていて，行動に影響を与える要因に直接接触できるためである。しかしながら，クライエントが変えたいと願っているのは，セラピーをしている部屋の外に広がる生活，つまり「第二の舞台」であるという点を忘れてはならない。

　先にも説明したように，クライエントの問題行動がセラピストとの相互作用の中で現れてくる場合がある。そのため，セラピストはそれをよく意識し，「今，ここ」で起こることを変容する機会があれば，逃さずにつかむことが重要である（「転移の枠組みの中で取り組んでいく」精神力動療法の考え方に匹敵する）。ただし，生じているものをつかむだけではない。体験的エクササイズでは，クライエントと合意のうえで，問題と関連する一連の行動を積極的に主導して創り出す。基本的にエクスポージャー療法と同じ手順であり，行動療法の一部として伝統的に使われてきた手法である。クモ恐怖症の例を考えよう。セラピストがただ単にことばを通じて，クモとどのように関わるかを説明し，なんとかするのではない。問題行動に関連する状況を実際に探す，または創り出す。そのようにして，セラピストがいるところで，つまりセラピストがいちばん効果的に働きかけられる立場から，クライエントと一緒に本物のクモを使って取り組んでいく。同じ効果の方略を OCD でも使う。クライエントの問題行動が引き出される状況をセラピストが探す。PTSD でも同じで，その場合は周りの環境にあるきっかけではなく，クライエントと対話しながら問題に関連する記憶を引き出す。そのようにして，苦しい記憶が実際にある状況で，それとクライエントが相互作用するなかで，セラピストとクライエントが一緒に取り組む。

　エクスポージャーの際に必ずしもセラピストがその場にいなければならないわけではない。どんな問題でも，エクスポージャーの手法を使うときには，たとえばクモとどのように関わるか，強迫行為を引き出す状況やトラウマ的記憶を呼び出す状況などとどのように関わるか，などをセラピストが説明する。ときにはそれで十分で，あとはクライエントが自分で問題に関連する要因と接触し，変化が起こることもある。CBT で出すホームワークでもそれが重要な要素となる。ただ，そのような治療を受けたことのある人なら誰でもわかるよう

に，いくらしっかり説明をされたとしても，いつも役立つとはかぎらない。クライエントと一緒にいる場で，セラピストが問題に関連した状況を主導して創り出すと，影響を与えることができる機会が広がるので，クライエントにとってもメリットが大きい。それが治療の中で体験的エクササイズを使う最大の理由である。クライエントの問題に関連した状況を創り出して，状況に対処するために使っている方略をクライエントが自分で認識できて，代わりの方略を見つけて練習できるようにする。

メタファーとしての体験的エクササイズ

　では，そうした体験的エクササイズと，本書のテーマのセラピーでメタファーを使うこととが，どのように結びつくのだろうか？　古典的なエクスポージャー介入に戻って比べてみよう。クモ恐怖症に対するエクスポージャー療法で，セラピストが実際のクモを使うかもしれない。そのとき，「今，ここ」（第一の舞台）で確立される状況が，クライエントの人生（第二の舞台）で問題を体験する状況と十分類似することを前提としている。同じことが，OCD の治療で強迫行為を強めると考えられる状況をセラピストとクライエントが一緒に探す場合にも当てはまる。また，PTSD の治療でエクスポージャーのプロセスの一環として，クライエントにつらい記憶を思い出してもらう場合もそうである。そのようにして確立された状況が，問題のある文脈と一致しており，その状況の中で普段とは異なる方略を選択できるようになれば，新しい何かを学んで変わるきっかけになるだろうと考えている。しかし，考えてみれば明らかなように，確立できるとしてもあくまでも**似た**状況でしかない。結局，まったく同じ状況などない。それに，そもそも主導して創り出された状況には，クライエントの人生の普段の状況とは違う要素がどうしても一つある。それは，セラピストの存在である。それでも，エクスポージャー療法で実際に使われる方略では，そうした「人工的」に主導して創り出された状況でも，問題となる実際の文脈に十分似ていると考える。そしてそれが体験を調節する機会となって，それゆえに変わるきっかけになると期待する。

　体験的エクササイズでは，「主導して創り出された状況が十分似ている」場

合の原理を，古典的なエクスポージャー療法からさらに一歩推し進めて考え
る。メタファーと相互作用するときには，物事どうしが似ていると考える方法
がいくらでも生まれる。あらゆるものが，別なさまざまなものを意味するので
ある。するとどうなるか？　セラピストと一緒にエクササイズの形で取り組ん
だ何かが，たとえクライエントの日常の問題状況といろいろな点で違っていて
も，アナロジーまたはメタファーとして機能できることになる。そして，決定
的なタイミングでクライエントの問題に影響を及ぼせるのである。これを，
ACTでよく使われる「人生の道」と呼ばれる体験的エクササイズで説明しよ
う（Dahl, Plumb, Stewart, & Lundgren, 2009）。

　やり方はいくつかあるが，基本的な流れは以下のとおりである。まず，セラ
ピストが指示して，クライエントに立ってもらい，広い空間の中で前後に動け
る状態にする。そして，クライエントが以前に大切だと話した事柄を利用し
て，広い空間のある方向を指し，「あなたが今立っている位置を人生の**現在**と
呼びましょう。また，そちらの方向へ歩いていくと，あなたがなりたいと思っ
ている人になる人生（親になる，仕事に就く，友人になるなど）を歩んでいる
とします」と伝える。それから，その方向へ踏み出してもらう。つまり「願っ
ている人生の方向へ」進みはじめてもらう。クライエントが歩きはじめたら，
セラピストがさまざまな心理的な妨害を差し挟む。人生を妨げているとクライ
エントがそれまでに話した苦しい症状（たとえば不安，疲労感，絶望感，苦し
い記憶）などを表すように，行く手を物理的に遮ったり，典型的な障害物を表
す声かけをしてもよいだろう。または，それ以前の対話に基づいてそうした妨
害をメモに書き出したものを掲げて見せてもよい。

　次に，そうした妨害がある状況の中で，クライエントが普段どう行動してい
るかを演じる。妨害を回避しようとしたり，または妨害が伝えてくる潜在的な
命令に従ったりするのを，進みたい方向への「道筋」から外れることで表現す
る。たとえば，不安や，変になってしまうといった思考が妨害になる場合，
「不安。変になりそうだ」と書かれたメモを掲げて見せて，「こうした状況でい
つも何をしますか？」と尋ねる。クライエントが答えたら（たとえば，「目を
逸らします」「なぜこうなってしまうのか原因を探ります」など），また尋ね
て，そう行動することで道筋を前に進めるか，それとも道筋から外れてしまう

かを考えて判断してもらう。後者だったら，クライエントにそれを実際に演じるように伝えて，立ち止まるか，道筋から外れるかしてもらう。こうすると，エクササイズの範囲でさまざまな状況を体験できて，さまざまな行動について説明ができる。また，そうした行動の結果について質問することで，それぞれの行動が，人生の道を望む方向へと進めるようにしてくれるか，それとも悪循環になっているかに注意を導くことができる。

　このアプローチのねらいともいえる点がいくつかある。まず，行き過ぎた行動方略がある場合に，その方略を「進みたい方向から外れる方略」として見分けやすくなる。また，もっと効果のある方略があることにエクササイズの文脈の中で気づいて練習しやすくもなる。セラピストの視点から眺めていると，何がいつも問題方略になっていそうかが判断できるかもしれない。クライエントが人生で本当に大切と感じる価値をすべて諦めて，自然に湧く苦しい思考や情動などをなくそうとして，無益にあくせくしている（体験の回避）かもしれない。そうであれば，エクササイズの文脈の中でより受け入れられる方略をクライエントに試してもらうことができる。たとえば，妨害を付箋などに記入してクライエントに渡し，妨害が現れても付箋を服につけたまま，願う方向へ進み続けてもらってもよいだろう。「人生の道」を利用すると，クライエントの人生でかなり昔に起こった出来事にも立ち戻ることができる。現在使っている方略を最初に試したときに意味を持っていた出来事に戻れるかもしれないし，問題の方略を説明している出来事にも戻れるだろう。ここでも，「人生の道」を利用して，そうした状況で発生した妨げを指し示し，クライエントがそのときにどう反応したかを明確にできる。「それでうまくいきましたか？」，「そのときはうまくいっても，今はどうですか？」，「そのときすでに，その方略では問題に結びついていそうでしたか？」と。どれにしても，体験的な妨げがある状況の中で，人生の道を前に進むか，立ち止まるか，外れるかをそれぞれ実演してみせることができる。

　このエクササイズがメタファーとして機能して，クライエントにとって役立つには，他の種類のメタファーと同じ条件を満たさなければならない。体験的エクササイズで何をしているかといえば，エクササイズのときの体験をメタファーのソースにして，クライエントの人生における体験（第二の舞台）をター

ゲットにしようとしている。臨床で使えるメタファーが3つの原則を満たさな
ければならなかった点を思い出そう（第8章の図8.2）。第一の原則として，**メ
タファーのターゲットは，クライエントにとって重要な機能を持つ現象でなけ
ればならない。**

　上記のエクササイズでは，妨げとなる心理的現象がある状況下で，行動する
ように演出している。そのため，おそらく問題と関連する何らかの機能を持つ
行動が引き出されているだろう。クライエント自身の行動が問題の一部になっ
ているはずで，本書ではそれがどんなセラピーにおいても前提となると考え
る。メタファーのターゲットが問題と関連しているからこそ，セラピーを受け
るメリットがあるといえる。第二の原則として，**メタファーのソースの特徴
が，ターゲットの重要な特徴に対応していなければならない。**

　簡単にいえば，メタファーのソースの中にクライエントが自分の体験を認識
できなければならない。体験的エクササイズは，クライエントが個人に関連づ
けて理解できるよう，エクササイズの中ですることが「私の状況と似ている」
と感じられるように設計する。そのため，共感できているかどうかを必ずクラ
イエントに聞いて確かめなければならない。第三の原則として，**メタファーの
ソースに含まれる特性または機能のほうが，ターゲットに含まれる特性または
機能よりも目立つものでなければならない。**

　メタファーがこの原則を満たすからこそ，体験的エクササイズを使うのであ
る。セラピストは，クライエントの問題ある行動方略も，その代替となる行動
方略も，どちらも明確にするような具体的なソースを探す。第二の原則が満た
されたうえで，エクササイズがはっきりと認識できる行動を含んでいると，メ
タファーのターゲットであるクライエントの人生で実際に起こっているプロセ
スよりも特性が際立ってわかりやすくなり，メタファーのソースとなる。なぜ
なら，部屋の中で実際に1，2メートル歩く，メモが掲げられたら立ち止まる，
行きたい方向から外れる，もしくは再び進みはじめるなど，それらはどれも，
クライエントの現実世界での体験（すなわち，治療プロセスの中心でもある問
題）よりも，おそらく際立っていてわかりやすいからだ。エクササイズの中で
するそうした単純な行動が，メタファーを使ったエクササイズでねらいとされ
るターゲットに実際に似ているかどうかが重要である。つまり，クライエント

がエクササイズを関係づけて共感できるだろうか？　もしできなければ，その
エクササイズはメタファーとして機能しない。

なぜ体験的メタファーか？

　ここまで，体験的エクササイズは，セラピーの中でメタファーとして使える
ことをお伝えしてきた。では，体験的エクササイズの形のメタファーは，他の
メタファーとどう異なるのだろうか？　また，なぜ特にメリットがあると考え
られるのだろうか？　答えは，本書全体の理論的土台に基づいて，メタファー
の機能の仕方を見ればわかる。メタファーは，最も基本的で具体的な人間の体
験をソースにしていることが多い（第1章参照）。実質的にすべての言語にお
いて，空間を移動するときの人間の体験が，時間の広がりを表現するときのソ
ースになっている。未来は「前方」にあって，過去は「後方」にある。概念メ
タファーの「上がより多い（大きい，高い）」も人間としての普遍的体験に根
差していて，「何かを物理的にもっと手に入れると，山（または高さ）がもっ
と高くなる」に基づく。つまりメタファーのソースはたいてい具体的ではっき
りとしたものであるが，ターゲットは抽象的で漠然とした現象を表現してい
る。しかし，その意味では，体験的エクササイズが「特別」なことをしている
わけではなく，効果的なメタファーを創り出すためによく使われる方法という
だけ，ともいえる。
　それでは，これまでに紹介してきた臨床で使うメタファーをいくつか比べて
みよう。ACTでは「穴の中で掘る」メタファーを使って，まったく効果のな
い行動方略を説明する（第8章参照）。同じ現象を説明するために，キャサリ
ンとの対話で「テコを使って重い石を動かそうとしている」メタファーを使っ
た。仮に，キャサリンは，穴の中を掘り進めてますます深くなってしまった体
験はないが，重い石を動かそうとするのがどのような感じかはよく知っている
としよう。キャサリンにとって後者のメタファーのソースのほうが，前者より
も体験的でありありとしているといえる。すると，キャサリンが行動を変えよ
うとするときに，後者のメタファーのほうがより良い，またはより効果的だと
いえるのではないだろうか？　いくらかの予備的な実験的研究が，確かにその

ほうがメタファーの効果が高まるという意見を裏づけている（Riuz & Luciano, 2015; Sierra et al., 2016）。また，メタファーの一般的な機能の仕方を考えれば，理論的にもそうと信じることができるだろう。

体験的エクササイズをソースにするメタファーは，エクササイズにおけるセラピストとの対話を通して，そのありありとした体験がどんどん創り上げられていく点が大きな特徴である。「人生で体験している事柄が，まるでこのエクササイズで体験していることだと想像してください」。エクササイズに身体の動き（たとえば人生の道に沿って歩く）が含まれているのなら，動きそのものが本質的な役割を果たして，「何をするべきで，何はすべきでないか」をわかりやすくする目印になる。それによって人生の決定的な瞬間に，要となる要素をクライエントが思い出しやすくなるかもしれない。また，言語的ではなくとも，身体の動きのパターンも変化につながる重要な機能を持つかもしれない。というのも，言語的プロセスと認知的プロセスのほかに，行動分析家たちが「直接的随伴性」と呼ぶものを通じても学習が成立するからである。そしてその基礎的な学習パターンが，RFT の節（第4章）で説明したプロセスを通じて，どの瞬間にもあっというまに言語的になる（つまり「意味」を獲得する）。しかし，だからといって直接的，非言語的，または非象徴的な学習が重要でなくなるわけではない（Hayes, 1997）。この部分で，体験的エクササイズが，臨床の取り組みで感覚運動的要素に注目する臨床モデルと結びつく（Ogden & Fisher, 2015; Ogden, Pain, & Fisher, 2006; Porges, 2011）。

まとめると，体験的エクササイズが治療の場で刻々と体験を生み出し，それが機能的なメタファーを創り出す手段となるのがよくわかる。つまり，セラピストと繰り広げられる体験的エクササイズの瞬間をソースに，治療文脈の外にあるクライエントの人生で起こる重要な現象をターゲットにするのである。

体験的エクササイズと3つの臨床原理

ではこうしたエクササイズと，これまで指針にしてきた3つの臨床原理は，どのように関連するのだろうか？ 「人生の道」を例に考えてみよう。

セラピストは3つの臨床原理に沿って何をしようとしているだろうか？

- **機能分析**：機能分析は，エクササイズの柱である。いくつかの状況ごとに，クライエントが選択する行動（B）が描写される。問題の方略（立ち止まる，道筋から外れる）と，代わりの方略（道筋を先へと進む）も，創り出される。クライエントが行動をする状況（A）として，メモに記入した障害物をセラピストが差し挟む。その結果，どうなるか（C）もエクササイズの一部であり，悪循環に陥るか，望む方向へ行動するかをその場で体験する。
- **観察のための距離をとる**：クライエント自身の行動も，体験している障害物も，具体的で観察できる（道筋に沿って歩く，メモ）形で表しておくことで，それとの相互作用を離れて観察しやすくなる。
- **人生で大切なものと，その方向へ踏み出すための具体的なステップとを明確にする**：こうなってほしいと感じる方向へ歩く（障害があっても「道筋」に沿って進む）体験がメタファーのソースとなって，実際の人生の中で，どのように行動すると変えやすくなるか（メタファーのターゲット）に気づくよう導くのがねらいである。

「人生の道」のエクササイズは，3つの臨床原理のすべてに当てはまるのがよくわかるだろう。ただ，どのエクササイズもそうとはかぎらない。メタファー全般についていえるように，なかにはどれか1つの原理に注意がより集中するエクササイズもある。3人のクライエントたちに戻って，さまざまなエクササイズを使う様子と，実際の活用の仕方について見ていこう。

キャサリンとの体験的エクササイズ

キャサリンがストレスについて，どのように体が火照ってきて，心臓がドキドキするか，なんだか圧倒されそうで，とにかくこれ以上悪くならないようにするためにもっと努力しなければならない気持ちになるか，話していた。そうした状況の中で試すこととして，一つにはその苦しい体験を消し去ろうとする。または，キャサリン自身は，蛇口をひねって溢れるのを止めようとする，

とメタファー的に表現する。これを，体験の回避だとセラピストが認識したと
しよう。自分が何をしているか，またそれがどんな状態につながっていくか
に，キャサリン自身がもっと注意を向けなければならない。また，思わず「流
れを止め」たくなる反応も，観察のための距離をとって眺めなければならな
い。セラピストがそう感じたら，たとえば次のようなエクササイズができるだ
ろう：

　セラピスト：私がときどき使うお気に入りのエクササイズがあります。試し
　　　てみませんか？
　キャサリン：もちろん！
　セラピスト：*(メモ帳を手に取って)* そうした状況であなたの頭に浮かぶこ
　　　とをいくつか書き出します。それは，あなたを悩ませ，思わず止めたい
　　　と感じることです。たとえば，心臓がドキドキする *(メモ帳に書き出
　　　す)*。他に，何がありますか？
　キャサリン：あまりにも火照ってくる，ストレスを感じる気持ち。何もかも
　　　が溢れていること。
　セラピスト：*(キャサリンのことばを書き留める)* すべてを終わらせなけれ
　　　ばならない，といった気持ちはいかがですか？
　キャサリン：それは結末のようなもので，最後に行きつく感じです。
　セラピスト：*(書き出した内容にあらためて注目してから，メモ帳をキャサ
　　　リンに向けて差し出しながら)* これに手を押し当ててください，メモ帳
　　　とそこに書かれたことを押します。
　キャサリン：*(手のひらをメモ帳まで持ち上げて，少し恥ずかしそうに)* は
　　　い……
　セラピスト：*(反対側から手を添えてメモ帳をキャサリンに向かって押しな
　　　がら)* 押し返して！　メモ帳を遠ざけて！
　キャサリン：*(もっと力を込めて押し返しながら)* こうですか？

　メモ帳の両側からセラピストとキャサリンがそれぞれに押して，メモ帳が二
人の間の空間を行き来する。

セラピスト：なかなかいいですよ。どんな感じかに注目してください！（*メ
モ帳を下ろす*）今の感じを覚えておいて，次に，これと比べてくださ
い。（*メモ帳をキャサリンの膝の上に置いて，苦しいことが書かれた面
を上向きにキャサリンに読めるようにする*）

キャサリン：（*静かに，書かれたことばを見下ろしながら*）ええ，確かにず
いぶん違いますね。

セラピスト：どんなふうに？

キャサリン：もちろん，膝に乗せておくほうが楽でした。同時に，心地悪さ
も感じましたけれど。ああいうのは嫌いです。

セラピスト：2つのやり方が同じであると同時に，違うともいえるかもしれ
ません。どちらの場合にもメモ帳の紙とそこに書いてある内容に接触し
ているので，同じ。

キャサリン：ええ，ただ，さっきみたいに抵抗するともっとエネルギーを使
います。でも，それはそれで，どこか気分がいい感じもします。少なく
とも，何かをしているから。

セラピスト：たとえば，それをするのと同時に，他のことにどれだけ注意を
向けられるかと聞かれると，メモ帳に抵抗しているときと，膝に乗せて
いるときとで，同じですか？　違いますか？

キャサリン：抵抗すると，メモ帳を遠ざけておくことに注意を全部奪われ
て，それだけに夢中になってしまいます。膝の上にメモ帳を置かれて，
書かれたことが目に入ってきたはじめのときも，同じでした。でも，そ
れはしばらくすると変わりました。ほら，そのまま，メモ帳が膝の上に
あるだけ。そして，他のことを受け入れられます。

セラピスト：そうですね。では，このエクササイズの続きで考えてみましょ
う。ここで別の何かをしたくなるとします。たとえば，帰る，そこの机
の上にある私の携帯電話を借りて誰かに連絡する，または窓の外を眺め
る（*立ち上がって何歩か移動しなければならない*）などがあるかもしれ
ません。どちらの姿勢のほうが，そうしたことをもっと自由にできます
か？

キャサリン：膝の上にあるときです。抵抗していると，メモ帳を遠ざけてお
　　くことだけに気を取られてしまいます。

セラピスト：遠ざけておくことだけに気を取られる……そして，膝の上に置
　　いてあるのは，いかがでしたか？

キャサリン：心地悪い感じがしました。少なくともはじめは。書かれている
　　内容がよく見えて，こなしきれないこと全部を思い出します。妙です
　　が，それでもどこか自由な感じもしました。そういうふうに白い紙に黒
　　く書き出されているのを見ていると。そこからいろんなことに注意を向
　　けられるようになってくるのでしょうね。

セラピスト：どちらの姿勢が，あなたの人生の姿勢に似ていますか？　たと
　　えば職場での姿勢など，いかがでしょう？

　ここでセラピストが質問をして，このエクササイズがキャサリンにとってメ
リットがあるかどうかを探っている。臨床でメタファーが機能するための3つ
の原則のうちの2つ目（メタファーのソースの特徴が，ターゲットの重要な特
徴に対応していなければならない──第8章の図8.2参照）である。この場合
にメタファーのターゲットになっているのは，ストレス体験やさまざまな心地
悪さを内面に感じたときに，それに対してキャサリンがする反応で，特に，そ
うした体験を遠ざけよう，止めてしまおうとする努力である。そのターゲット
を指し示すために，エクササイズのさまざまな側面をソースにしている。そし
て，肝心な問い，このメタファーがキャサリンで機能するか？　または，キャ
サリンがメタファーを自分の状況と関係づけて共感できるか？

キャサリン：抵抗するほう。いつもです。あまりにも明らか。まさに抵抗し
　　ていて，休みなしというのが実際です。

　こうしたエクササイズの最中と後とでは，対話がかなり変わるかもしれな
い。クライエントによって，メモ帳が膝の上に置かれたとたんに払いのけて床
に投げ捨てる人もいる。そうしたクライエントの体験も，開かれた姿勢で受け
止めて，対話の中で注目するポイントとして使い続けるとよい。説得しようと

してエクササイズを使っているのではない。探ろうとしているのである。エクササイズを道具にして臨床で注目したい行動を演出し，クライエントにとって観察しやすくする。仮に，キャサリンが実際にそのような姿勢で反応を見せたと考えてみよう。たとえば，メモ帳が膝の上に置かれると，すぐに遠くへ放り投げたとする。その場合，セラピストに何ができただろう？　キャサリンがしたことをことばで説明してから，その瞬間の状況について何を考えたかを尋ねたかもしれない。そこから，メモ帳を床に放り投げるのがはじめの姿勢のバリエーションで，苦しい体験を遠ざけたままにしておこうとしているのではないか，と示唆してもよいだろう。そして，その方略もキャサリンにとって自然で当然だとも伝える。

　このエクササイズからいろいろなことを引き出せる。さまざまな行動に伴う長所と短所は何だろう？　試した2つの姿勢のうちどちらが，実際の人生でより自由に，願うとおりに振る舞えるようになるだろうか？　自分が問題に「抵抗」しているとキャサリンが完全に認識しているのなら，「膝に置いている」のは実際の人生で何を意味して，日常生活でいえばどういう状態になるだろうか？　ここから，エクササイズをメタファーまたはそれに類するものとして使う方法を，宿題として活用する工夫ができる。

　セラピスト：次のセラピーの日まで，こうしませんか？　ストレスを感じる気持ちに注意を向けて，抵抗している状態に気づいてほしいのです。数回でかまいません。抵抗したら，その瞬間に。できそうですか？

　キャサリン：もちろん。そして，抵抗をやめるのですか？

　セラピスト：今はそこまで気にしなくて大丈夫です。抵抗するか，そのままにするか。その状況に置かれているのに気がついたときに，注意を向けてほしいのです。

エクササイズを体験したあとの宿題なら，こんなふうにもできるだろう：

　セラピスト：仮に「膝に置いておく」とさまざまな状況でもっと自由に振る舞えるようになるとしたら，また，今から一週間のうちに必ず一度はそ

うできるとしたら，どんな状況で一番それが起こってほしいと感じます
か？

キャサリン：*(一瞬沈黙してから)* 金曜日の昼前にあるミーティングのとき
です。いちばん苦しくなって悪戦苦闘しなければならなくなるとき。

セラピスト：状況をもう少し詳しく眺めて，「膝に置いておき」やすくする
ために何ができるかを一緒に考えてみましょうか？

クライエントにとって何が本当に大切かをここで深く探ることもできる。こ
れから先一週間のうちに具体的に起こる例を尋ねるだけではなく，対話を広げ
て，もし膝に置いたままにできるようになったら，最終的に何が得られるかを
尋ねることもできる。キャサリンの内面のどんな領域を変えることができるだ
ろうか？　そして，キャサリンから見るとそれを変えていくのがどんなふうに
見えるだろうか？

　実際に演じているときには，体験的エクササイズがもちろんメタファーとし
て機能する。そのほかに，もしエクササイズが本質的な現象を適切に説明して
いるなら，これまで説明した他のメタファー全般と同じで，セラピーを通じて
繰り返し使えるものにもなる。問題に関連した状況についてキャサリンが再び
話したら，前に取り組んだ体験的エクササイズに戻って話を続けられる。次の
ように尋ねられるだろう：

　「それは，押し返して遠ざけようとしていましたか？　それとも膝の上に
置いてあったといえますか？」

　「膝の上に置いたままにしたいと思ったら，どのようにしてそうします
か？」

　「膝の上にもっと長く置いておけた例のように私には思えます。あなたも
そう思いますか？」

セラピストは3つの臨床原理に沿って何をしているだろうか？

- **機能分析**：ここでも機能分析がエクササイズの中心にある。セラピーをしている部屋の中で単純なわかりやすい動作をして，問題のある方略（抵抗）と，それに代わるかもしれない方略（嫌な反応を膝に置いたままにする）との両方を表現して体験する。質問をして，それぞれの方略の結果を明確にする。
- **観察のための距離をとる**：クライエントが説明した苦しい体験や症状を，紙の上にくっきりと書き出したものにする，あるいはそれまでとは違う効果をクライエントの行動に及ぼす何かとして表してみせる。そうすることで，そうした現象との間に観察するための距離をとりやすくなる。
- **人生で大切なものと，その方向へ踏み出すための具体的なステップとを明確にする**：エクササイズには含まれないものの，エクササイズのあとに続く対話の中でこの原理に取り組む。

アンドルーとの体験的エクササイズ

　アンドルーは，自分の物語『拒絶される失敗作』の本とかなり同一化している。RFTの専門用語を使うなら，そのナラティブと等位に振る舞う，といえる。つまり，アンドルーのセラピーでは，私が第二の臨床原理と呼んできたものが重要になる。つまり，そのナラティブを「直示的な自己」の一部として「階層的にフレームづける」力をトレーニングしなければならない。観察するための距離をとることができるようになって，「本」が他の行動に及ぼす影響を減らさなければならない。次に紹介する体験的エクササイズの中で，特にこの力をトレーニングしようとしている。どのクライエントにも使える方法だろう：

セラピスト：よいエクササイズがあります。試しませんか？
アンドルー：いいですよ。
セラピスト：では，まず，窓の外を見てください。

アンドルー：*(背後にある窓の方を見る)* 見ました……？

セラピスト：小さくて，くっきりとしたものを何か見つけてください。木の枝や，屋根の隅でもよいかもしれません。何でもかまいません。小さいけれど，はっきり見えるものを選んでください。何を選んだかを教えていただかなくてかまいません。ただ注意を向けていてください，**あそこ**の *(一瞬の沈黙)*，注意を集中すると選んだものに。他に注意を引く何かが飛び込んできてもかまいません。それに気づいた後には，また，選んだものに注意を戻します。*(沈黙)*

　あそこに注意を向けたままで，いくつか気づいていただきたいことがあります。あなたが今見つめているものが**あそこ**にあります。それを観察しているあなたは，**ここ**にいます。気づいている対象が**あそこ**にあって，気づいている「私」は**ここ**にいる。距離があるのがわかりますね。空間ともいえます。あなたと，あなたが観察しているものとの間に。*(また一瞬の沈黙)*

　では，窓の外のものをそのままにして，もう少し近い何かを見つめます。この部屋の中にあるものかもしれません。見回して，何か小さなものをまた見つけてください。細かくて小さいけれど，見えるもの。*(少し間をあける)*

　今度も，そこにあるものに注意を向けてください。観察される対象がそこにあります。「私」が観察者として，ここにいます。今度も，距離に注目してください。あなたと，それとの間の空間に。*(間)*

　ここから，目を閉じたほうが取り組みやすいかもしれません。開けていてもかまいません。閉じたほうが取り組みやすいと感じる人が多いようですが，お任せします。というのも，今から，本物の目よりも，むしろ心の目に見えるものを見ていただくからです。では，今の座った姿勢のままで，左足に感じる何かを観察してください。靴が足の一部に触れていますか？　または靴の裏のつま先の部分が，踵の部分よりもいくらか強く床と接していますか？　そういうふうにして左足の一部からの感覚が伝わってこないかを探って，そこに注意を集中してください。*(間)*

　では，今度もまた感覚に注目しつづけながら，今観察しているものが

そこにあって，観察者がここにいるのに気づいてください。こうもいえるでしょう，足にある何かに気づいて，それに気づいているのが誰かにも気づく。そして，距離，つまり空間がある。今は身体の内側で観察しているのに，やっぱりある。*(間)*

　では，注意を胸か胃の辺りに移しましょう。そこにも何かを見分けられますか？　心臓の鼓動を見分けられるかもしれません。胃の辺りに緊張した感じ，服が肌に触れる感覚などもあるかもしれません。今までよりも少しあいまいかもしれませんが，注意を集中できる何かを見つけられるかどうか，探ってみてください。ゆっくりでかまいません。*(間)*

　では，観察しているものがそこにあって，観察者がここにいるのに気づいてください。気づいているのが誰かに注目してください。それから，間にある空間にも。*(間)*

　もう一つ注意を向けてほしいことがあります。これまでのどれよりもつかみどころがないかもしれませんが，それでかまいません。心に湧いた思考またはイメージに注意を向けてください。それがいくつかを数えてみるのもよいかもしれません。もう一度。心に浮かんでは消えていくものに注目してください。そして，そういうものに注意を向けているのが誰かにも気づいてください。

　ここまでのエクササイズでは，アンドルーが抱える問題とは特に具体的なつながりのない物事に注意を向けてきた。でも，しだいにもっと個人的な問題に関連するほうへ向けていく：

セラピスト：どうでしょう，こうしてここで座っているときに，あなたの中に，『拒絶される失敗作』とつながる何かに気がつきますか？　思考か，身体感覚か？　またはイメージとか？　*(間)* 気がついたら，注意を向けてください。ただ，一気に入り込んでしまわないでください。今度も，気づいているだけです。観察しているものがそこにあって，観察者のあなたがここにいる。そうしたイメージ，感覚，思考，身体の反応に注意を向けてください。また，そうしたものに注意を向けているのが

　誰かにも気づいてください。

　エクササイズのはじめのほうで，観察者と観察されるものとの間の実際の距
離に注目している。それをエクササイズを通じてソースにする。一方，クライ
エント自身の（身体および心の）反応の体験がターゲットである。こうした工
夫のどれをとっても，自分自身の反応との間に観察のための距離をとることが
できるようにトレーニングして，特定の反応がクライエントの行動に及ぼす影
響をゆくゆく変えていこうとしている。

　クライエントにもエクササイズの中で実際に行動してもらうのが肝心ではあ
るものの，主導しているのはセラピストで，クライエントが感じる手応えをセ
ラピストが直接感じることはできない。だから，必ず体験についてクライエン
トに質問をして，フォローアップしなければならない。こんな対話になるかも
しれない：

アンドルー：すごく不思議でした。難しい瞬間もありました。
セラピスト：そうですね，そうしたあいまいな事柄について話すのは難しい
　　　ときもあります。私からかけたことばのほとんどが，何かを示してみせ
　　　ていたといえます。あなたに何かに注意を向けてもらっていた。たとえ
　　　ば，観察者のあなたと，観察するようにお伝えした何かとの間に距離ま
　　　たは空間がありました。うまく注意を向けられたと思いますか？
アンドルー：できたと思います。なんだか，自分自身の横に立っているみた
　　　いでした。終わりのほうで試した思考では大変でしたが。心が真っ白に
　　　なりました。
セラピスト：その白さに気づいていたのは誰ですか？
アンドルー：（くすくす笑いながら）ええ，まあ，僕だ。足は簡単でした。
　　　胃よりもはっきりしていた。
セラピスト：そうですね。その違いに気づいている誰かもいましたね？
アンドルー：またもや僕だ，ええ。

　バリエーションともいえるエクササイズもあり，ねらいは同じである。アン

ドルーが自分の中に起こる苦しい反応との間に観察のための距離をとり，そうした反応がアンドルーの行動に及ぼす影響を変える。

アンドルー：起こったことすべて，拒絶したくなるもの全部が，僕にくっついて離れなくなっているみたい。それで，拒絶されるのは僕になる。

セラピスト：今もありますか？　こうしてここに座っているときにも？

アンドルー：ええ。それほどはっきりしていませんが，もちろん。だいたいいつも僕にくっついている。

セラピスト：何かをして，それを強めたり，もっとくっきりさせたりできますか？

アンドルー：つまり，ここで？

セラピスト：そうです。

アンドルー：何か特定のことを考えるとできます。子どもの頃，隣人と一緒にいたときを考えると。彼が僕にしたことを。

セラピスト：今，ここで考えてみてもかまいませんか？　記憶の細かい部分まで探らなくてもけっこうです。ここではただ，拒絶されるというその気持ちにもっとはっきりと接触して，その気持ちを使って取り組めそうか知りたいのです。

アンドルー：*(明らかに緊張してストレスを見せながら)* ええ，まあ，もうここにあるともいえます。こうして話しているだけで。くそ！

セラピスト：記憶そのものから一瞬だけ離れて，それがあなたの身体に今及ぼしている影響に注意を向けられますか？

アンドルー：うんざりした気持ちになります。胃腸が締め上げられるようだ。

セラピスト：いちばん明らかに感じるのは胃腸ですか？　身体の他の部分は？

アンドルー：胸を圧迫しているのも感じます。でも，腹部の締め上げ感がほとんどです。

セラピスト：その締め上げる感じに，色がついていたら，何色でしょう？

アンドルー：緑。うんざりするような汚い緑色だ。

セラピスト：その緑の締め上げる感じを，いろいろと扱えるかどうか，試しませんか？　たとえば，手でつかんで，ここのテーブルの上に置くのを想像できますか？

アンドルー：わかりません。奇妙だ。それに，触りたくもない。

セラピスト：特別な手袋を持っていると想像したらどうでしょう？　試しに手袋をして，このテーブルの上に置いてみましょう。すぐに戻してかまいませんので，できるかどうかだけ……

アンドルー：わかりました。テーブルの上に見えます。

セラピスト：どんな様子に見えますか？

アンドルー：びっくり玩具でよく見かける，イミテーションの嘔吐物みたいだ。

セラピスト：テーブルの何割くらいを覆っていますか？　その嘔吐物，つまりお腹の緑の締め上げ感が。

アンドルー：4分の1くらいだろうか。僕にいちばん近い隅を。

セラピスト：いくらかでも動いていますか？

アンドルー：いいえ，ただそこに広がっているだけです。

セラピスト：温度は？

アンドルー：冷たい。

セラピスト：動かせますか？　持ち上げるとか？

アンドルー：ええ，どこかへ放り投げられる。すっきりするだろうな。

セラピスト：どこへ？

アンドルー：そこのゴミ箱 *(指差して)*。

セラピスト：捨て去るために。わかりました。でも，もし私の理解が正しければ，普段は消えてくれないのですよね？　または少なくとも，消えても，わりとすぐに戻ってくる。

アンドルー：そうです。

セラピスト：では，テーブルの上にあります。捨て去ろうとしないで，ただもてあそぶような感じで扱えますか？

アンドルー：ええ，やってみると，できます。力が少し弱くなるような。

　一例を紹介しただけで，他にもいろいろと工夫ができるだろう。基本の仕組みは単純ともいえる。エクササイズの文脈の中で質問をすると，クライエントがメタファーを通して，自分の内面にある苦しい反応を身体の外側にある物理的対象のようにすることで，相互作用できるようになる。そうすることで，観察するための距離をとるスキルを練習できる。その学習プロセスも，目の前の問題と相互作用するさまざまな方法も，質問を通じて柔軟性が高まっていく。

　先の例で，クライエントの体験の中でも特定の情動，あるいは身体的な側面にセラピストが特に注目している。これは，他を避けているのではなく，そのほうがアンドルーは観察するための距離をとりやすくなるだろうと判断しているためである。同じ臨床原理を使って，苦しいと感じる記憶の流れ全体も扱える。

セラピスト：ある方法を使うと，あなたが自分の記憶を見つめられるようになります。隣人がしたことを眺められる。試してもかまいませんか？

アンドルー：耐えられるかどうかわかりませんが。麻痺してしまうかもしれない。壊れてしまうかも。

セラピスト：でも，記憶はすでに浮かんでいるわけですね？　ここで話題にしているだけで？

アンドルー：そのとおり，とも言えます……

セラピスト：こうしてはいかがでしょう。今は全部を探らなくてもかまいません。すでに心に浮かんでいるものだけを扱います。そのイメージを，そこのドアに映してみてもらえませんか（指差しながら）？　できますか？　すでに心に見えているものだけ。

アンドルー：できそうです。

セラピスト：映っていますか？

アンドルー：ええ。

セラピスト：ドアのどこらへんに見えますか？　全体ですか？

アンドルー：いいえ，上半分だけです。

セラピスト：動かせますか？　プロジェクターからの映像を動かせるように。ドアの下半分へ持ってきたり。できますか？

　アンドルーの中に苦しい記憶があるとき，それと相互作用する方法が問題であるとセラピストは理解している。そこで，治療場面の状況を演出することによって，アンドルーが，行動する主体としての自分自身と苦しいナラティブの内容とを，区別しやすくなるようにしている。エクササイズの細かい部分を変えながら，いろいろな取り組みができるだろう。記憶に入り込んだり，踏み出したり，特定の記憶の細部を探れたり，そうした記憶と相互作用する方法をアンドルーが変える見込みを高くするような質問をしたりできる。アンドルーは，自分の記憶を遠くからでも近くからでも眺められる。そのアンドルーを助けて，固着した捉え方からそれまでは見過ごしていた細部にも注意を向けるように導ける。わかりやすくいえば，アンドルーが自分の反応を遠くで展開される（ドアに投映された映画のような）ものとみなしてアプローチするように導けると，観察のための距離をとりやすくなって，そうした反応がアンドルーの他の行動に及ぼす影響を変えられるのである。このエクササイズの枠組みの中で，古典的なエクスポージャー療法で一般的にすることをすべてできる。実際，プロセス全体をエクスポージャー療法のバリエーションとみることもできる。ただ，それに付け加えて，観察するための距離をさらに広げることをねらいとした質問，たとえば実際の映画について尋ねるような質問もする：

　「見ているのは，スライドですか？　それとも動画ですか？」

　「カラーですか？　白黒ですか？」

　「映画を一時停止できますか？」

　「出来事を逆向きに再生できます？」

　「これまで注意を向けていなかった細部をズームできますか？」

バーリーとの体験的エクササイズ

痛みとそれが伝えてくるメッセージについて，バーリーが話している。無駄
だ，諦めろ！　と。次のエクササイズでは，そうしたすっかり馴染んでしまっ
た自己教示がもたらす作用についてや，クライエントがそれまで身につけてき
た方法よりも，もっとずっと柔軟に対応していけることを示していく。

セラピスト：従うのにすっかり慣れてしまっている思考や，気持ちがありま
すね。そうしたルールが割り込んできたときに何をするとよいかがわか
るエクササイズがあります。試してみませんか？

バーリー：もちろん。

セラピスト：では，立ってください。*(バーリーの隣に立つ)* このエクササ
イズで，あなたはあなた自身，私は，あなたの生い立ち，または歴史と
もいえるものになります。あなたがこれまでに学んできたことを踏まえ
て行動できるよう，私があなたに指示を出します。あなたは，自分の歴
史がいろいろと伝えてきているなかで何ができるかを実験します。で
は，今から次の課題で実験をすると考えてみましょう。前に一歩踏み出
してください。片足を先に出して，それからもう片方を踏み出す*(示し
てみせる)*。

バーリー：わかりました。

セラピスト：では，あなたの歴史が次のルールを出してくるとしましょう。
必ず右足から先に踏み出す！　なぜかはわかりませんが，ともかくそう
なっているとします。そして，私があなたの歴史ですから，あなたにそ
う指図をします。右足から踏み出す！　そこで，次にあなたが実際に踏
み出して実験をします。よろしければ，まずは単純に，あなたの歴史が
指図するとおりに始めましょう。何をしようとしているか，おわかりに
なりますか？

バーリー：たぶん。

セラピスト：では，始めましょう！　*(強調しながら)* 忘れないで。右足か

ら踏み出す！

　(バーリーが一歩を踏み出して，先に右足を下ろす)

セラピスト：もう何回かやってみましょうか。忘れないでください，*(強調して)* 右足から！

　(バーリーがまた一歩を踏み出し，今度も先に右足を下ろす)

セラピスト：いくつか質問をします。あなたの歴史が指図してくる内容を，誰が聞いていますか？

バーリー：僕です。

セラピスト：そのとおり。では，足を動かしているのは誰ですか？

バーリー：僕です。

セラピスト：ここまで，あなたの歴史が指図するとおりに足を動かしてきました。では，実験をしましょう。歴史の指示に従えるのは明らかです。だから，従おうと思えば，これからもいつでも従えます。右足から踏み出して，左足を導けます。そこで，ちょっと違うことができるかを試してみましょうか？　ただ，警告しておきます。私はあなたの歴史ですから，いつもどおりの指図をします。右足から踏み出す！

　(バーリーが立ったまま，ためらっている。セラピストが強い調子で繰り返す——「右足から！」 バーリーが数歩踏み出すけれども，今回は左足を先に下ろす)

セラピスト：いかがでしたか？

バーリー：かなり変な感じでした，実は。特に最初はすごく意識を集中しないといけない感じで。

セラピスト：その変な感じに気づいていたのは誰ですか？

バーリー：僕です。

セラピスト：足を動かしているのは？

バーリー：僕。

　二人で課題を数回繰り返す。セラピストが同じ教示を強調し，同じ質問をしながら，起こっていることに気づいているのが誰で，行為しているのが誰かに注意を導き続ける。それからセラピストがエクササイズをまとめて，バーリー

に全体を振り返ってもらう。バーリーがエクササイズを自分の問題に関係づけて共鳴できるだろうか？　エクササイズのねらいを明確に理解してもらうために，こう伝えてもよいだろう：

　「ちょっとした滑稽なルールがありました。どちらの足で踏み出すか。それくらいなら実生活であまり問題にならないでしょう。でも，他のルールで，もっと強烈に行動を支配するものがあったらどうでしょう。たとえば，『無駄だ，諦めろ』とか？」

　どんな体験的エクササイズも，何を体験したかを終わりにクライエントに尋ねる価値がある。クライエント一人ひとりで反応が違うので，そこからの対話もさまざまな形になる。紹介したこのエクササイズについていえば，クライエントの多くが，「歴史が指図してくるとおりにする」のがとても自動的な感じで，しかも思いのほか強力なのを体験する。また，指図されているなかで「選ぶ」いくらか奇妙な体験についても話す。たとえ深く染み込んだ自己ルールがあっても，現に実行したとおり選べるのだという点が，このエクササイズで気づいてもらいたい主なねらいの一つである。
　セラピストは3つの臨床原理に沿って何をしているだろうか？

- **機能分析**：しっかり身についてしまった教示，あるいはルールに日頃から習慣的に従っている状態を描写することで，機能しない行動方略が機能分析される。そうした状況でも別な行動を選べるのを示して，今までのものに代わる方略がある状態をクライエントに実際に体験してもらおうとする。
- **観察のための距離をとる**：機能的でない方略（およびそれに代わる方略）を簡単な形で示すことで，観察するための距離を広げやすくしている。
- **人生で大切なものと，その方向へ踏み出すための具体的なステップとを明確にする**：これまでのエクササイズで紹介したように，この臨床原理に明確なつながりはない。しかし，バーリーが「選択する機会」をエク

ササイズの文脈の中で体験しているので，対話をその方向へ簡単に導ける。たとえば，「これまで歴史が指図するとおりに行動してきた中から選ぶとしたら，何があなたにとって大切ですか？」などと質問できるだろう。

　バーリーがエクササイズと関係づけて共鳴することができるなら，こうした単純化は，セラピストが（またバーリーも）メタファーとして使いやすくなる。ひょっとしたら，陥りやすい自己ルールのどれかについてバーリーがまた話して，「無駄です。諦めるほかない」などと言うかもしれない。そのときに伝えられる，「右足が先！」と。
　読者の皆さんなら，こうしたエクササイズがどれもメタファー的であることが理解できるだろう。セラピーを受けるクライエントも，妨害が書かれた付箋紙を足にくっつけたままで床を一定の方向へ簡単に歩けるし，左足から先にだって踏み出せる。クライエント自身と，クライエントの思考との間に実際には距離などない。うんざりした気持ちに色はないし，テーブルの上に置けるものでもない。記憶にしても，ドアに投映できる映画ではない。それでも，そうしたエクササイズがメタファーとして機能すると，それを使って，影響を与えて変えられるようになる。そのときに，本書で説明した3つの臨床原理に沿っていけばよいのである。

文　献

Amrhein, P. C. (2004). How does motivational interviewing work? What client talk reveals. *Journal of cognitive psychotherapy: An international quarterly, 18,* 323–336.

Angus, L. E. (1996). An intensive analysis of metaphor themes in psychotherapy. In J. S. Mio (ed.), *Metaphor: Implications and applications.* Mahvah, NJ: Lawrence Erlbaum Associates.

Angus, L. E., & Greenberg, L. S. (2011). *Working with narrative in emotion-focused therapy: Changing stories, healing lives.* Washington: American Psychological Association.

Angus, L. E., & Korman, Y. (2002). Conflict, coherence and change in brief psychotherapy: A metaphor theme analysis. In S. R. Russel (ed.), *The verbal communication of emotions: Interdisciplinary perspectives.* Mahvah, NJ: Lawrence Erlbaum Associates.

Angus, L. E., & Rennie, D. L. (1988). Therapist participation in metaphor generation: Collaborative and noncollaborative styles. *Psychotherapy, 25,* 552–560.

Angus, L. E., & Rennie, D. L. (1989). Envisioning the representational world: The client's experience of metaphoric expression in psychotherapy. *Psychotherapy, 26,* 372–379.

Aristotle (1920). *The poetics.* Oxford: The Clarendon Press.

Barker, P. (1985). *Using metaphors in psychotherapy.* New York: Brunner.

Barlow, D. H. (2002). *Anxiety and its disorders: The nature and treatment of anxiety and panic* (2nd ed.). New York: Guilford Press.

Barlow, D. H., Farchione, T. J., Fairholme, C. P., Ellard, K. K., Boisseau, C. L., Allen, L. B., & Ehrenreich, M. (2010). *Unified protocol for transdiagnostic treatment of emotional disorders: Therapist guide.* New York: Oxford University Press

230

Barlow, D. H. (red.). (2014). *Clinical handbook of psychological disorders* (5ᵗʰ ed.) New York: Guilford Press.

Barnes-Holmes, D., & Stewart, I. (2004). Relational frame theory and analogical reasoning: Empirical investigations. *International Journal of Psychology and Psychological Therapy, 4,* 241–262.

Bateman, A., & Fonagy, P. (2006). *Mentalization based treatment of borderline personality disorder: A practical guide.* Oxford: Oxford University Press.

Battino, R. (2002). *Metaphoria: Metaphor and guided metaphor for psychotherapy and healing.* Carmarthen: Crown House Publishing Ltd.

Beck, A. T. (1976). *Cognitive therapy and the emotional disorders.* New York: Meredian.

Beck, A. T., & Weishaar, M. (1989). Cognitive therapy. In A. Freeman, K. M. Simon, L. E. Beutler, & H. Arkowitz (ed.), *Comprehensive handbook of cognitive therapy* (s. 21–36). New York: Plenum Press.

Bennet-Levi, J., Butler, G., Fennel, M., Hackman, A., Mueller, M., & Westbrook, D. (2004). *Oxford guide to behavioural experiments in cognitive therapy.* Oxford: Oxford University Press.

Bernstein, A., Hadash, Y., Lichtash, Y., Tanay, G., Shepherd, K., & Fresco, D. M. (2015). Decentering and related contructs: A critical review and metacognitive processes model. *Perspectives on Psychological Science, 10,* 599–617.

Billow, R. M. (1977). Metaphor: A review of the psychological literature. *Psychological Bulletin, 84,* 81–92.

Bleiberg, K. L., & Markowitz, J. C. (2014). Interpersonal psychotherapy for depression. In D. H. Barlow (ed.), *Clinical handbook of psychological disorders* (5ᵗʰ ed.) (p. 332–352). New York: Guilford Press.

Blenkiron, P. (2010). *Stories and analogies in cognitive behaviour therapy.* Chichester: Wiley-Blackwell.

Bond, F. W., Hayes, S. C., Baer, R. A., Carpenter, K. M., Guenole, N., Orcutt, H. K., Watz, T., & Zettle, R. D. (2011). Preliminary psychometric properties of the acceptance and action questionnaire-II: A revised measure of psychological inflexibility and experiential avoidance. *Behavior Therapy, 42,* 676–688.

Boroditsky, L. (2000). Metaphoric structuring: Understanding time through spatial metaphors. *Cognition, 22,* 1–28.

Boroditsky, L. (2001). Does language shape thought? English and Mandarin speakers' conceptions of time. *Cognitive Psychology, 43,* 1–22.

Boroditsky, L., Schmidt, L. A., & Phillips, W. (2003). Sex, syntax and semantics. In D. Gentner & S. Goldin-Meadow (ed.), *Language in mind: Advances in language and cognition* (p. 61–79). Boston: MIT Press.

Brennan, S. E., & Clark, H. H. (1996). Conceptual pacts and lexical choice in conversation. *Journal of Experimental psychology: Learning, Memory and Cognition, 22,* 1482–1493.

Bryan, C. J., Ray-Sannerud, B., & Heron, E. A. (2015). Psychological flexibility as a dimension of resilience for posttraumatic stress, depression, and risk for suicidal ideation among Air Force personnel. *Journal of Contextual Behavioral Science, 4,* 263–268.

Cardillo, E. R., Watson, C. E., Schmidt, G. L., Kranjec, A., & Chatterje, A. (2012). From novel to familiar: Tuning the brain for metaphors. *Neuroimage, 59,* 3212–3221.

Catania, A. C. (2007). *Learning* (4th ed.). New York: Sloan Publishing.

Chawla, N., & Ostafin, B. (2007). Experiential avoidance as a functional dimensional approach to psychopathology: An empirical review. *Journal of Clinical Psychology, 63,* 871–890.

Chemero, A. (2009). *Radical embodied cognitive science.* Cambridge: The MIT Press.

Christoffer, P. J., & Dougher, M. J. (2009) A behavior analytic account of motivational interviewing. *The Behavior Analyst, 32,* 149–161.

Ciarrochi, J., Bilich, L., & Godsel, C. (2010). Psychological flexibility as a mechanism of change in acceptance and commitment therapy. In R. Baer. *Assessing mindfulness and acceptance: Illuminating the processes of change* (p. 51–76). Oakland. New Harbinger Publications.

Cienki, A., & Müller, C. (2008). Metaphor, gesture and thought. In R. W. Gibbs (red.), *The Cambridge handbook of metaphor and thought* (p. 483–501). New York: Cambridge University Press.

Clark, D. M., Ehlers, A., Hackmann, A., McManus, F., Fennell, M., Grey, N., et al. (2006). Cognitive therapy versus exposure and applied relaxation in social phobia: A randomized controlled trial. *Journal of consulting and clinical psychology, 74*, 568–578.

Combs, G., & Freedman, J. (1990). *Symbol, story and ceremony: Using metaphor in individual and family therapy.* New York: W. W. Norton & Company.

Coulson, S. (2008). Metaphor comprehension and the brain. In R. W. Gibbs (ed.), *The Cambridge handbook of metaphor and thought* (p. 177–194). New York: Cambridge University Press.

Craske, M. G., & Barlow, D. H. (2014). Panic disorder and agarophobia. In D. H. Barlow (red.), (2014). *Clinical handbook of psychological disorders* (5ᵗʰ ed.) (p. 1–61). New York: Guilford Press.

Craske, M. G., Treanor, M., Conway, C. C., Zbozinek, T., & Vervliet, B. (2014). Maximizing exposure therapy: An inhibitory learning approach. *Behavior research and therapy, 58*, 10–23.

Dahl, J. C., Plumb, J. C., Stewart, I., & Lundgren, T. (2009). *The art & science of valuing in psychotherapy.* Oakland: New Harbinger Publications.

Dimidjian, S., Martell, C. R., Herman-Dunn, R., & Hubley, S. (2014). Behavioral activation for depression. In D. H. Barlow (ed.) *Clinical handbook of psychological disorders* (5ᵗʰ ed.) (p. 353–393). New York: Guilford Press.

Dymond, S., & Roche, B. (2013). *Advances in relational frame theory: Research and application.* Oakland: New Harbinger Publications.

Fausey, C. M., & Boroditsky, L. (2011). Who dunnit? Cross-linguistic differences in eye-witness memory. *Psychonomic Bulletin & Review, 18*, 150–157.

Fedden, S., & Boroditsky, L. (2012). Spatialization of time in Mian. doi: 10.3389/fpsyg.2012.00485

Flückiger, C., Del Re, A. C., Wampold, B. E., Symonds, D., & Horvath, A. O. (2011). How central is the alliance in psychotherapy? A multilevel longitudinal meta-analysis. *Journal of consulting psychology, 59*, 10–17.

Foa, E. B., Hembree, E. A., & Rothbaum, B. O. (2007). *Prolonged exposure for PTSD: Emotional processing of traumatic experiences.* Oxford: Oxford University Press.

Foa, E. B., Huppert, J. D., & Cahill, S. P. (2006). Emotional processing theory: An update. In Rothbaum, B. O (ed.), *Pathological anxiety: Emotional processing in etiology and treatment* (p. 3–24). New York: Guilford Press.

Foody, M., Barnes-Holmes, Y., Barnes-Holmes, D., & Luciano, C. (2013). An empirical investigation of hierarchical versus distinction relations in a self-based ACT exercise. *International journal of psychology and psychological therapy, 13,* 373–385.

Foody, M., Barnes-Holmes, Y., Barnes-Holmes, D., Rai, L., & Luciano, C. (2015). An empirical investigation of the role of self, hierarchy and distinction in a common ACT exercise. *Psychological record, 65,* 231–243.

Foody, M., Barnes-Holmes, Y., Barnes-Holmes, D., Törneke, N., Luciano, C., Stewart, I., & McEnteggart, C. (2014). RFT for clinical use: The example of metaphor. *Journal of contextual behavioral science, 3,* 305–313.

Forceville, C. (2009). Non-verbal and multimodal metaphor in a cognitivist framework: Agendas for research. In C. J. Forceville & E. Urio-Aparisi (ed.), *Multimodal metaphor* (p. 19–42). Berlin: Mouton de Gruyfer.

Franklin, M. E., & Foa, E. B. (2014). Obsessive-compulsive disorder. In D. H. Barlow (ed.), *Clinical handbook of psychological* disorders (5th ed.) (p. 155–205). New York: Guilford Press.

Fryling, M. (2013). Constructs and events in verbal behavior. *The analysis of verbal behavior, 29,* 157–165.

Fuhrman, O., McGormick, K., Chen, E., Jiang, H., Shu, D., Mao, S., & Boroditsky, L. (2011). How linguistic and cultural forces shape conceptions of time: English and Mandarin time in 3D. *Cognitive science, 35,* 1305–1328.

Gentner, D., & Bowdle, B. (2008). Metaphor as structure-mapping. In R. W. Gibbs (ed.), *The Cambridge handbook of metaphor and thought* (p. 109–128). New York: Cambridge University Press.

Gibbs R. W. (red.). (2008). *The Cambridge handbook of metaphor and thought.* New York: Cambridge University Press.

Gifford, E. V., & Hayes, S. C. (1999). Functional contextualism: A pragmatic philosophy for behavioral science. In W. O'Donohue & R. Kitchener (ed.), *Handbook of behaviorism* (p. 285–327). San Diego: Academic Press.

Gil-Luciano, B., Ruiz, F. J., Valdivia-Salas, S., & Suárez-Falcón, J. C. (2016) Promoting psychological flexibility on tolerance tasks: Framing behaviour through deictic/hierarchical relations and specifying augmental functions. *The psychological record* doi:10.1007/s40732-016-0200-5.

Giora, R. (2008). Is metaphor unique? In R. W. Gibbs (ed.), *The Cambridge handbook of metaphor and thought* (p. 143–160) NY: Cambridge University Press.

Gloster, A. T., Klotsche, J., Chaker, S., Hummel, K. V., & Hoyer, J. (2011). Assessing psychological flexibility: What does it add above and beyond existing constructs? *Psychological assessment, 23,* 970–982.

Greenberg, L. S., & Pavio, S. C. (1997). *Working with emotions in psychotherapy.* New York: Guilford Press.

Greenberg, L. S., Rice, L. N., & Elliot, R. (1993). *Fascilitating emotional change: The moment by moment process.* New York: Guilford Press.

Hayes, L. J. (1994). Thinking. In L. Hayes, S. C. Hayes, O. Kochi, & M. Sato (eds.), *Behavior analysis of language and cognition.* (p. 149–164) Oakland, CA: New Harbinger Publications.

Hayes, L. J. (1998). Remembering as a psychological event. *Journal of theoretical and philosophical psychology, 18,* 135–143.

Hayes, S. C. (1997). Behavioral epistemology includes nonverbal knowing. In L. J. Hayes & P. M. Ghezzi, (ed.) *Investigations in behavioral epistemology* (p. 35–43). Reno: Context Press.

Hayes S. C., Barnes-Holmes, D., & Roche, B. (red.). (2001). *Relational frame theory: A post Skinnerian account of human language and cognition.* New York: Kluwer Academic/Plenum Publishers.

Hayes, S. C., Strosahl, K., & Wilson, K. G. (2012). *Acceptance and commitment therapy. The process and practice of mindful change.* New York: Guilford Press.

Hayes, S. C., Wilson, K. G., Gifford, E. V., Follette, V. M., & Strosahl, K. (1996). Experiential avoidance and behavioral disorders: A functional dimensional approach to diagnosis and treatment. *Journal of consulting and clinical psychology, 64,* 1152–1168.

Hearn, J., & Lawrence, M. (1981). Family sculpting: I. Some doubts and some possibilities. *Journal of family therapy, 3,* 341–352.

Horvath, A. O., Del Re, A. C., Flückiger, C., & Symonds, D. (2011). Alliance in individual psychotherapy. In J. C. Norcross (ed.), *Psychotherapy relationships that work* (p. 25–69). Oxford: Oxford University Press.

Hughes, S., & Barnes-Holmes, D. (2016). Relational frame theory: The basic account. In S. C. Hayes, D. Barnes-Holmes, R. Zettle, & T. Biglan (red.), *The Wiley handbook of contextual behavioral science* (p. 129–179). Chichester: John Wiley & Sons.

Karp, M., & Holmes, P. (1998). *The handbook of psychodrama*. London: Routledge.

Kashdan, T. B., Barrios, V., Forsyth, J. P., & Steger, M. F. (2006). Experiential avoidance as a generalized psychological vulnerability: Comparisons with coping and emotion regulation strategies. *Behaviour research and therapy, 9,* 1301–1320.

Kashdan, T. B., & Rottenberg, J. (2010). Psychological flexibility as a fundamental aspect of health. *Clinical psychology review, 30,* 865–878.

Katz, S. M. (2013). *Metaphor and fields: Common ground, common language and the future of psychoanalysis*. New York: Routledge.

Kohlenberg, R. J., & Tsai, M. (1991). *Functional analytical psychotherapy: Creating intense and curative therapeutic relationships*. New York: Plenum.

Kopp, R. R. (1995). *Metaphor therapy: Using client-generated metaphors in psychotherapy*. New York: Brunner/Mazel.

Kopp, R. R., & Craw, M. J. (1998). Metaphoric language, metaphoric cognition and cognitive therapy. *Psychotherapy 35,* 306–311.

Kövecses, Z. (2002). Emotion concepts: Social constructivism and cognitive linguistics. In S. R. Fussell (ed.), *The verbal communications of emotions: Interdisciplinary perspectives* (p. 109–124). Mahwak, NJ: Lawrence Erlbaum Associates Inc.

Kövecses, Z. (2010). *Metaphor: A practical introduction*. New York: Oxford University.

Lakoff, G. (1993). The contemporary theory of metaphor. In A. Ortony (ed.), *Metaphor and thought* (second ed.) (p. 202–251). Cambridge: Cambridge University Press.

Lakoff, G. (2008). The neural theory of metaphor. In R. W. Gibbs (red.) *The Cambridge handbook of metaphor and thought* (p. 17–38). New York: Cambridge University Press.

Lakoff, G., & Johnson, M. (1980). *Metaphors we live by*. Chicago: University of Chicago Press.

Lang, T., & Helbig-Lang, S. (2012). Exposure in vivo with and without presence of a therapist: Does it matter? In P. Neudeck, H-U. Wittchen (ed.), *Exposure therapy: Rethinking the model—refining the method* (p. 261–273). New York: Springer Science.

Lawley, J., & Tompkins, P. (2000). *Metaphors in mind: Transformation through symbolic modelling*. London: The Developing Company Press.

Leary, D. E. (1990). Psyche's muse: the role of metaphor in the history of psychology. In Leary, D. E. (ed.), *Metaphors in the history of psychology* (p. 1–23) New York: Cambridge University Press.

Legowski, T. & Brownlee, K. (2001). Working with metaphor in narrative therapy. *Journal of family psychotherapy, 12*, 19–28.

Levin, M. E., Luoma, J. B., Vilardaga, R., Lillis, J., Nobles, R., & Hayes, S. C. (2015). Examining the role of psychological inflexibility, perspective taking, and emphatic concern in generalized prejudice. *Journal of applied social psychology, 46*, 180–191.

Levin, M. E., MacLane, C., Daflos, S., Seeley, J. R., Hayes, S. C., Biglan, A., & Pistorello, J. (2014). Examining psychological inflexibility as a transdiagnostic process across psychological disorders. *Journal of contextual behavioral science, 3*, 155–163.

Levitt, H., Korman, Y., & Angus, L. (2000). A metaphor analysis in treatments of depression: Metaphor as a marker of change. *Counselling psychology quarterly, 13*, 23–35.

Linehan, M. M. (1993). *Cognitive-behavioral treatment of borderline personality disorder*. New York: Guilford Press.

Linehan, M. M. (1997). Validation and psychotherapy. In. A. C. Bohart & L. S. Greenberg (ed.), *Empathy reconsidered: New directions in psychotherapy* (p. 353–392). Washington, DC: American Psychological Association.

Linehan, M. M. (2015). *The DBT skills training manual* (second ed.). New York: Guilford Press.

Lipkens, R., & Hayes, S. C. (2009). Producing and recognizing analogical relations. *Journal of experimental analysis of behavior, 91,* 105–126.

Longmore, R., & Worrel, M. (2007). Do we need to challenge thoughts in cognitive behavior therapy? *Clinical psychology review, 27,* 173–187.

Luciano, C., Ruiz, F. J., Vizcaino-Torres, R. M., Sánches-Martin, V., Martinez, O., & Lópes-Lópes, J. C. (2011). A relational frame analysis of defusion in acceptance and commitment therapy. *International journal of psychology and psychological therapy, 11,* 165–182.

Luciano, C., Valdivia-Salas, S., Cabello-Luque, F., & Hernández, M. (2009).

Developing self-directed rules. In R. A. Rehfeldt & Y. Barnes-Holmes (ed.), *Derived relational responding: Applications for learners with autism and other developmental disabilities* (p. 335–352). Oakland: New Harbinger Publications.

Lundahl, B., & Burke, B. L. (2009). The effectiveness and applicability of motivational interviewing: A practice friendly review of four meta-analyses. *Journal of clinical psychology. In session, 65,* 1232–1245.

Martell, C. R., Addis, M. E., & Jacobson, N. S. (2001). *Depression in context: Strategies for guided action.* New York: W. W. Norton.

Martin, J., Cummings, A. L., & Hallberg E. T. (1992) Therapists' intentional use of metaphor: Memorability, clinical impact and possible epistemic/motivational functions. *Journal of consulting and clinical psychology, 60,* 143–145.

McCullough, L., Kuhn, N., Andrews, S., Kaplan, A., Wolf, J., & Lanza Hurley, C. L. (2003). *Treating affect phobia: A manual for short-term dynamic psychotherapy.* New York: Guilford Press.

McHugh, L., & Stewart, I. (2012). *The self and perspective taking: Contributions and applications from modern behavioral science.* Oakland: New Harbinger Publications.

McCurry, S. M., & Hayes, S. C. (1992) Clinical and experimental perspectives on metaphorical talk. *Clinical psychology review, 12,* 763–785.

238

McMullen, L. M. (1989) Use of figurative language in successful and unsuccessful cases of psychotherapy: Three comparisons. *Metaphor and symbolic activity, 4,* 203–225.

McMullen, L. M. (2008). Putting it in context: Metaphor and psychotherapy. In R. W. Gibbs (red.), *The Cambridge handbook of metaphor and thought* (p. 397–411). New York: Cambridge University Press.

McMullen, L. M., & Convey, J. B. (2002). Conventional metaphors for depression. In S. R. Russel (ed.), *The verbal communication of emotions: Interdisciplinary perspectives* (p. 167–182) Mahvah, NJ: Lawrence Erlbaum Associates.

Mennin, D. S., Ellard, K. K., Fresco D. M., & Gross, J. J. (2013) United we stand: Emphasizing commonalities across cognitive-behavioral therapies. *Behavior therapist, 44,* 234–248.

Miller, W. R., & Rollnick, S. (2013). *Motivational interviewing: helping people change.* New York: Guilford Press.

Miller, W. R., & Rose, G. S. (2009). Toward a theory of motivational interviewing. *American psychologist, 64,* 527–537.

Monson, C. M., Resick, P. A., & Rizvi, S. L. (2014). Posttraumatic stress disorder. In D. H. Barlow (ed.), *Clinical handbook of psychological disorders* (5th ed.) (p. 62–114). New York: Guilford Press.

Morris, M. W., Sheldon, O. J., Ames, D. R., & Young, M. J. (2007). Metaphors and the market: Consequences and preconditions of agent and object metaphors in stock market commentary. *Organizational behavior and human decision processes. 102,* 174–192.

Müller, C. (2008). *Metaphors dead and alive, sleeping and walking: A dynamic view.* Chicago: University of Chicago Press.

Müller, C., & Cienki, A (2009). Words, gestures and beyond: Forms of multimodal metaphor in the use of spoken language. In C. J. Forceville & E. Urio-Aparisi (ed.), *Multimodal metaphor* (p. 297–328). Berlin: Mouton de Gruyfer.

Muran, J. C., & DiGiuseppe, R. A. (1990.) Toward a cognitive formulation of metaphor use in psychotherapy. *Clinical psychology review, 10,* 69–85.

Neacsiu, A. D., & Linehan, M. M. (2014). Borderline personality disorder. In D. H. Barlow (ed.), *Clinical handbook of psychological disorders* (5 uppl.) (p. 394–461). New York: Guilford Press.

Needham-Didsbury, I. (2014). Metaphor in psychotherapeutic discourse: Implications for utterance interpretation. *Poznan studies in contemporary linguistics, 50*, 75–97.

Neudeck, P., & Einsle, F. (2012). Dissemination of exposure therapy in clinical practice: How to handle the barriers? In P. Neudeck & H.-U. Wittchen (eds.), *Exposure therapy: Rethinking the model—refining the method* (p. 23–34). New York: Springer Science.

Neudeck, P., & Wittchen, H.-U. (2012). *Exposure therapy: Rethinking the model—refining the method.* New York: Springer Science.

Noë, A. (2004). *Action in perception.* Cambridge: The MIT Press.

Norcross, J. C., & Lampert, M. J. (2011). Psychotherapy relationships that work II. *Psychotherapy, 48*, 4–8.

Ogden, P., & Fisher, J. (2015) *Sensimotor psychotherapy: interventions for trauma and attachment.* New York: W. W. Norton & Company.

Ogden, P., Pain, C., & Fisher, J. (2006). A sensorimotor approach to the treatment of trauma and dissociation. *Psychiatric clinics of North America, 29*, 263–279.

Ollendick, T. H., & Davis, T. E. (2013). One session treatment for specific phobias: A review of Öst's single-session exposure with children and adolescents. *Cognitive behavioral therapy, 42*, 275–283.

Ortony, A. (1993). Metaphor, language and thought. In A. Ortony (ed.), *Metaphor and thought* (p. 1–16) (second ed.) Cambridge: Cambridge University Press.

Payne, L. A., Ellard, K. K., Farchione, C. F., Fairholme, C. P., & Barlow, D. H. (2014). Emotional disorders: A unified transdiagnostic protocol. In D. H. Barlow (ed.), *Clinical handbook of psychological disorders* (5th ed.) (p. 237–274). New York: Guilford Press.

Porges, S. W. (2011). *The polyvagal theory. Neurophysiological foundations of emotions, attachment, communication, self-regulation.* New York: W. W. & Company.

Ramnerö, J., & Törneke, N. (2008). *The ABCs of human behavior. Behavioral principles for the practicing clinician.* Oakland: New Harbinger Publications.

Ramnerö, J., & Törneke, N. (2015). On having a goal: Goals as representations or behavior. *The psychological record, 65,* s. 89–99.

Rasmussen, B., & Angus, L. (1996). Metaphor in psychodynamic psychotherapy with borderline and none-borderline clients: A qualitative analysis. *Psychotherapy, 33,* 521–530.

Rasmussen, B. M. (2002). Linking metaphors and dreams in clinical practice. *Psychoanalytic social work, 9,* 71–87.

Ritchie, L. D. (2006). *Context and connection in metaphor.* New York: Palgrave Macmillan.

Roemer, L., & Orsillo, S. M. (2014). An acceptance-based behavioral therapy for generalized anxiety disorder. In D. H. Barlow (ed.), *Clinical handbook of psychological disorders* (5th ed.) (p. 206–236). New York: Guilford Press.

Rosen, S. (1982). *My voice will go with you: The teaching and tales of Milton. H. Erickson.* New York: W. W. Norton & Company.

Ruiz, F. J., & Luciano, C. (2011). Cross-domain analogies as relating derived relations among two separate relational networks. *Journal of the experimental analysis of behavior, 95,* 369–385.

Ruiz, F. J., & Luciano, C. (2015). Common physical properties among relational networks improve analogy aptness. *Journal of the experimental analysis of behavior, 103,* 498–510.

Safran, J. D., & Muran, J. C. (2000). *Negotiating the therapeutic alliance: A relational treatment guide.* New York: Guilford Press.

Safran J. D., & Segal, Z. D. (1990). *Interpersonal process in cognitive therapy.* New York: Guilford Press.

Schnall, S. (2014). Are there basic metaphors? In M. J. Landau, M. D. Robinson & B. P. Meier (ed.), *The power of metaphor: Examining its influence on social life* (p. 225–247). Washington: American Psychological Association.

Segal, Z. V., Williams, M. G., & Teasdale, J. D. (2001). *Mindfulness-based cognitive therapy for depression: A new approach to preventing relapse.* New York: Guilford Press.

Sierra, M. A., Ruiz, F. J., Flórez, C. L., Riaño-Hernández, D. R., & Luciano, C. (2016). The role of common physical properties and augmental functions in metaphor effect. *International Journal of Psychology and Psychological Therapy, 16,* 265–279.

Skinner, B. F. (1957). *Verbal Behavior.* New York: Appelton-Century-Crofts.

Skinner, B. F. (1974). *About behaviorism.* New York: Knopf.

Skinner, B. F. (1989). The origins of cognitive thought. *American psychologist, 44,* 13–18.

Steen, G. J. (2011) The contemporary theory of metaphor—now new and improved. *Review of cognitive linguistics, 9:1,* 26–64.

Stewart, I., & Barnes-Holmes, D. (2001). Understanding metaphor: A relational frame perspective. *Behavior Analyst, 24,* 191–199.

Stewart, I., Barnes-Holmes, D., & Roche, B. (2004). A functional-analytic model of analogy using the relational evaluation procedure. *Psychological Record, 54,* 531–552.

Stewart, I., Barnes-Holmes, D., Roche, B., & Smeets, P. M. (2001). Generating derived relational networks via the abstraction of common physical properties: A possible model of analogical reasoning. *Psychological record, 51,* 381–408.

Stine, J. J. (2005). The use of metaphors in the service of the therapeutic alliance and therapeutic communication. *Journal of the American Academy of Psychoanalysis and Dynamic Psychiatry 33,* 531–545.

Stoddard, J. A., & Afari, N. (2014). *The big book of ACT metaphors.* Oakland: New Harbinger Publications.

Stott, R., Mansell, W., Salkovskis, P., Lavender, A., & Cartwright-Hatton, S. (2010). *Oxford guide to metaphors in CBT: Building cognitive bridges.* Oxford: Oxford University Press.

Sullivan, W., & Rees, J. (2008). *Clean language: Revealing metaphors and opening minds.* Carmarthen: Crown House Publishing.

Tay, D. (2013). *Metaphor in psychotherapy: A descriptive and prescriptive analysis.* Amsterdam: John Benjamins Publishing Company Teasdale.

Tay, D., (2014). Metaphor theory for counselling professionals. In J. Littlemore & J. R. Taylor (Eds.), *Bloomsbury companion to cognitive linguistics* (pp. 352–366). London: Bloomsbury.

Tay, D. (2016a) Metaphor and psychological transference. *Metaphor and Symbol 31(1)*, 11–30.

Tay, D. (2016b). The nuances of metaphor theory for constructivist psychotherapy, *Journal of constructivist psychology*, DOI:10.1080/10720537.2016.116 1571.

Tay, D. (2016c) Using metaphor in healthcare: Mental health interventions. In Semino, E., & Demien, Z. (ed) *The Routledge handbook of metaphor and language.* New York: Routledge.

Tay, D., & Jordan, J. (2015). Metaphor and the notion of control in trauma talk. *Text & talk, 35(4)*, 553–573.

Thibodeau, P. H., & Boroditsky, L. (2011). Metaphors we think with: The role of metaphor in reasoning. PLoS ONE 6(2): e16782. doi:10.1371/journal .pone.0016782.

Thibodeau, P. H., & Boroditsky, L. (2013). Natural language metaphors covertly influence reasoning. PLoS ONE 8(1): e52961. doi:10.1371/journal .pone.0052961.

Tidholm, T. (2005). *Outdoor life: prose & poetry.* Translated from Swedish by Gabriella Berggren. Parsley Press.

Törneke, N. (2010). *Learning RFT. An introduction to relational frame theory and its clinical application.* Oakland: New Harbinger Publications.

Törneke, N., Luciano, C., Barnes-Holmes, Y., & Bond, F. (2016). RFT for clinical practice: Three core strategies in understanding and treating human suffering. In R. D. Zettle, S. C. Hayes, D. Barnes-Holmes, & T. Biglan (ed.), *Wiley handbook of contextual behavioral science* (p. 254–272). Chichester: John Wiley & Sons.

Törneke, N., Luciano, C., & Valdivia-Salas, S. (2008). Rule-governed behavior and psychological problems. *International journal of psychology and psychological therapy*, 8(2), 141–156.

Tranströmer, T. (2011) The great enigma. *New collected poems*. Translated from Swedish by Robin Fulton. New York: New Direction Books.

Tryon, G. S., & Winograd G. (2011). Goal consensus and collaboration. *Psychotherapy*, 48, 50–57.

Villatte, M., Villatte, J. L., & Hayes, S. C. (2016). *Mastering the clinical conversation: Language as intervention*. New York: Guilford Press.

Wachtel, P. L. (2011). *Therapeutic communications: Knowing what to say when*. New York: Guilford Press.

Wee, L. (2005). Constructing the source: Metaphor as a discourse strategy. *Discourse studies*, 7, 363–384.

Weissman, M. M., Markowitz, J. C., & Klerman, G. L. (2000). *Comprehensive guide to interpersonal psychotherapy*. New York: Basic Books.

Wells, A. (2005). Detached mindfulness in cognitive therapy: A metacognitive analysis and ten techniques. *Journal of rational-emotive & cognitive-behavior therapy*, 23, 337–355.

Wilson, K. G. (2001). Some notes on theoretical constructs: Types and validation from a contextual behavioural perspective: *International journal of psychology and psychological Therapy*, 1, 205–215.

Young, J. E., Klosko, J. S., & Weishaar, M. E. (2003). *Schema therapy: A practitioner's guide*. New York: Guilford Press.

Young, J. E., Rygh, J. L., Weinberger, A. D., & Beck, A. T. (2014). Cognitive therapy for depression. In D. H. Barlow (red.) (2014), *Clinical handbook of psychological disorders* (5th ed.) (p. 275–331). New York: Guilford Press.

Yus, F. (2009). Visual metaphor versus verbal metaphor: A unified account. In C. J. Forceville & E. Urio-Aparisi (ed.), *Multimodal metaphor* (p.147–172). Berlin: Mouton de Gruyfer.

監訳者あとがき

　本書は，『臨床行動分析の ABC』（日本評論社，2009 年），『関係フレーム理論（RFT）をまなぶ』（星和書店，2013 年）につづく，トールネケ先生の 3 番目の著作に当たる。原題は "*Metaphor in Practice: A Professional's Guide to Using the Science of Language in Psychotherapy*" であり，直訳すれば「実践におけるメタファー：心理療法において言語の科学を使うための専門家のガイド」となる。

　本書の内容は，（お読みいただけるとわかるように）行動分析学の最新知見を基にメタファーについて「真正面から」扱い，さらにその知見を積極的に臨床実践に活かそうとする，非常に「骨のある」本（「いつも」のトールネケ先生のスタイル）である。そのため，邦訳の主タイトルは，そのものズバリの「メタファー」とさせていただいた。つまり，心理臨床の研究・実践に携わる方だけでなく，基礎心理学や言語学に興味関心がある方にも手に取っていただきたいがためである。

　今回の翻訳も，日本におけるアクセプタンス＆コミットメント・セラピー（ACT）や関係フレーム理論の若手研究者が中心となって行われた。また，本訳書も，星和書店の桜岡さおり氏には丁寧な編集をしていただいた。この場をお借りして感謝申し上げたい。

　それでは，今回は，村上春樹の『海辺のカフカ（下）』（新潮文庫：p. 523）からの引用で締めくくることとしよう。

　　「世界はメタファーだ，田村カフカくん」と大島さんは僕の耳もとで言う。「でもね，僕にとっても君にとっても，この図書館だけはなんのメタファーでもない。この図書館はどこまで行っても──この図書館だ。僕と君のあいだで，それだけははっきりしておきたい」
　　「もちろん」と僕は言う。

「とてもソリッドで，個別的で，とくべつな図書館だ。ほかのどんなもの
にも代用はできない」

　僕はうなずく。

　　2021年7月初旬（コロナ禍における日本開催のオリンピック直前）

　　　　　　　　　　　　　　　　　　　　　　　　　　武藤　崇

索　引

A〜Z

A - B - C　132, 166, 169, 170, 184
ABC分析　113
ACT　13, 21, 99, 101, 102, 104, 105, 107,
　　108, 126, 129, 143, 151, 183, 203, 206,
　　209
Beck　101
Boroditsky　61
CBT　14, 15, 100, 102, 106, 203, 204
DBT　101, 104, 105, 107
Erickson　14
FAP　105
Freeman　13
Johnson　25
Lakoff　25
McMullen　90, 97
MI　98
Müller　44, 46, 47, 61, 78
OCD　103, 104, 204, 205
PTSD　103, 204, 205
RFT　14, 15, 16, 24, 62, 65, 66, 67, 68, 71,
　　72, 78, 82, 94, 98, 109, 111, 114, 120,
　　141, 142, 159, 162, 163, 171, 192, 210,
　　217
Skinner　16, 28, 54, 56, 58, 60
Tay　91

あ 行

アクセプタンス＆コミットメント・セラ
　　ピー（acceptance and commitment
　　therapy：ACT）　→ ACT
新しいメタファー　48
穴　21
穴の中　209
穴の中の人　129
アナロジー（類推）　24, 72, 77, 206
アリストテレス　22, 23, 24, 59
生きたメタファー　23, 59
一方向性　77
意図的に使う　47
今　69
今，ここ　53, 156, 171, 205
因果的関係　80, 81
うつ病　101, 106
影響　27, 34, 37, 42, 43, 48, 52, 62, 69, 81
エクスポージャー　100, 103, 108, 113,
　　115, 116, 174, 203, 204, 205, 224
エモーション・フォーカスト　162
エンプティ・チェア　203
同じメタファー　38
オペラント　54

か 行

階層的関係　68
階層的にフレームづけ　142, 171, 192,
　　195, 217

248

階層的フレームづけ　71, 111
概念メタファー　25, 26, 28, 30, 32, 38,
　　39, 43, 45, 209
回避　74
鍵束　21, 125
学際的な分析　39
学習　210
学習プロセス　110
学習履歴　56, 59
拡張されたタクト　57
隠れた第三者　79
家族療法　203
家族造形法　203
価値　99, 116, 153, 154, 175, 176
空の椅子技法　203
考え　26, 27, 28
感覚運動的　44
感覚運動的要素　210
環境　29, 41, 53, 54, 65, 69
関係づけ　65
関係ネットワーク　73, 76, 78, 80, 120,
　　163, 167, 170, 171
関係フレーム　68
関係フレームづけ　71
関係フレーム理論（relational frame
　　theory：RFT）　→ RFT
還元主義　40
観察　32, 52, 71, 109, 111, 114, 141, 142,
　　145, 150, 153, 170, 186, 188, 189, 192,
　　195, 199, 200, 211, 217, 218, 220, 223,
　　224, 227
観察者　79, 218, 220
慣習　42, 43, 44, 47, 48, 67
間接的関係　67, 68
記憶　43, 223

機械　27
機能　38, 44, 46, 47, 76, 123, 128, 135,
　　150, 152, 161, 167, 208, 210, 216
機能的　54
機能的文脈主義　54
機能評価　121
機能分析　51, 107, 113, 119, 124, 125,
　　126, 130, 132, 138, 142, 145, 163, 166,
　　169, 170, 176, 184, 186, 188, 189, 192,
　　195, 198, 200, 211, 217, 227
機能分析心理療法（functional analytic
　　psychotherapy：FAP）　105
強化　56, 59
教示　110, 116, 227
強迫症（obsessive-compulsive
　　disorder：OCD）　→ OCD
距離　141, 150, 218, 220, 223, 224
距離を確立する　114, 141, 145
距離をとる　154, 170, 186, 188, 189, 192,
　　195, 199, 200, 211, 217, 220, 223, 227
議論　26, 39, 45
空間　27, 28, 41, 66, 70, 209, 218, 220
クリーン・ランゲージ　162
経験的実証主義　23
ゲーム　26
ゲシュタルト療法　203
結果　54, 56, 62, 81, 112, 113, 126, 130,
　　153
研究　16, 22, 25, 27, 28, 29, 30, 32, 35, 38,
　　41, 42, 44, 45, 49, 54, 61, 62, 65, 78,
　　85, 88, 97, 98, 105, 119, 159, 162, 183,
　　209
研究者　27, 46, 47
研究の問題点　90
言語オペラント　55, 56

言語学　15, 23, 24, 25, 31, 32, 38, 39, 44, 60, 62, 94

言語学研究　31

言語学者　15, 25, 28, 30, 32, 37, 39, 45, 59, 60, 61, 78, 80, 88, 91

言語行動　54

言語地域　27

言語分析　29

現代言語学　62, 78

建築物　27

効果　85, 172, 174

行動　51, 113, 126, 130, 138

行動活性化　106

行動活性化療法　101

行動実験　203

行動する　106

行動プロセス　44

行動分析　115

行動分析家　52, 56, 210

行動分析学　15, 16, 33, 44, 51, 54, 60, 62, 94, 99, 102, 105, 107, 110, 162, 203

行動療法　21, 203, 204

行動レパートリー　111

心　27

コミットメント　99

コミュニケーション　30, 32, 37, 56

さ 行

三原則　123, 139, 149, 152, 160, 165, 167

産物　43, 47, 61

詩　22, 44, 47

恣意的な文脈手がかり　67, 72, 78, 109, 159

恣意的に適用可能な関係反応　67, 70

時間　27, 28, 41, 66, 70, 209

時間的関係　68

字義的　44, 59

字義的言語　31, 59

字義通り　22, 32

思考　32, 41, 42, 101, 107, 108, 114

自己観察　124, 140

自己教示　146, 225

自己ルール　110, 141, 227, 228

システムズ・セラピー　14

実験　34, 35, 42, 65, 79, 225

実証研究　27, 41

質問　34, 35, 156, 160, 165, 168, 170, 171, 172, 174, 176, 179, 185, 186, 220, 223, 224, 228

質問方法　162

私的出来事　28, 109

視点　69, 79, 80, 111, 115, 145

視点取り　70

シネクドキ（提喩）　24

シミリ（直喩）　24

社交不安症　103

集合的無意識　27

修辞学　22

修辞法　48

受動態　35, 43

障害物　211

象徴化　26, 67

情動　28, 47, 108, 113, 114, 154, 223

情動処理　104, 113, 115

神経生物学的還元主義　40

人生　26, 154, 205

人生で大切なもの　186, 188, 189, 193, 195, 199, 201, 211, 217, 227

人生の道　206, 210, 211

身体　29, 30, 219, 223

250

身体感覚　114

死んだメタファー　23, 44, 59

心的外傷後ストレス障害（post-traumatic
　　stress disorder：PTSD）
　　→ PTSD

心的表象　33

心理学　25, 61, 85, 110

心理教育　100, 103, 113

心理劇　203

心理的柔軟性　108, 109, 111, 112, 114,
　　141, 145, 146, 151, 153, 171

心理的非柔軟性　108, 110, 114

心理療法　85, 88, 91, 94

図　73, 75, 81, 83, 121, 123, 129

スキーマ　33, 37, 39

スキーマ療法　101

精神力動的心理療法　101, 102, 106

精神力動療法　14, 204

接触　56

セラピー　15, 22, 30, 33, 48, 86, 89, 97,
　　100, 101, 105, 119, 162, 181, 183, 203

先行事象　113, 126, 132, 138

潜在意識　22

選択する能力　151

相違の関係　74

相互作用　53, 55, 65, 79, 81, 110, 112,
　　114, 115, 223

創造的絶望　99, 126

ソース　24, 28, 31, 60, 73, 76, 80, 89, 120,
　　123, 128, 135, 150, 152, 161, 163, 167,
　　171, 186, 208, 209, 211

た　行

ターゲット　24, 28, 31, 60, 73, 76, 80, 89,
　　120, 123, 128, 134, 149, 152, 160, 161,

163, 167, 171, 186, 208, 209, 211

体験　156, 163, 169, 171, 174, 207, 209,
　　220, 223

体験的エクササイズ　157, 203, 205, 209,
　　210, 211, 217, 225

体験的な距離　141, 142

体験的メタファー　209

体験的療法　14

体験の回避　104, 108, 132, 207, 212

対人関係　105

対人関係療法　101, 107

対立の関係　74

対話　22, 45, 46, 48, 86, 88, 97, 99, 120,
　　124, 127, 132, 138, 143, 154, 163, 166,
　　172, 178, 180, 185, 190, 197, 209, 214,
　　220, 227

タクト　55, 56

戦い　26, 39, 45

旅　26, 154

力　27, 29

超自我　22

直示的な自己　142, 145, 171, 192, 195,
　　217

直示的な私　71

直示的フレームづけ　69, 79, 111

直接的な関係　66, 68, 74, 76

直接的な随伴性　210

治療効果　85

治療同盟　87, 105

治療場面　180

治療モデル　105, 106, 162

定義　22, 24, 51, 56, 65, 91

手がかり　66

哲学　23, 24

哲学者　22, 25, 101

等位の関係　68, 73, 76, 82
動機づけ　98, 116, 113
動機づけ面接法（motivational
　　intarviewing：MI）　98
透明なメタファー　47, 48
特性　76, 123, 128, 135, 150, 152, 161,
　　167, 208
特徴　123, 208
トレーニング　111, 141, 146, 217, 220

な　行

内面の出来事　51
ナラティブ　217, 224
認知　32, 101
認知科学　15, 25, 44
認知言語学　32, 38, 39, 41, 61
認知言語学者　32, 37, 40
認知行動療法（cognitive behavior
　　therapy：CBT）　→CBT
認知スキーマ　39
認知プロセス　44, 61, 78
認知療法　100, 101, 102, 107
認知療法家　13, 22
眠ったメタファー　48
脳　31, 40
脳研究　31
能動態　35, 43

は　行

バスの乗客　21, 143
バスのメタファー　183
比較　24
比較の関係　68
開かれた対話　138
不安症　100, 103

舞台　106
　第一の舞台　106, 203, 205
　第二の舞台　106, 204, 205, 207
不透明なメタファー　47
プロセス　43, 44, 49, 61, 78
プロダクト　43
文化　27, 28, 40, 42
文学　48
文法的慣習　42
文脈　37, 40, 42, 44, 45, 46, 49, 51, 54, 80,
　　91, 94, 108
文脈手がかり　66, 67, 72, 78, 109, 159
弁証法的行動療法（dialectical behavior
　　therapy：DBT）　→DBT
変動性　108
方向を定める　157, 175
ボディーランゲージ　30
本　148, 199, 200, 217

ま　行

マインドフルネス認知療法　102, 107
身振り　26, 30, 46
メタ認知療法　102
メタファー　21
メタファー・スキーマ　37
メタファー創りの三原則　→三原則
メタファー・セラピー　162
メタファーの影響力　34
メトニム（換喩）　24
メンタライゼーション　101, 102
物語　45, 217

や　行

要因　40, 42, 51, 53

ら　行

領域　178
　７つの領域　97, 107
理論　27
臨床研究　85, 90
臨床原理　114, 115, 134, 142, 148
　３つの臨床原理　111, 112, 117, 125,
　　　150, 153, 161, 166, 184, 185, 188, 189,
　　　192, 195, 198, 200, 210, 216, 227
臨床場面　88, 131
臨床モデル　162
類似の関係　73
ルール　116, 126, 141, 225, 227
ルール支配行動　110, 146
歴史　40, 53
連続性　47, 49, 60, 70, 71

わ　行

私　69
私－今－ここ　70, 111

■訳者

大月　友（監訳者参照）序文，第1，4，6章担当

大屋藍子（おおや　あいこ）同志社大学心理学部准教授，第2，3章担当

上村　碧（うえむら　みどり）早稲田大学人間科学学術院助教，第5，13章担当

佐藤友哉（さとう　ともや）新潟大学人文社会科学系准教授，第7，8，9章担当

坂野朝子（監訳者参照）第10，11，12章担当

■監訳者

武藤　崇 (むとう　たかし)

同志社大学心理学部教授。公認心理師・臨床心理士。1992 年に筑波大学第二学群人間学類を卒業，1998 年に筑波大学大学院心身障害学研究科修了（博士〔心身障害学〕；筑波大学）。筑波大学心身障害学系技官・助手（1998 ～ 2001 年），立命館大学文学部助教授・准教授（2001 ～ 2010 年）を経て，2010 年より現職。ACBS（The Association for Contextual Behavioral Science）の日本支部である「ACT Japan」の初代代表（2010 ～ 2014 年）を務めた。また，ネバダ大学リノ校客員研究教授として，S・C・ヘイズ博士の研究室に所属（2007 ～ 2008 年）。2016 年に ACBS のフェロー（特別会員）となる。『ACT をはじめる』（共訳，星和書店）などアクセプタンス＆コミットメント・セラピー（ACT）に関する著訳書多数。

大月　友 (おおつき　とむ)

早稲田大学人間科学学術院准教授。臨床心理士。2002 年に筑波大学第二学群人間学類卒業。2004 年に新潟大学大学院教育学研究科修了。2007 年に広島国際大学大学院総合人間科学研究科修了（博士〔臨床心理学〕；広島国際大学）。2004 年より悠々館心理カウンセラー（非常勤），2008 年より早稲田大学人間科学学術院助教（2008 ～ 2010 年），専任講師（2010 ～ 2013 年）を経て，2013 年より現職。訳書に『セラピストが 10 代のあなたにすすめる ACT ワークブック』（共監訳，星和書店），『アクセプタンス＆コミットメント・セラピー（ACT）〈第 2 版〉』（共監訳，星和書店），『関係フレーム理論（RFT）をまなぶ』（分担訳，星和書店），などがある。

坂野朝子 (さかの　あさこ)

同志社大学実証に基づく心理・社会的トリートメント研究センター嘱託研究員。公認心理師・臨床心理士。2011 年に立命館大学文学部人文学科卒業。2017 年に同志社大学大学院心理学研究科修了（博士〔心理学〕；同志社大学）。2013 年より滋賀医科大学医学部附属病院ペインクリニック科非常勤カウンセラー（2013 ～ 2017 年）。2017 年より宮崎県スクールカウンセラー，九州保健福祉大学非常勤講師（2017 ～ 2019 年）。2018 年，宮崎県被害者支援事業，教職員復職支援事業嘱託カウンセラー。2019 年より都内の産業保健領域にて心理相談・予防教育に従事。

■著者

ニコラス・トールネケ（Niklas Törneke, MD）

精神科医。1991年から個人開業した1998年まで，スウェーデンのカルマーで精神科に勤務。1996年に心理療法家としての資格を取得し，当初は認知療法家として訓練を受ける。1998年から，アクセプタンス＆コミットメント・セラピー（ACT）を主軸として，自身の実践や講師，スーパーバイザーを行う。臨床経験は，統合失調症などの精神障害からより一般的な不安症，抑うつ障害まで幅広い。

〈序文〉

スティーブン・C・ヘイズ（Steven C. Hayes, PhD）

ネバダ大学心理学科教授。業績として著書は41冊，科学論文はおよそ600編にのぼる。キャリアを通して，人間の言語と認知の特徴を分析し，その応用として，人間の苦悩の理解とその軽減，人類の繁栄について取り組んでいる。Association for Behavioral and Cognitive Therapies（ABCT）やAssociation for Contextual Behavioral Science（ACBS）の理事長を歴任。さまざまな受賞歴がある。

メタファー：心理療法に「ことばの科学」を取り入れる

2021年10月14日　初版第1刷発行

著　　者　ニコラス・トールネケ
監 訳 者　武藤崇，大月友，坂野朝子
発 行 者　石澤雄司
発 行 所　株式会社 星 和 書 店
　　　　　〒168-0074　東京都杉並区上高井戸1-2-5
　　　　　電話　03（3329）0031（営業部）／03（3329）0033（編集部）
　　　　　FAX　03（5374）7186（営業部）／03（5374）7185（編集部）
　　　　　http://www.seiwa-pb.co.jp
印刷・製本　中央精版印刷株式会社

Printed in Japan　　　　　　　　　　　　ISBN978-4-7911-1085-8

関係フレーム理論
（RFT）をまなぶ

言語行動理論・ＡＣＴ入門
（アクセプタンス＆コミットメント・セラピー）

［著］ニコラス・トールネケ
［監修］山本淳一
［監訳］武藤 崇，熊野宏昭

A5判　396頁　定価：本体2,800円+税

ACTの基礎となるRFTについて、その概略と臨床適
用のポイント、前提となる機能的文脈主義やオペラン
ト学習の理論、スキナーによる言語行動やルール支配
行動について分かりやすく解説する。

よくわかるＡＣＴ（アクセプタンス＆ コミットメント・セラピー）

明日からつかえるACT入門

［著］ラス・ハリス
［監訳・訳］武藤 崇
［訳］岩渕デボラ，本多 篤，
　　　寺田久美子，川島寛子

A5判　464頁　定価：本体2,900円+税

ACTの入門書。クライエントとの対話例やメタファー、
臨床に使えるワークシートが豊富で、明日からでも
ACTを臨床場面で使いこなすことができる。

発行：星和書店　http://www.seiwa-pb.co.jp